OPTION PRICING
AND TRADING

期权定价和交易

孙 健 / 著

復旦大學出版社

前　　言

本书是作者在北京大学和复旦大学开设的金融衍生品理论和应用课程的讲义.

我一直本着理论和实践相结合的思路在编写这本书. 本书注重理论推导的相对完整, 同时也力求说明背后的实质, 特别是在业界的应用. 本书使用了两种方法推导了衍生品所满足的 Black-Scholes 方程. 一种是偏微分方程的方法, 一种是使用等价鞅测度的方法. 为此我们重点讲述了随机过程理论中的 Itô 积分理论, 同时证明了无套利理论和等价鞅测度存在之间的关系. 这样的讲述方法为了便于学生深刻理解衍生品定价理论和在实际工作中灵活运用.

自从 1997 年 Black-Scholes-Merton 的工作获得了诺贝尔经济学奖以后, 更多的更适合市场的模型相继被研发出来而且在实际交易中被应用. 从这点上说金融衍生品模型理论是个充满活力的领域. 本书不仅介绍了传统的 Black-Scholes 模型, 还介绍了局部波动率模型和最新的 Sun-Carr 的随机波动率模型. 这些模型可以更好地解释市场中波动率偏态的现象.

为了强调实际交易中的问题, 本书讲述了期权的各种风险指标, 不仅有传统的 Delta 风险敞口, 还特别强调了 Gamma 风险以及 Vega 风险, 而且指出了两者的联系和区别.

为了强调应用, 本书还讲述了结构化产品的设计. 这些产品日益在银行的理财产品中出现.

作者本人在纽约从事衍生品模型定价和交易领域工作将近 20 年. 本书力图填补国内在衍生品定价领域教材上的相对空白.

孙健
上海, 2019 年 7 月 15 日

目　录

第一章 股票类衍生品引论

1.1 常见股票衍生产品

金融衍生品是一种金融结构性产品，特征为其收益建立在某些基础证券上．有什么样的基础证券，一般就有什么样的衍生品．如果基础证券是股票，就对应股票衍生品；如果基础证券是债券，就对应债券衍生品或者利率衍生品；如果基础证券是大宗商品，就对应大宗商品衍生品．

基础产品比如股票、债券都在交易所交易，我们也称为现货市场．衍生品有的在交易所交易，比如期货或者某些期权，这些产品我们称为场内衍生品．但是更多的衍生品在交易所外交易，这些产品我们一般称为场外衍生品．

本书着重研究股票类型的衍生品．我们假定读者已经熟悉了证券市场的基本知识．在这本书中我们着重研究衍生产品的经济特征即它们的收益、风险、定价和对冲方法．当然，除此之外，金融衍生品还有很多其他重要的内容，如税收原则、交易规则、结算规则等，限于篇幅，这些内容本书都不会涉及．

1.1.1 远期

股票或指数的远期（Forward）是一个合约：甲方在指定的未来时刻 T 将以确定的价格 K 从乙方购买股票或者股票指数．在此合约中，乙方也同意以固定的价格 K 将股票或股票指数卖给甲方．用 S_T 代表在时刻 T 股票或指数的市值，在到期日，甲方得到的经济价值收益 (Payoff) 就是

$$\text{远期收益} = S_T - K. \tag{1.1}$$

这是因为甲购买的股票的市值为 S_T，而他只付了 K 元. 当然乙方的收益就是 $K-S_T$. 理解这个远期合约的关键是：无论届时股价是多少，甲方都要在时刻 T 以价格 K 购买该股票. 同样地，无论届时股价是多少，乙方都要在时刻 T 以价格 K 卖出该股票. 另外在时刻 T，甲、乙可以用股票的实物与现金进行交割：甲把现金给乙，乙把股票给甲. 甲、乙双方也可以完全以现金进行交割：按照远期收益的正负分配现金. 如果担心交易中的任何一方会违约，甲方可以交付乙方保证金，或者乙方交付甲方保证金. 在股价发生变化的时候，还可以通过追缴保证金的方式来确保合同最后得到执行.

远期产品最早可能源自农产品. 农民和采购商为了抵消在农作物收获季节价格的不确定性，早在耕种季节就可以签订远期合约，确保双方的交易价格. 这也显示出来远期的作用是所谓套期保值.

1.1.2 期货

关于股票或者指数的远期合同是一种场外衍生品，由交易双方签订并且遵守. 当远期合同在交易所内进行标准化交易时，就成为期货. 期货是非常受欢迎的金融工具. 它的风险和收益特征和远期几乎一样，但是因为在场内时时刻刻可以交易，所以在流动性和价值发现方面具有远期没有的优势.

在上海的中国金融期货交易所目前提供了 3 个股票指数标的的期货，分别是：沪深 300 指数期货、中证 500 指数期货、上证 50 指数期货. 同时还有两个以国债为标的的期货：5 年期国债期货和 10 年期国债期货. 每个期货都分别有 4 个期限，分别是当月、近月、当季度和下季度. 因为是交易所里面的交易品种，所以每一个期货（可以是同一个标的，不同期限）品种上市以后，会有实时的交易价格. 这个并不是当时标的（有时候称为现货）的价格，而是代表了进入这个期货以后持有到期的交割价格. 但是如果在到期之前平仓的话，可以按照平仓时候的期货交易价格来决定其收益.

举个例子. 在中金所交易的 IF1810 的期货是一个以沪深 300 为标的的指数期货. 指数期货的交割方式是现金交割. 交割日即到期日是 2018 年 10 月 19 日. 交割结算价并不是交易日的收盘价格，而是交易日标的指数（沪深 300）最后 2 小时的算术平均价（计算结果保留至小数点后两位），同时产生的交割手续费为交割金额的万分之一（交易所有时候会调整品种的交易手续费），这样做是为了避免由于交割造成的收盘价巨大波动而导致的不公允.

假定在 2018 年 10 月 8 日以 3326 价格买入了 IF1810 股指期货, 在 2018 年 10 月 9 日收盘时, 期货价格涨至 3358.4 点（标的收盘价是 3368.31 点）, 那么在当日平仓可以赚取

$$(3358.4 - 3326) \times 300 = 9720.$$

如果没有平仓而是持有到期的话, 在10 月 19 日股指现货价格在最后 2 小时的均值为 3300 的话, 那么将产生亏损

$$(3300 - 3326) \times 300 = -7800.$$

人们为什么交易期货呢? 主要有以下 4 种原因. 第一, 交易期货可以做到套期保值. 如果你在未来对于标的产品有需求, 那么你就是天然的空头, 所以为了套期保值, 可以在期货市场做多. 如果你在未来会拥有标的产品, 那么你就是天然的多头, 所以为了套期保值, 可以在期货市场做空. 但是必须注意的是套期保值的对象是标的在未来到期日的价格, 而并不是今天的价格. 第二, 交易期货可以利用其内在的杠杆效应, 运用更小的资金量获得更大的收益. 比如你想一个月之后享有股票指数升值带来的利润, 有一个方法是现在购买这些股票指数的 ETF 或者成分股, 在一个月之后卖掉. 不过这需要在今天花费大量的资金. 但是选择进入期货合同则只须支付足够的保证金. 第三, 在中国现在的金融市场融券非常困难, 所以如果看跌指数的话, 可以通过做空进入一个股指期货来达到同样的目的. 第四, 因为中国股市实行 T+1 的制度, 当天买入的股票当天不能够卖出去, 但是股指期货可以同日进行建仓和平仓. 这些都是人们交易期货的原因.

下面我们再看期货或者远期的收益函数. 下面图 1.1 显示进入期货以后随着标的价格的涨落, 收益也会线性地涨落, 所以我们常常说期货是线性的产品.

虽然期货和远期在持有到期收益上是相同的, 但是因为交易方式的不同和抵押金结算方法的不同, 理论上两者还是有细微的差别. 期货是每天结算一次. 在持有到期之前也需要每天进行结算, 把造成的损益部分存储到交易所的账户里面. 但是在这点上远期不同. 远期是客户和投行之间的协约规定, 即便有保证金, 保证金账户的利息也归客户所有. 这个差别造成了远期和期

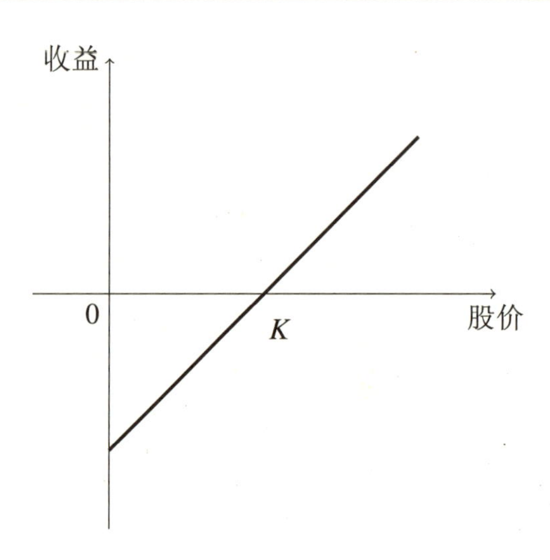

图 1.1 远期或者期货的收益函数

货之间细微的不同. 如果标的资产和利率没有很强的相关性, 那么这个区别可以忽略, 如果两者（比如固定收益衍生品）间关联性很强, 这个区别就会造成一定的影响.

1.1.3 看涨、看跌期权

股票或股票指数的欧式看涨期权 (European Call) 是一个合约: 甲方在未来的一个确定时刻 T 可以按确定的执行价格 K （或者称为行权价）从乙方购买股票或股票指数. 但是, 在到期日如果发现购买股票没有利润, 甲方并没有义务购买, 有权不执行期权合约. 如果甲方最终不购买的话, 期权作废. 同样我们用 S_T 代表在时刻 T 股票或指数的市值, 显然, 只有当 $S_T > K$ 的时候甲方会执行合约, 如果 $S_T < K$, 甲方不会执行, 因为甲方可以在市场上以 S_T 的价格买到股票. 因此, 看涨期权的经济价值将是:

$$\text{看涨期权的收益} = \max(S_T - K, 0). \tag{1.2}$$

图 1.2 给出了看涨期权的收益. 正是因为甲方享有执行与否的自由, 在到期时间甲方不会有任何的亏损. 然而乙方完全是在承担合约的义务. 在到期时

候，如果甲方行权了，那么乙方肯定亏损. 如果甲方没有行权，那么乙方也没有盈利. 所以，甲方在初期要向乙方支付期权费，这与远期合同形成区别.

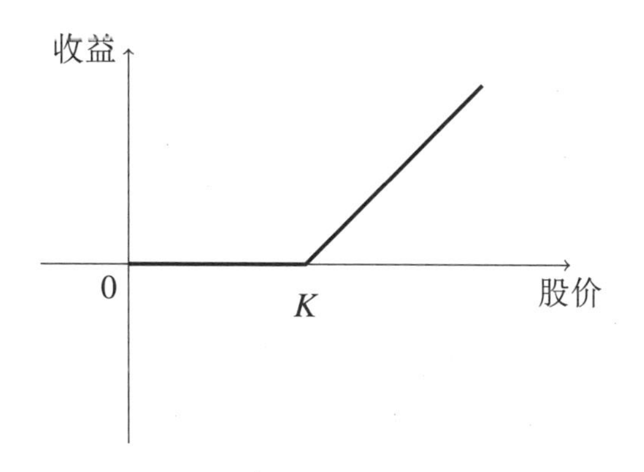

图 1.2 看涨期权的收益函数

美式看涨期权 (American Call) 和欧式看涨期权类似，但甲方可以在现在与未来到期时刻 T 之间的任意时刻执行期权合同. 由于美式看涨期权对购买者来说具有更大的灵活性，直觉上美式期权的价格应该高于欧式期权价格. 我们将会看到，对无红利的股票，美式期权的价格正好与欧式期权价格相同. 对有红利的股票，美式看涨期权的价格确实高于欧式期权.

为什么人们想买看涨期权呢? 第一，通过购买看涨期权，买方在股价上涨时可以获取收益，在股价下跌时也不会亏损. 在组合投资中购买期权可以帮助投资者在降低风险的同时仍获得高回报. 另一个重要的原因是对市场投机者来说，看涨期权起了更好的杠杆作用，换言之，获取等值的盈亏，期权所需的原始资金更少. 举个简单的例子，某股票现值是 100 元. 一个执行价格是 100 元的看涨期权的值是 2 元. 你如果有 100 元，可以买一股股票，也可以买 50 个看涨期权. 如果股票价格上涨到 110 元，前者会赚 10 元，而后者会赚 400 元. 如果股票价格滑落到 90 元，前者会亏 10 元，而后者会亏 100 元. 这就是杠杆起的作用. 另外的原因还是套期保值. 比如一个天然空方虽然可以在期货市场做多，但是需要承担资产下跌的风险. 买入看涨期权就避免了这个问题.

第二，期权的组合收益是期货不具备的. 在下一章我们还会看到因为期权的非线性的特点，不同期权可以进行组合以获得不同特征的收益，当然也会承担相应风险. 然而期货之间无论怎样组合都得不到非线性的特征.

第三，作为卖出看涨期权的一方，往往要对市场做市，做买方的对手盘，通过在市场对冲交易从而消除市场风险敞口. 看涨期权的卖方有时候也是因为不看涨市场或者手里已经有标的股票，从而在拥有标的的同时卖出看涨期权，产生备兑期权的头寸.

股票或指数的*欧式看跌期权* (European Put) 是这样的合约：甲方在未来的一个确定时刻 T 以执行价格 K 将股票或股票指数卖给乙方. 但是，甲方在法律上并没有义务卖出. 如果发现卖出股票并不能带来最多的利润，甲方有权不执行期权合约. 如果甲方最终不卖出的话，期权交易合约没有被执行即作废，乙方也不会再负有任何责任. 显然，只有当 $S_T < K$ 时甲方才会执行合约；如果 $S_T > K$，甲方不会执行，因为甲方可以在市场上以 S_T 的价格卖出股票. 执行期权时，他可以按市场价格 S_T 购买股票，并以价格 K 将股票卖给乙方，那么，看跌期权的经济价值（收益）是：

$$\text{看跌期权收益} = \max(K - S_T, 0). \tag{1.3}$$

图 1.3 显示了看跌期权的收益情况.

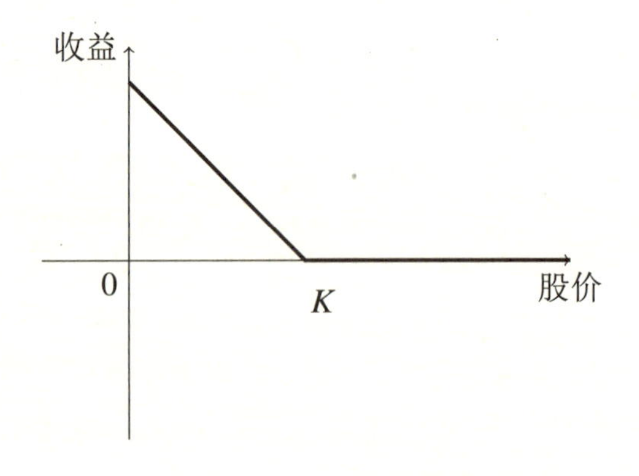

图 1.3 看跌期权的收益函数

美式看跌期权 (American Put) 和欧式看跌期权类似，同样，甲方可以在现在与未来时刻 T 之间的任意时刻执行. 不管股票有没有红利，美式看跌期

权的价格一般都比欧式看跌期权的价格要高. 看跌期权可以帮助买家降低投资风险, 因为如果股票价格下跌的话, 看跌期权的收益实际上是会增加的. 股票或者股票指数的买家可以通过购买看跌期权来降低风险. 当然, 这样的保护措施也会带来更多的额外支出.

人们买入看跌期权或者卖出看跌期权的原因和看涨情况是类似的. 买入看跌期权或者因为杠杆投机或者因为对冲需要. 卖出看跌期权是因为对市场做市或者是因为组合的需要.

看涨期权在终止时, 如果 $S_T > K$, 甲方会执行期权合约, 此时, 我们称期权合约以实值 (In the Money) 终止; 如果 $S_T = K$, 甲方执行合约与否没有差别, 我们称期权合约为平值 (At the Money) 终止; 如果 $S_T < K$, 甲方不会执行期权合约, 我们称期权合约以虚值 (Out of the Money) 终止. 看跌期权相反, 如果 $S_T < K$, 甲方会执行期权合约, 此时, 我们称期权合约以实值终止; 如果 $S_T = K$, 我们称期权合约为平值终止; $S_T > K$, 甲方不会执行期权合约, 我们称期权合约以虚值终止.

由此可见, 一个期权合约具有以下要素: 期权的类型 (美式还是欧式、看涨还是看跌)、期权的标的、期权到期时间、期权行权价格. 期权也一样可以是双方在场外签订的合约, 交易所也会把某些期权放进场内交易, 比如在上交所内挂牌的上证 50ETF 期权. 进入场内交易之后, 期权的标的、类型、到期时间和行权价格都被标准化, 比如一手上证 50ETF 期权代表着 100 个合约.

无论是看涨期权还是看跌期权, 甲方都要付给乙方一定的期权费用来购买期权. 从收益函数上看, 一个明显的特点是期权收益函数体现出来的非线性的性质. 期权的收益函数是一条折线, 而不再是一条直线. 这个非线性的性质造成了期权的价格计算难点. 直观上看, 期权价格当然与期权类型、期权中的执行价、存续期以及和标的的现价密切相关. 不仅如此, 之后我们还会看到期权价格的另一个决定因素——对标的未来波动率的预期. 这一点我们将在期权定价的一节详细展开.

1.2 一些常见的其他期权

除了传统的金融产品如股票、指数、欧式和美式的看涨看跌期权以外,越来越多的新型期权在市场上、投资银行和对冲基金之间交易. 这些新型期权往往给购买者提供了更加有效的对冲工具, 或者使他们能够更明确地表达对市场走向的判断. 但是新型期权的特点是收益函数复杂, 这给它们的定价带来了难点. 在这一节, 我们就来介绍几种市场上比较熟知的新型期权.

1.2.1 二元期权合约

最简单的新型期权是二元期权. 二元期权 (Binary Option) 有时也叫数字期权 (Digital Option), 它的定义如下: 如果到期日满足了某条件, 二元期权将支付一个固定金额, 否则没有任何收益. 其收益函数是不连续的. 举个例子, 如果证券价格超过了原协议指定价格 (比如 K), 期权合约将给持有者 1 元, 否则失效. 收益函数为

$$\text{二元期权收益} = \begin{cases} 1, & \text{如果 } S > K, \\ 0, & \text{如果 } S \leqslant K. \end{cases}$$

这种期权的收益函数图像见图 1.4.

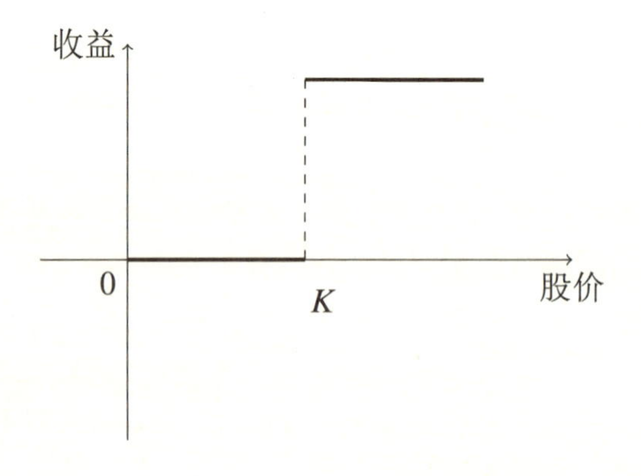

图 1.4 二元期权的收益函数

二元期权因为收益简单易懂, 所以容易受到某些非机构投资者的喜欢. 他们购买二元期权的心态往往跟赌博一样.

1.2.2 障碍期权

障碍期权 (Barrier Option) 如同一个普通的欧式看涨或看跌期权，不同的是：它的生效或者失效是有条件的，这种条件往往依赖于市场价格触及到某个预先设定的价格水平. 这样一来，障碍期权可以分成两大类：*触及生效期权*和*触及失效期权*. 对于触及生效期权，在初始的时间点上，期权是没有生效的，但是一旦市场价格以某种方式触及某个事先设定好的价位，期权就被激发生效了. 生效后的期权可能是个普通的欧式看涨期权，或者是个普通的欧式看跌期权. 对于触及失效期权，在初始的时间点上期权是生效的，有可能这个期权是看涨期权，也可能是看跌期权. 但是如果期权以特定的方式触及某事先约定的价位，期权就失效了，而无论最终股价实现的市场价格如何，期权都没有任何的收益.

事先约定好的市场价位称为障碍价格. 根据初始现价，在期权存续期内触发障碍价格的方式一般有两种：*向下触及*和*向上触及*. 向下触及是指市场价格从上面向下触及或跌过障碍价格，向上触及是指市场价格从下面向上触及或越过障碍价格. 根据上面的定义，我们至少有 8 种不同的障碍期权：

(1) 向上触及生效看涨期权 （Up and In Call）；
(2) 向下触及生效看涨期权 （Down and In Call）；
(3) 向上触及生效看跌期权 （Up and In Put）；
(4) 向下触及生效看跌期权 （Down and In Put）；
(5) 向上触及失效看涨期权 （Up and Out Call）；
(6) 向下触及失效看涨期权 （Down and Out Call）；
(7) 向上触及失效看跌期权 （Up and Out Put）；
(8) 向下触及失效看跌期权 （Down and Out Put）.

举个例子. ABC 股票的现价是 100. 考虑一个 3 个月的向下触及生效看涨期权，其执行价是 105，触及水平是 95. 初始的时刻期权没有生效. 如果 ABC 股价在 3 个月以内从来没有低于 95，那么无论最终 ABC 股票的市价是多高，这个向下触及生效看涨期权都没有任何收益. 如果 ABC 股票的市价在 3 个月之内曾经跌下 95 但是又反弹到 105 以上，那这个看涨期权就会产生和普通看涨期权一样的收益.

我们再举个向上触及失效看跌期权的例子. ABC 股票的现价是 100. 考

虑一个 3 个月的向上触及失效的看跌期权，其执行价是 95，触及水平是 105. 初始时刻期权有效，但是如果 3 个月内 ABC 股票的值曾上涨到超过 105，那么期权自动失效，无论其 3 个月到期的股价如何，购买者都无法行权了.

很自然，有障碍的期权要比完全没有障碍的期权的价格来得低. 这也是为什么人们对障碍期权感兴趣的一个原因. 如果作为投资者对于资产的走向有比较明确的看法，那么障碍期权可以在支付更低的期权费的同时带来几乎相同的投资结果.

1.2.3 亚式期权

首先举个例子. 有一个为期一年的标准普尔看涨期权，与普通的欧式看涨期权不同的是其收益函数中的股指不是到期日的当日股指，而是在最后一个月股指每日收盘价的平均值. 这样的期权在市场上普遍存在. 投资者偏好这样的看涨期权的原因是什么呢? 本质上投资者想要的还是从标准普尔的上涨中盈利. 但是设想这样一种情况：标准普尔在接下来的第十二个月中出现上扬，但是在最后一天却出现了短时下跌. 这样一来可能造成普通看涨期权无效或者收益比预期降低. 但是如果运用最后一个月股指的平均值，就可以基本表现标准普尔的上涨趋势.

亚式期权 (Asian Option) 是一种期权，其收益函数中包含了股票市值在一段时间内的平均值. 由于求均值的方式不同，亚式期权基本上可以分成两类：*几何平均期权和算术平均期权*. 对于几何平均期权，给定一列的时间点 $t_1 < t_2 < \cdots < t_n$，我们设股票的市场值在这些时刻点上的价格为

$$S_1, S_2, \cdots, S_n. \tag{1.4}$$

这样，我们可以定义它们的几何平均值为

$$G = \sqrt[n]{S_1 S_2 \cdots S_n}. \tag{1.5}$$

如果定义一个欧式的(即不能提前执行的)期权，其收益函数为

$$\max(G - K, 0) \quad 或 \quad \max(K - G, 0), \tag{1.6}$$

那么这个期权就是几何平均期权. 如果我们定义股票的算术平均值为

$$A = \frac{S_1 + S_2 + \cdots + S_n}{n}, \tag{1.7}$$

而期权的收益函数为

$$\max(A-K,0) \quad 或 \quad \max(K-A,0), \tag{1.8}$$

那么我们就定义了一个算术平均期权. 请注意, 一般来讲, 期权的收益函数还可以多种多样, 比如

$$\max(S_n-A,0) \quad 或 \quad \max(S_n-G,0), \tag{1.9}$$

等等. 只要收益函数中含有股票市值在离散点上的几何平均值或者算术平均值, 我们就可以称其为亚式期权.

亚式期权的好处正如在开始时讲到的, 因为把收益函数作了平均, 所以收益函数可以把股票或股指的趋势比较准确地反映出来, 不会受到某一天市场异常变动的影响.

1.2.4 回望期权

回望期权 (Lookback Option) 的定义与亚式期权的定义相仿, 只是我们不再求股票市值的平均值, 而是去求股票在离散点上的最大值. 比如我们仍沿袭上面一节的记号, 令

$$M=\max(S_1,S_2,\cdots,S_n), \tag{1.10}$$

那么只要收益函数中含有 M 的期权就可以称为回望期权. 我们再举个例子. 一年到期的欧式看涨期权, 在最后的收益函数中用从现在到到期日每日股指收盘价的最大值来替代当日的股票指数. 显然, 这样的回望期权的收益要远远大于普通的看涨期权的收益, 因为这一年每一天的股指都有可能影响到收益, 而在这期间每一天股指创造的新高都会提高最终的收益. 因为这个原因, 回望期权的价格比普通看涨期权的价格要高, 但是对于某些投资者来讲, 回望期权有更大的吸引力. 购买了回望期权投资者的心态和投资于亚式期权的投资者的心态恰恰相反. 购买亚式期权的投资者希望股市的动荡小, 比较平稳地沿着预期的方向发展. 购买了回望期权的投资者希望股市有更大的上下波动, 这样就可以发挥期权收益函数中最大值的作用, 为投资者带来更大的收益.

1.2.5 方差互换合约

方差互换 (Variance Swap) 是这样一个合约：在一个确定的时间内，合约双方同意基于一个特定的基础证券在一段时期内的市值方差来交换现金. 在交易日，双方就执行价和交换的数量都达成一致.

比如，交易双方同意以标准普尔 500 指数为基础证券，每名义本金执行价格为 $K\%$，签订 6 个月的方差互换合约. 所谓的方差是这样计算的：令股票指数的每日收盘价分别为

$$S_0, S_1, \cdots, S_{180}.$$

根据合约，收益定义为 $r_i = S_i/S_{i-1} - 1$ 或者 $r_i = \log S_i/S_{i-1}$. 这样，我们可以计算收益的方差 v：

$$v = \frac{(r_1 - \overline{r})^2 + (r_2 - \overline{r})^2 + \cdots + (r_{180} - \overline{r})^2}{180}. \tag{1.11}$$

多数时候，我们要以年为单位计算方差 v. 在后面要讲到的几何布朗运动我们会看到，以年为单位计算方差的时候，只要将方差除以时间间隔，在这里是 1/365.

$$v = \frac{(r_1 - \overline{r})^2 + (r_2 - \overline{r})^2 + \cdots + (r_n - \overline{r})^2}{n} \times 365. \tag{1.12}$$

在到期日，买方付给卖方 $K\%$ 而卖方付给买方 v. 方差互换的收益将是：

$$\text{方差互换的收益} = v - K\%.$$

如果实现的方差高于 $K\%$，买家将盈利；如果方差低于 $K\%$，买家将亏损. 方差互换表现了金融市场参与者对股票或股票指数未来波动性的看法. 它在投资者用来对冲波动的风险时也很重要. 在理论上，如后面我们将会看到的，在理想世界模型中，我们可以利用期权组合取得和方差互换相同的收益.

需要指出的是，在实际操作中，一般交易员使用年度的交易日，而不是自然日，所以求方差需要取交易日的收盘价和收益率，在年化的时候也用一年的实际交易日而不是 365 作为单位.

1.2.6 VIX 指数和波动率互换

波动率互换（Volatility Swap）是一种基于未来价格波动率的远期合约.比如，交易双方同意基于单位标准普尔 500 指数为基础证券，并以 $k\%$ 作为执行价，签订 6 个月的波动率互换. 最终实现的收益是这样计算的：令股票指数的收盘价格分别为

$$S_0, S_1, \cdots, S_{180},$$

所以它们的收益为 $r_i = S_i/S_{i-1} - 1$ 或 $r_i = \log S_i/S_{i-1}$. 我们计算出这些收益的波动率

$$\sigma = \sqrt{\frac{(r_1-\overline{r})^2 + (r_2-\overline{r})^2 + \cdots + (r_{180}-\overline{r})^2}{180}}. \tag{1.13}$$

多数时候合约要求按年折算的波动率，即除以时间间隔的平方根：

$$\sigma = \sqrt{\frac{(r_1-\overline{r})^2 + (r_2-\overline{r})^2 + \cdots + (r_n-\overline{r})^2}{n}} \times \sqrt{365}. \tag{1.14}$$

波动率互换的收益将是：

$$\text{波动率互换收益} = \sigma - k\%.$$

同样原因，在实际操作中，一般交易员使用年度的交易日，而不是自然日，所以求波动率需要取交易日的收盘价和收益率，在年化的时候也用一年的交易日而不是 365 作为单位.

可以看到，方差互换和波动率互换的风险都只来自波动率的变化. 这些互换可以用来对未来的波动率做投机买卖，或者用来对冲已经存在的投资组合的波动风险. 理论上，方差互换比波动互换简单，因为它可以通过适当选取一些不同执行价格的欧式期权（只要基础证券的价格变化没有跳跃）构成投资组合进行静态对冲，具体细节本书后面会讲到. 相比较而言，波动互换在市场上更加流行，也更难被对冲，所以定价也比较困难.

为了推动波动率互换的交易，芝加哥期货交易所（CBOE）在 1993 年开始发布 VIX 指数. VIX 被公认为是较好的反映投资者信心和市场波动程度的晴雨表. 为了计算 VIX 指数，芝加哥期货交易所计算出 8 种平价或近价，平均到期时间为 30 天的期权（包括看涨和看跌期权）的隐含波动率，再利

用方差互换的理论定价结果给出. 2004 年 3 月, 芝加哥期货交易所开始基于 VIX 指数期货合约的交易. 2006 年 2 月, 芝加哥期货交易所开始基于 VIX 指数期权合约的交易. 这些金融工具为交易者和投资者提供了一个平台, 以表达他们对证券市场未来的波动情况的看法.

在国内, 我们也可以利用 50ETF 期权计算中国市场的 VIX 指数. 这个指数有的时候称为 iVIX.

1.2.7 衍生品的分类

从前面讨论我们看到衍生品的定义非常灵活, 但是这些产品都具有一些基本特点, 我们总结一下:

(1) 每个衍生品合约都要有明确的基础证券（标的证券）.
(2) 每个衍生品合约都要有明确的名义额.
(3) 每个衍生品合约都要有明确的到期日期.
(4) 每个衍生品合约都要有明确的收益计算方法.
(5) 每个衍生品合约都要有明确的交割要求.

所以虽然衍生品合约可以千变万化, 但是都要有上面的基本要素.

为了归纳衍生品的种类, 我们还可以从几个维度来研究. 衍生品从标的上归纳可以分为股票类衍生品、固定收益类衍生品、大宗商品类衍生品和外汇类衍生品等. 衍生品从行权的时间上归纳可以分为可以提前行权（美式）的和不可以提前行权（欧式）的衍生品.

从收益结构上衍生品还可以归纳为两大类: 一类是线性产品, 比如远期和期货; 一类是非线性产品, 比如看涨和看跌期权. 线性产品的一个特点是其收益函数通常为直线, 而非线性产品的收益函数不是直线. 其实线性产品从定价角度上看, 通常会更容易. 线性产品的价值往往可以完全被复制和对冲, 一旦对冲掉以后就没有了市场风险. 非线性产品的价格会依赖很多类似波动率乃至相关系数等更多的参数, 而且通常无法在有限的交易次数下实现完全对冲.

在非线性产品里面还可以进一步分成两类. 一类以欧式的看涨、看跌期权为代表. 这些期权的收益函数都只取决于最终价格 S_T. 这样的期权我们

称为与路径无关的 (Path Independent), 比如我们介绍过的二元期权属于这个范畴.

另一类就是以美式期权, 还有前面我们提到过的如亚式期权、障碍期权为代表. 这些期权的收益函数不只取决于最终价格 S_T, 还多多少少取决于股票或指数在到期前每一天的价格. 由于这个原因, 我们称这种类型的衍生产品为与路径相关的 (Path Dependent). 可以想象, 与路径相关的期权往往要比与路径无关的期权更难定价.

线性期权和非线性期权的分类还不能简单从字面上区分. 比如在固定收益产品中, 我们可以定义一个产品在未来时刻 T 观察到的 3 个月的即期利率 L 和一个固定的利率 k 的差在时刻 T 交付. 这个收益函数对于利率来讲是个线性的函数, 但是这个产品不是个线性的衍生品.

期权的标准化交易是在 1973 年芝加哥期权交易所开始的, 但是期权最早的雏形可以追溯到 1690 年的英国伦敦. 在 1990 年以后, 期权的交易呈指数级的增长, 部分原因是对冲基金的增长, 而对冲基金广泛使用衍生品作为投资的工具. 期权爆炸式的增长使得波动率成为了一种可以投资的资产和对象.

衍生品的这些特点使得它们成为现代金融环境下不可缺少的交易工具. 使用衍生品可以形成各种各样的交易组合, 从而就形成了不同的风险和收益特征. 这些内容我们在接下来的一章展开讲述.

第二章 衍生品头寸的合成

如果说期货这样简单的衍生品就已经可以让交易者选择标的和交易的方向，为什么还要更为复杂的期权呢？回答这个问题的一个关键就是认识到非线性衍生品的组合特点．线性衍生品的组合还是线性的，不可能产生非线性特征．相较期货合约的单一性，期权就不同了．比如拥有同一个标的但执行价格不同的期权可以组合在一起构成不同的投资组合，而这些投资组合的风险收益各个不同．

非线性衍生品的核心功能之一就是可以让投资者精准选择风险和收益的目标．我们将会看到普通的看涨和看跌期权的收益函数虽然简单，但是它们的组合可以构造出千万种不同的收益函数．在这一章我们将会介绍如何通过组合简单的看涨、看跌期权来构造更加复杂的金融衍生品头寸，并且了解组合的收益特征．

2.1 资产和看跌期权组合

这个策略是买入一个股票和一个看跌期权的投资组合，其收益为：

$$S + \max(K - S, 0) = \max(K, S).$$

它的收益函数如图 2.1 所示．

通常，投资者会担心由于股价下跌所带来的投资损失．如何抓住股价上涨带来的收益并且规避股价下跌所带来的损失呢？这时，投资者可以考虑通过购买看跌期权的方式来锁定最终的损失．如果股价上涨，投资者在股票上获得收益，放弃行权．如果股价下跌，投资者可以选择执行期权，从而把股票以固定的价格卖掉．当然，看跌期权的期权执行价格取决于购买人对风险

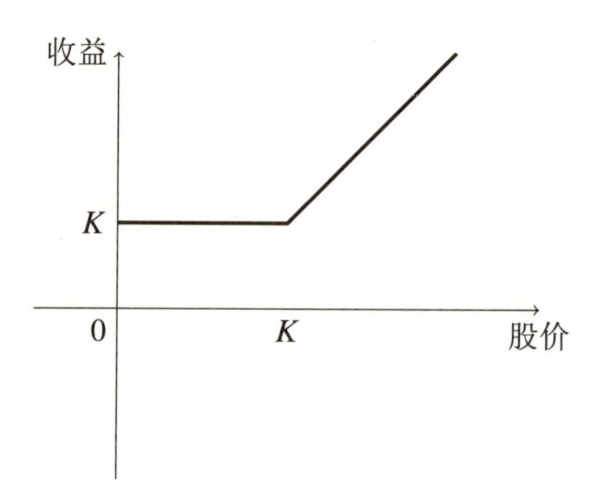

图 2.1 资产和看跌期权组合的收益函数

的容忍度. 比如, 你以 100 元购买了 ABC 公司的股票; 另外, 你还买了一种到期时间为 3 个月, 执行价为 90 元的 ABC 公司股票的看跌期权. 我们来分析可能会发生的情况.

(1) 如果股票跌落到 90 元以下, 你可以执行期权, 以 90 元卖掉股票. 这样你的收益比单纯买股票要好. 因为你起码得到了 90 元, 然而没有看跌期权的话, 你的股票已经没有 90 元了.

(2) 如果股票上涨到 100 元以上, 你就享受了股票上涨带来的好处. 此时你不会去执行期权, 所以期权此时作废.

(3) 如果股票徘徊在 90 元到 100 元之间, 期权将作废, 但是股票也没有给你带来什么收益.

总之, 由于购买了看跌期权, 不管 3 个月内股票怎样变化, 你都不需要以 90 元以下的价格出售股票. 这样一来你的亏损被封了顶, 而且当股价高于 100 元时, 你还可以从股票上涨中盈利. 在享有好处的同时, 当然你须支付期权费, 且执行价越高, 看跌期权价格越高, 你需要支付的更多. 比如你可以购买执行价格是 100 元的看跌期权以保证你在到期日的资产总值不至于低于 100 元, 但是你需要支付更高的期权费. 如果股票价格 3 个月内没有变的话, 由于支付了期权费, 最终你的投资仍将亏损. 在这个例子里, 我们假定现在的看跌期权价格是 3.5 元, 现在的资产价格为 100 元, 执行价为 90 元.

由于考虑了这个投资组合的支出，只要股票价格超过 103.5 元，这种投资组合就盈利，否则投资组合将亏损.

2.2 备兑认购期权

有的时候你手里已经有了 ABC 公司的股票而且看好它的长期前景和股票价格，不想马上卖掉. 但是市场的短期前景不是很好，或者这个股票的公司比较成熟，短时间也不会有什么大的变化. 这个时候有个方法可以帮助你在短期内取得一些收益，那就是卖掉一个看涨期权.

备兑认购期权 (Covered Call) 指买入一个股票的同时卖出看涨期权，其收益为

$$S - \max(S - K, 0) = K + \min(K - S, 0).$$

收益函数如图 2.2 所示(其中，$K = 100$).

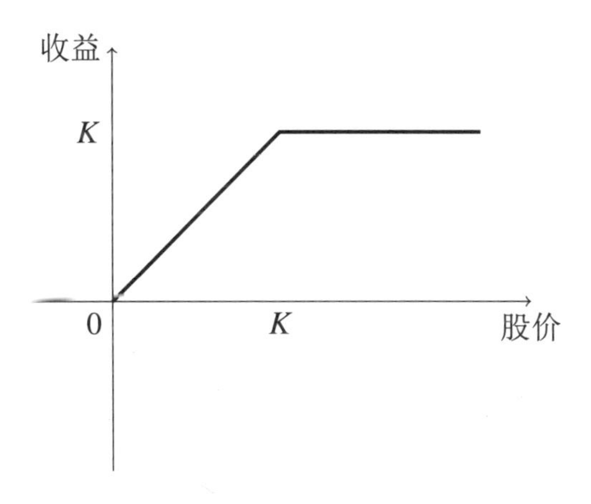

图 2.2 备兑期权组合的收益函数

因为你已经有了股票在手里，你就不必为了期权的执行而担心. 如果期权合约以实值终止，为了执行期权，你可以把股票以执行价卖掉. 如果期权合约以虚值终止，期权作废，你也没有任何责任. 但是，你可以得到期权费.

举个例子，我们不妨令股票的当前价格是 25 元. 如果你以 26 元的执行价卖出看涨期权，你可以从中获得期权费，假设看涨期权费为 1 元，但这样

一来收益的上限却被固定了. 我们分 2 种情形讨论:

(1) ABC 股价低于执行价 26 元, 期权自动作废, 但你可以获得 1 元的期权费. 在这种情况下, 你通过投资策略获得了比单纯购买股票更好的收益.

(2) ABC 的股价涨到 26 元以上, 期权合约有效, 你需要卖掉股票换取 26 元, 当然, 你还获得了期权费. 在这种情形下, 你的投资收益不如单纯购买 ABC 股票更好.

2.3　跨式期权

跨式期权 (Straddle) 是具有相同执行价格的看跌期权和看涨期权的组合. 这种头寸通常是投资者预期到基础证券将会或上升或下降, 但不会仍保持原有水平时作出的投资策略. 比如, 在预期的重大新闻即将发布时, 股票价格通常会出现“暴风骤雨前的宁静”. 消息发布时股票价格视消息对公司的好坏会突然上涨或下跌. 它的收益函数为

$$\max(S-K,0)+\max(K-S,0),$$

收益见图 2.3 (其中, $K=100$).

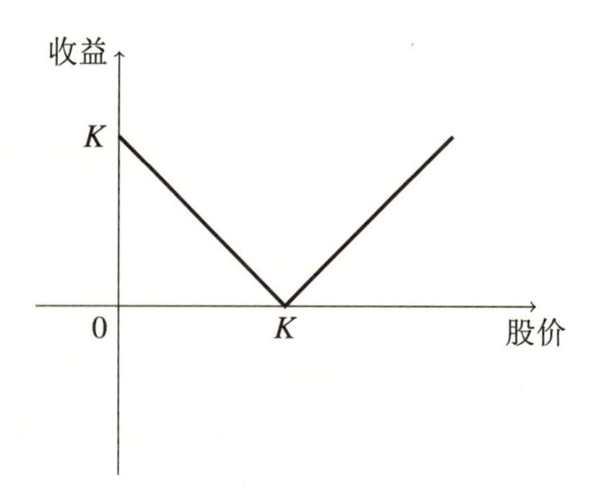

图 2.3　跨式期权收益函数

显然，这种金融衍生产品的买方必须支付看跌期权费和看涨期权费之和. 如果股票价格在这个价格的范围内波动，期权持有者将亏损. 举个例子，我们假定股票现价为 100 元，看涨看跌期权的执行价为 100 元. 但是，购买这些期权需要成本. 假定看涨和看跌期权的价格分别为 8 元和 7 元，这样其价格—净收益如图 2.4 所示. 从图中可以看到，只有当股价波动幅度大于 15 元时，投资者才会获利，否则将亏损. 所以，投资者真正想要的就是基础证券价格的大幅波动，而无所谓向哪个方向波动.

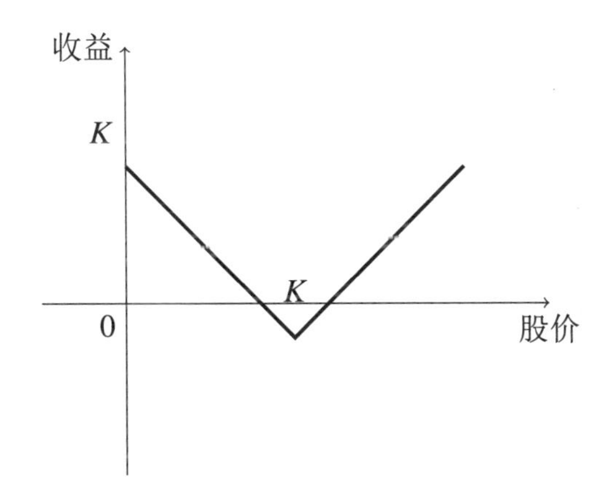

图 2.4 跨式期权净收益

2.4 宽跨式期权

宽跨式期权 (Strangle) 和跨式期权类似，只是看涨和看跌期权的执行价不同. 这个期权合约可以是实值期权组合，也可以是虚值期权组合. 我们假设看涨期权的执行价为 K_1，而看跌期权的执行价为 K_2，那么，它的收益函数为

$$\max(S - K_1, 0) + \max(K_2 - S, 0).$$

虚值期权组合的收益图见图 2.5 (其中，$K_1 = 90, K_2 = 110$).

购买这样一个期权组合的动机和购买跨式期权组合的动机相近，不同的是买方预期基础证券会发生更大的波动. 这种策略通常会在基础证券的价格

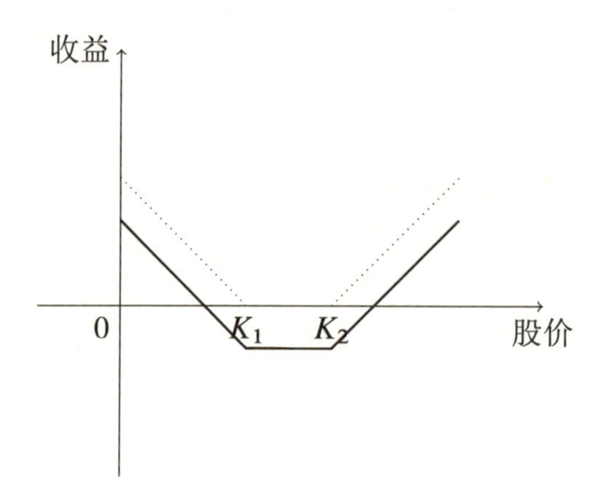

图 2.5 宽跨式期权收益函数

处于看涨和看跌期权的执行价格中点附近时被采用，它比跨式期权的价格要低. 这意味着只有当宽跨式期权比跨式期权具有更大程度的波动时，投资者才能获利. 其缺点在于，到期时，宽跨式期权在一个更大的区间内都没有收益，而跨式期权却只在一个点上没有收益. 图 2.5 显示了宽跨式期权头寸的净收益. 其中股票的现价为 100 元，看涨期权的执行价格为 110 元，看跌期权的执行价格为 90 元，购买两个期权的价格为 7.8 元. 从图 2.5 上容易看出，只有当股票的价格高于 117.8 元或低于 82.2 元时，投资者才会盈利.

更为重要的是，市场上参与这些期权组合交易的人，通常都对基础证券在未来的波动率方向有明确的看法. 跨式期权和宽跨式期权也是最简单的波动率交易中的一种. 如果确定波幅会增大的话，你从宽跨式期权和跨式期权头寸中都可以获利. 从这个意义上讲，购买者不是为了将期权持有至到期日，而是在波动率上升或回复到目标后，卖掉期权以达到盈利的目的.

2.5 倒置风险期权

倒置风险期权 (Risk Reversal) 是一个以高于现价的执行价买入看涨期权，以低于现价的执行价卖出看跌期权的投资组合. 它们的到期日相同. 倒置风险期权是投资者经常采用的一种特殊策略. 它的成本通常很小，且与市场对股价波动的期望相关. 我们假设看涨期权的执行价为 K_1, 而看跌期权的执行价为 K_2, 那么, 它的收益函数为

$$\max(S-K_1,0)-\max(K_2-S,0).$$

值得注意的是, 如果 $K_1=K_2=K$, 则有

$$\max(S-K,0)-\max(K-S,0)=S-K.$$

也就是说当两个期权的执行价一样时, 倒置风险期权成为远期, 这是因为它们的收益一致. 倒置风险期权收益如图 2.6 所示(其中, $K_1=90, K_2=110$).

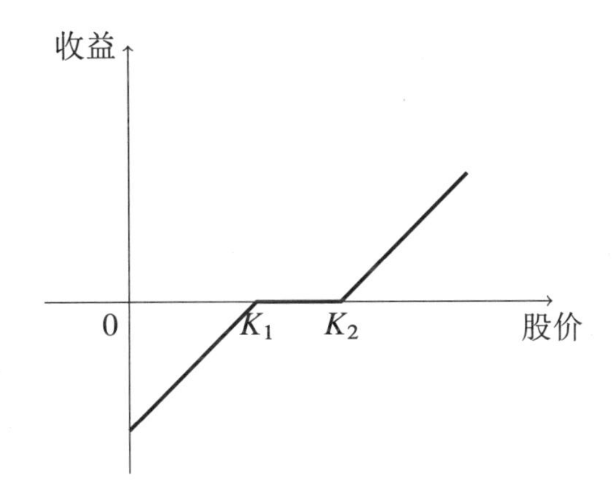

图 2.6 倒置风险期权收益函数

下面, 我们看一下倒置风险期权的净收益特征. 在下面的例子里, 我们取股票现价为 100 元, 看涨期权执行价为 110 元, 看跌期权的执行价为 90 元, 看跌期权的价格为 3.5 元, 看涨期权的价格为 4.3 元. 由于看涨期权的价格略高于看跌期权, 为了买入看涨期权, 卖出看跌期权, 投资者一开始就需要付出 0.8 元.

(1) 若股价超过 110 元, 看涨期权使得投资者受益, 而看跌期权则作废.

(2) 若股价低于 90 元, 看涨期权作废. 由于看跌期权将要被执行, 投资者受到损失, 可是比单纯买股票要好.

(3) 若股价在 90 元至 110 元之间, 看涨期权和看跌期权都要失效, 投资者只承受初始看涨期权和看跌期权价格差的损失.

2.6 蝶式差价期权

蝶式差价期权 (Butterfly Spread) 策略是由 3 种到期日相同但执行价格不同的看涨或看跌期权组成. 一般来说, 设 3 个到期日相同的看涨期权的执行价分别为

$$K_1 < K_2 = \frac{K_1 + K_3}{2} < K_3,$$

那么, 蝶式差价期权的收益函数为

$$\max(S - K_1, 0) + \max(S - K_3, 0) - 2\max(S - K_2, 0).$$

比如, 基础证券的现价为 100 元, 一个买入蝶式差价期权策略可以这样构造: 以 90 元和 110 元的执行价各购买一个看涨(或看跌)期权, 再以 100 元的执行价卖出两份看涨(或看跌)期权. 如果基础证券在到期日的价格没有变化, 执行价为 110 元和 100 元的看涨期权自动作废, 执行价为 90 元的看跌期权有 10 元的价值. 如果证券的价格比 90 元还低的话, 看涨期权作废, 蝶式差价策略的初始支出就是其损失. 如果证券在到期日的价格高于 110 元, 购买的执行价为 90 元的看涨期权和执行价为 110 元的看涨期权所得的收入恰好和卖出的两个执行价为 100 元的看涨期权相抵消, 这样亏损的部分仍只是蝶式差价策略的初始开支. 本质上, 这是一个风险有限, 收益有限, 预期基础证券波动率不变或下降的策略, 因为当证券价格没有波动时, 收益达到最大. 蝶式差价期权的收益函数如图 2.7 所示.

因为期权是有价格的, 我们可以问买入 90 元和 110 元的期权卖出两个 100 元的期权的期初现金流是正还是负呢? 虽然期权价格我们还不知道怎么求, 但是我们观察到蝶式期权的收益函数是正的, 所以我们应该知道期初的现金流一定为负. 这个想法在后面还要反复用到. 比如, 上面这个例子里, 执行价为 90 元的看涨期权价格是 13.5 元, 执行价为 100 元的看涨期权的价格是 8 元, 执行价为 110 元的看涨期权价格为 4.4 元. 投资者需要付 1.9 元的初始费用. 净收益图显示只要股票价格稳定在 91.90 元和 108.10 元之间, 投资者即可盈利.

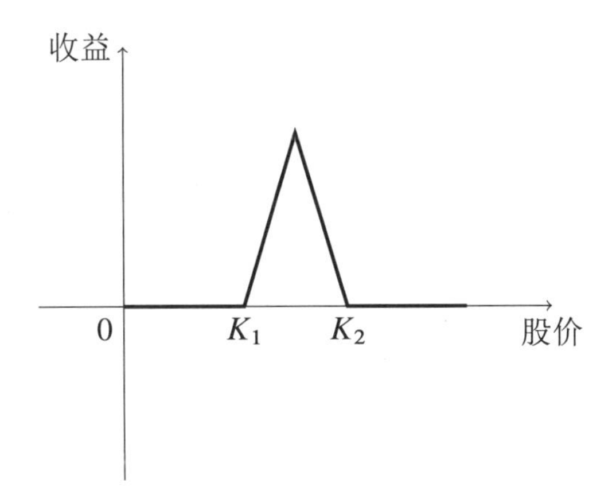

图 2.7 蝶式差价期权收益函数

2.7 日历差价期权

如果一个交易策略中包含的期权的到期日不一样，就称其为日历差价期权 (Calendar Spread). 表面上看，日历差价期权是投资者能够把握标的资产在未来不同时间上的涨跌，实际上并不是这样.

在一些期货的跨期交易策略中，买入一个期限的产品而卖出另外一个期限的产品的目的是判断两个期限的产品的价差的变换方向. 有些跨期交易的目的是希望价差往一个方向移动，有些则希望价差回归中值.

日历差价期权也可以用来表示对未来波动率随时间变化的预期. 因为后文中将要讲到基础证券的波动率不是一个常值. 比如某指数 3 个月到期，执行价为 100 元的看涨期权的波动率为 20%. 但 6 个月到期，执行价为 100 元的看涨期权的波动率为 15%. 这样 6 个月到期与 3 个月到期的期权的波动率之差是 5 个百分点. 正常情况下这个差别应该是 3 个百分点以下. 投资者可以认为当前 6 个月与 3 个月的波动率差只是暂时性的，很快这个差别会恢复到历史水平. 这样的话投资者就会买 6 个月的期权而卖掉 3 个月的期权，从而产生了一个日历差价期权.

一般一个看涨期权的价格在同样行权价下，且标的没有分红的前提下，到期时间越长，价格就越高. 所以日历差价看涨期权，买入近期卖出远期的看涨期权, 在期初可以获得一个正现金流. 如果是卖出近期买入远期的看涨期权, 在期初一定是个负的现金流.

对于看跌期权情况就不是这样. 同样行权价的看跌期权价格随着到期时间先是增加, 一般再减小. 而这些和当前的利率密切相关. 我们在下面几章详细阐述.

第三章 利率和折现值

这一章我们讨论简单的固定收益类金融产品，主要介绍银行存款账户、无息债券及有息债券的概念. 虽然我们本书的主要内容是股票类衍生产品，但是由于后面将要讲到的无套利条件等理论，我们还是必须要了解这些固定收益类的产品的基本概念.

从概念上讲，银行存款的账户或者国家财政部发行的国债可以被认为是无违约风险的投资. 这是因为一般银行有储蓄保险，可以为一定数额之内的储蓄存款提供保护. 国债则由于政府的信用也使得本金和利息没有违约风险. 虽然在某些国家，政府的债券也有过违约，但是为了集中精力讨论利率风险，我们这一章暂时忽略违约造成的信用风险.

这一章的核心概念是利率、久期、凸性和折现值. 同时我们会讲述一些常见的统计指标比如均值、方差和波动率等等.

3.1 银行存款账户

为了讨论金融中的计量问题，我们必须理解一个基本原则：*现金的价值是随时间而变化的*. 若干年年后的 1 元和今天的 1 元价值是不同的.

当我们在银行里存入 1 元时，通常在未来的任意时刻，账户里除了原有的 1 元，还会得到*利息* (Interest). 如果银行的*年利率* (Interest Rate) 是 r 且每年计息一次，一年后我们将得到 $(1+r)$ 元. 有时银行是每半年计息一次，这种情况下，半年后银行会把本金和利息合并在一起，成为 $(1+r/2)$ 元并且这将作为下次计息的本金，再过半年银行存款将会是

$$\left(1+\frac{r}{2}\right)+\frac{r}{2}\left(1+\frac{r}{2}\right)=\left(1+\frac{r}{2}\right)^2.$$

如果银行每月计息一次, 容易知道, 年末银行的存款将是

$$\left(1+\frac{r}{12}\right)^{12}.$$

类似地, 如果银行每天计息一次, 假定一年有 365 天, 年末银行的存款将达到

$$\left(1+\frac{r}{365}\right)^{365}.$$

直观上看, 计息越频繁, 一年后我们银行账户的存款将越多. 问题是, 如果银行按小时, 甚至按分、按秒计息, 我们的银行账户存款会涨爆么? 答案是否定的, 因为在微积分中, 我们都知道极限的存在:

$$\lim_{n\to\infty}\left(1+\frac{r}{n}\right)^{n}=e^{r}, \quad e=2.718\cdots. \tag{3.1}$$

极限的情况称为*连续复利计息* (Continuous Compounding). 图 3.1 显示了在计息频率增加时银行存款的收敛情况.

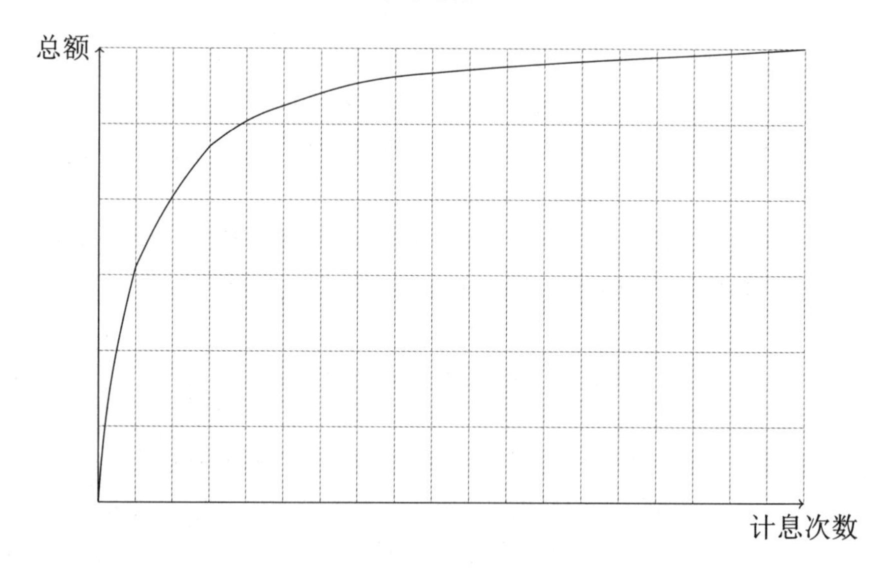

图 3.1 计息频率增加时银行存款的收敛情况

当利率为常数 r, 且连续复利计息时, 从 0 时刻开始, 到 t 时刻银行存款价值将成为

$$\lim_{n\to\infty}\left(1+\frac{r}{n}\right)^{nt}=e^{rt}.$$

相反地，t 时刻的 1 元，在 0 时刻值 e^{-rt}. 所有的这些讨论都是假设利率 r 是个常数. 如果利率随时间而变化呢？中央银行比如美联储每个季度都可能会调整利率，所以作这个假设是必要的. 为此把时间段划分成

$$0 = t_0 < t_1 < \cdots < t_n = t.$$

假设利率从 t_{i-1} 到 t_i 之间是常数 r_i，那么易知，在连续复利计息下，银行存款价值成为

$$e^{r_1 \Delta t_1 + r_2 \Delta t_2 + \cdots + r_n \Delta t_n},$$

此处，$\Delta t_i = t_i - t_{i-1}$ 是时间差. 当 n 趋向无穷大时，时间段分得无穷细，我们将得到一个利率的时间函数 $r(s)$，称之为短期利率 (Short Term Rate). 银行账户存款成为以下带有积分形式的表达式：

$$\exp\left(\int_0^t r(s)\, ds\right). \tag{3.2}$$

相反地，在短期利率非随机的情况之下，t 时刻的 1 元，在 0 时刻应该有价值

$$\exp\left(-\int_0^t r(s)\, ds\right). \tag{3.3}$$

可见银行账户的资产总值随着时间的变化而变化. 银行账户是讨论金融问题的一个基本参照点，因为这种资产能够带来没有任何风险的收益. 当一种投资带来的收益要小于银行存款利率并且还带有亏损风险的话，那样的决策从金融角度上讲将是不明智的.

3.2 无息债券

除了银行账户外还有另一个基本的参照点，那就是*无息债券* (Zero Coupon Bond). 无息债券是一种有固定收益的债券，本金只在最终的到期日付给投资人，中间没有任何利息. 虽然中间没有利息，但并不表明投资这种债券无利可图. 投资人往往付出比本金少的价钱就可以购买这种债券，所以利息其实是被隐含在了初始的折现价格里了.

我们在这里考虑无风险的债券，一般美国政府发行的国债在市场上被认为没有风险. 由于这种债券没有利息，初始价格自然要少于本金，但是

初始价格到底是多少取决于从现在至到期日的利率. 在 T 时刻到期的本金为 1 美元的无息债券在 t 时刻的价值通常记为 $B(t,T)$ 或者 $B_t(T)$. 当利率是非随机的并等于常数 r 时, 可以想象, 初始价格在连续复利计息时不断地计息, 而结果成为 1 美元, 那么, 初始价格只能是 $B(t,T)=e^{-rt}$. 当利率是非随机的但并不等于常数 r, 而是个时间函数 $r(s)$ 时, 初始价格只能是 $B(t,T)=\exp\left(-\int_0^t r(s)\,ds\right)$. 如果短期利率是随机的, 那么量 $\exp\left(-\int_0^t r(s)\,ds\right)$ 也将是随机的, 而不是一个确定的量. 然而, 市场上是时时刻刻交易无息债券的(也可以从有息债券的组合中得到), 故而无息债券应该是短期利率的某种概率下的期望, 我们可以写成

$$B(0,t)=E\left(e^{-\int_0^t r(s)\,ds}\right), \tag{3.4}$$

其中我们在适当的概率空间上取了期望. 如果我们想要模拟短期利率的未来行为, (3.4) 式应是一个约束条件. 既然 $B(0,t)$ 的值在市场上已经给出, 我们也可以将其转化成一种利率: 从 0 时刻到 t 时刻的连续复利利率

$$B(0,t)=E\left(e^{-\int_0^t r(s)\,ds}\right)=e^{-r(0,t)t}. \tag{3.5}$$

这样, 针对每一个时间 t, 都会有个连续复利利率 $r(0,t)$. 请注意, 这个利率 $r(0,t)$ 与短期利率 $r(t)$ 是不同的. 复利利率 $r(0,t)$ 是从今天到时刻 t 的利率, 是今天可观察到的, 但是短期利率 $r(t)$ 是将来在 t 时刻才可以知道的, 在今天只是一个随机变量. 通过这个公式, 无息债券的初始价格与连续复利利率之间可以互相换算. 给出了无息债券的初始价格, 也就是给出了连续复利利率.

在市场上, 不同的 t 时刻的利率是不同的. 图 3.2 给出了美国国债在不同年度到期的利率. 可以看到, 一年, 两年, 直至 30 年的利率都不同. 但是在本书中, 多数情况下, 都假设利率不变. 一个原因是为了简单起见, 另外一个原因是本书主要讨论的对象是股票衍生产品, 而在股票衍生产品中, 股价的变化比利率的变化所带来的影响更大. 所以, 我们可以忽略利率的变化而假定它们都相同. 尽可能地, 在重要的问题讨论中我们会指出在利率不同情况下的结果.

有时, 我们也称 $B(0,t)=B_0(t)$ 为贴现因子 (Discount Factor), 并称 $r(0,t)$ 为贴现率 (Discount Rate). 在金融中, 把未来的现金价值换算

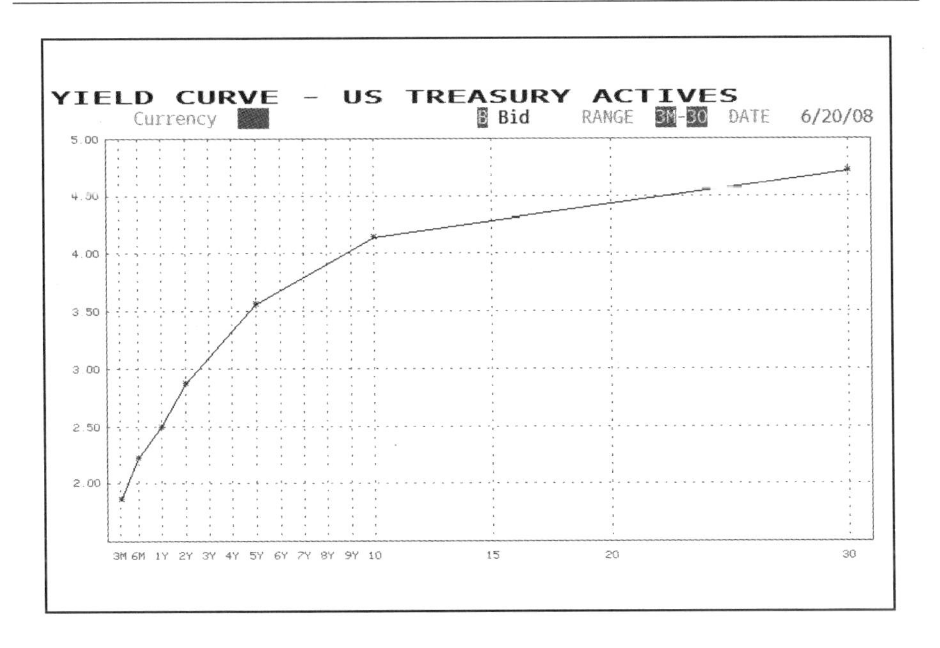

图 3.2 美国国家债券的利率图

成现在的现金价值是一个很重要的原理. 如果在不同时间点发生多次现金流, 我们需要反复把关于贴现率和时间的贴现因子 $e^{-r(0,t)t}$ 应用到不同的时间段. 标准的定义是: 如果在

$$t_1, t_2, \cdots, t_n$$

时刻, 我们有现金流

$$c_1, c_2, \cdots, c_n,$$

并且连续复利利率从 0 到时刻 t_i 为

$$r_1, r_2, \cdots, r_n,$$

那么, 未来现金流的折现值就是

$$e^{-r_1 t_1} c_1 + e^{-r_2 t_2} c_2 + \cdots + e^{-r_n t_n} c_n.$$

这个值又被称为现金流的净现值 (Net Present Value).

一个例子是，永久年金产品(一种退休养老金产品)，每年都需要支付等量现金 c. 如果假定贴现利率为 r，并按连续复利计算贴现之后，所有未来现金流的净现值将成为

$$ce^{-r}+ce^{-2r}+\cdots+ce^{-nr}+\cdots=\frac{ce^{-r}}{1-e^{-r}}. \tag{3.6}$$

有时，除了连续复利，我们还使用*离散复利计息* (Simple Compounding)，也就是以年为计息单位. 此时，t 时刻的贴现因子为

$$\frac{1}{(1+r)^t}. \tag{3.7}$$

在离散复利计息条件下，永久年金净现值为

$$\sum_{k=1}^{\infty}\frac{c}{(1+r)^k}=\frac{c}{r}. \tag{3.8}$$

在房地产业，尤其是出租型的商业地产，人们为了计算具体项目的价值，经常假设一个年出租的净收益，然后用某个离散复利的贴现利率贴现所有的未来净收益. 如果每年净收益为 c，贴现利率为 r，那么，未来净收益的贴现值将是 c/r，这个值常用来给商业地产的交易定价. 可以看到，r 越大，交易值越低；r 越小，交易值越高.

3.3 久期和凸性

我们上面讲到的债券都是无息债券. 但是更普遍的债券是有息债券，即在到期之前，每年或者每个季度都会有利息作为收入. 举个例子，有个 10 年的有息债券，其利息是每年 5% 且每年发放一次，今天的交易价格是每面值 100 元的价值 101 元. 为了投资这个债券，投资者要付出 101 元，然后每年还可以收入 5 元，在 10 年后的到期日可以收回当年的利息 5 元和面值 100 元. 我们如何分析这个投资的收益呢？ 在市场上有个常用的概念，就是*内在收益率* (Internal Rate of Return, IRR) 的概念. 内在收益率指的是一个利率，如果把它应用到债券的每一年作为贴现利率的话，我们可以得到初始的价格. 在

这个定义之下，我们可以假设内在收益率是 r，而且我们用离散复利来计算，就有

$$101=\frac{5}{1+r}+\frac{5}{(1+r)^2}+\cdots+\frac{5}{(1+r)^9}+\frac{105}{(1+r)^{10}}.$$

可以很容易地用 Excel 或者其他工具来解出这个方程，得到 $r=4.871\%$. 其实在 Excel 中还专门有个函数 IRR 可以用来解这个问题.

一般来说，我们可以定义一个债券的内在收益率就是个离散复利（或者连续复利）的利率，使得在它作为贴现率的情况下，债券将来的现金的贴现值就等于今天的债券价格. 比如，一个债券在第 t_i 时刻的现金收益是 c_i，今天的价格是 c，本金是一块钱的内在收益率 r 就要满足下面的公式:

$$c=e^{-rt_1}c_1+e^{-rt_2}c_2+\cdots+e^{-rt_n}c_n.$$

用离散复利计算的公式也可以照此得出. 一个简单的问题是，如果一个 10 年的债券，每年的利率都是 r 并且在每年的年末发放，而且这个债券今天的交易价格就是面值，那么它的内在收益率在每年复利一次的离散复利率就是 r. 这可以用定义验证.

在债券交易所的交易员们喜欢问，如果债券的回报率变化的话，债券的价格将会如何变化呢？回答这个问题可以这样看：如果把上述公式看成是价格对于回报率的函数的话，那么将有

$$f(r)=e^{-rt_1}c_1+e^{-rt_2}c_2+\cdots+e^{-rt_n}c_n,$$

由在数学中熟知的导数运算可以知道

$$f'(r)=-t_1e^{-rt_1}c_1-t_2e^{-rt_2}c_2-\cdots-t_ne^{-rt_n}c_n,$$

这就表明了如果回报率从 r 变化到 $r+\Delta r$ 的话，那么债券的价格将会从 $f(r)$ 变化到 $f(r+\Delta r)$，其中有近似表达:

$$f(r+\Delta r)\approx f(r)-(t_1e^{-rt_1}c_1+t_2e^{-rt_2}c_2+\cdots+t_ne^{-rt_n}c_n)\cdot\Delta r,$$

这样债券价值的变化的百分比就是

$$\frac{f(r+\Delta r)-f(r)}{f(r)}=-\left(\frac{t_1e^{-rt_1}c_1+t_2e^{-rt_2}c_2+\cdots+t_ne^{-rt_n}c_n}{e^{-rt_1}c_1+e^{-rt_2}c_2+\cdots+e^{-rt_n}c_n}\right)\cdot\Delta r.$$

债券交易员经常把括号中的量称为*债券久期* (Duration). 可以看到, 债券的久期其实就是债券的价格作为债券回报率的函数的一阶导数比上债券价格的值. 作为一个练习, 请读者证明, 作为无息债券的久期就是债券的到期时间. 这也是久期这个名词的来历之一. 但是当债券不是一个无息债券的时候, 显然, 久期不等于债券到期的时间. 实际上, 因为有息债券也可以看成是许多无息债券的组合, 所以有息债券的久期其实是所有的这些无息债券的久期的加权平均. 一些市场上常见的债券的久期应该是作为债券交易员所需要熟知的.

那么债券价格作为内在收益率的函数的二阶导数有用处吗? 其实, 的确也有很大的用处. 我们知道在微积分里的熟知的展开公式

$$f(r+\Delta r) \approx f(r) + f'(r)\Delta r + \frac{1}{2}f''(r)(\Delta r)^2,$$

所以债券函数的二阶导数可以给出对债券真实价格更精确的逼近. 简单的计算当然可以知道有

$$f''(r) = t_1^2 e^{-rt_1}c_1 + t_2^2 e^{-rt_2}c_2 + \cdots + t_n^2 e^{-rt_n}c_n.$$

从这个式子可以看出, 用久期来线性地逼近债券价格产生的误差总是个正的值. 这说明债券价格函数对于变量内在收益率来说是个向下凸的递减的函数.

3.4 均值、标准差及波动率

给定一列样本

$$s_1, s_2, \cdots, s_n,$$

其*均值* (Mean) 被定义为

$$\bar{s} = \frac{s_1 + s_2 + \cdots + s_n}{n}. \tag{3.9}$$

在数学中有时我们也称其为*算术平均* (Arithmetic Average).

其*方差* (Variance) 被定义为

$$v = \frac{(s_1-\bar{s})^2 + (s_2-\bar{s})^2 + \cdots + (s_n-\bar{s})^2}{n}, \tag{3.10}$$

标准差 (Standard Deviation) 被定义为方差的平方根:

$$d=\sqrt{\frac{(s_1-\overline{s})^2+(s_2-\overline{s})^2+\cdots+(s_n-\overline{s})^2}{n}}. \tag{3.11}$$

有时, 方差和标准差也可这样定义:

$$\tilde{v}=\frac{(s_1-\overline{s})^2+(s_2-\overline{s})^2+\cdots+(s_n-\overline{s})^2}{n-1}, \tag{3.12}$$

$$\tilde{d}=\sqrt{\frac{(s_1-\overline{s})^2+(s_2-\overline{s})^2+\cdots+(s_n-\overline{s})^2}{n-1}}. \tag{3.13}$$

方差有时按 (3.12) 式中的方式定义, 是因为 $\tilde{v}$ 是 $s_1,\cdots,s_n$ 的总体方差的无偏估计量. 从数学的角度来说, 如果所有的样本 s_i 都服从分布 S 且独立, 我们计算期望有

$$\begin{aligned}
&E\left(\frac{(s_1-\overline{s})^2+(s_2-\overline{s})^2+\cdots+(s_n-\overline{s})^2}{n-1}\right)\\
&=\frac{nE(S^2)-\frac{1}{n}E((s_1+\cdots+s_n)^2)}{n-1}\\
&=\frac{nE(S^2)-\frac{1}{n}\left(nE(S^2)+n(n-1)E(S)^2\right)}{n-1}\\
&=E(S^2)-E^2(S),
\end{aligned}$$

而这恰是分布 S 的方差的定义. 事实上, 当 n 趋于无穷时, 两种定义是渐近等价的

与标准差密切相关的一个概念是*波动率* (Volatility). 比方说, 你从 0 时刻到 t 时刻做了一定数量的投资. 资产价格由 S_0 变为 S_t, 我们说这次投资的*简单收益* (Simple Return) 为

$$r=\frac{S_t-S_0}{S_0}.$$

给定资产 S, 我们看一下它的价格经过等时间间隔的变化情况. 设

$$t_0<t_1<\cdots<t_n,\quad \Delta t=t_i-t_{i-1},$$

资产在这些时刻的价格分别为 $S_0,S_1,\cdots,S_n$. 我们不是直接去研究金融价格本身, 而是先看它们在每个时间段的简单收益:

$$r_1=\frac{S_1-S_0}{S_0},\cdots,r_n=\frac{S_n-S_{n-1}}{S_{n-1}},$$

我们也可以考虑对数收益 (Log Return), 其定义为

$$r_1 = \log\left(\frac{S_1}{S_0}\right), \cdots, r_n = \log\left(\frac{S_n}{S_{n-1}}\right).$$

事实上, 简单收益恰是对数收益的一阶近似. 收益的均值仍被定义为

$$\bar{r} = \frac{r_1 + r_2 + \cdots + r_n}{n},$$

收益的方差被定义为

$$v = \frac{(r_1 - \bar{r})^2 + (r_2 - \bar{r})^2 + \cdots + (r_n - \bar{r})^2}{n}, \tag{3.14}$$

收益的波动率被定义如下:

$$\sigma = \sqrt{\frac{(r_1 - \bar{r})^2 + (r_2 - \bar{r})^2 + \cdots + (r_n - \bar{r})^2}{n}}. \tag{3.15}$$

注意, 尽管这些公式与样本方差和标准差的公式很相似, 但是描述的对象不一样. 在这种情况下, 方差和波动率描述的是一个随机运动的路径的波动状况. 波动率越大, 路径的起伏应该越大; 波动率越小, 路径的起伏就越小. 如果波动率为 0, 则所有单位时间间隔的资产的简单收益都是常数, 所以, 资产的路径是一条直线.

具体到金融中, 我们可以谈论未来某一确定时刻 t 资产价格的标准差. 但是, 当我们谈论一个时间序列 (Time Series) 时, 通常我们讨论它的波动率, 因为波动率显示的是每一条路径的波动情况.

在金融中, 我们还经常把波动率以年为单位折算, 即将上面定义的波动率除以时间间隔的平方根:

$$\sigma = \frac{1}{\sqrt{\Delta t}}\sqrt{\frac{(r_1 - \bar{r})^2 + (r_2 - \bar{r})^2 + \cdots + (r_n - \bar{r})^2}{n}}. \tag{3.16}$$

这被称为平方根法则 (Square Root Rule). 波动率的平方根法则的本质原因是假定资产的运动近似满足布朗运动.

资产价格在时间上的波动性造成了未来资产价格的不确定性, 所以波动率决定了在一个未来日期上资产价格分布的标准差. 但是波动率大小和资产到期的价格标准差的明确关系取决于资产价格随机过程的具体模型. 在以后可以看到, 简单的布朗运动下面, 波动率就和标准差完全一致. 但是在其他的随机过程下面, 这个结论未必成立.

第四章 看涨、看跌期权的性质

从前面一章看到, 和期货不同, 期权是需要有价格的. 期权因为收益的非线性性质, 定价通常比较困难, 甚至要用到非常高深的数学. 但是期权毕竟是金融市场的产品, 脱离直观就动用高深的数学工具, 不会给我们带来更深刻的理解.

在实际交易中, 人们很早就交易期权. 所以直观理解期权定价的性质对于理解这个产品的特征非常重要. 所幸的是, 期权价格之间有些关系是不需要高深的数学模型就可以确定的. 这些性质因为没有用到复杂的数学模型, 所以也就更普适. 我们这一章就在简单的无套利原理的假设下来推导这些普适的期权价格性质.

4.1 无套利原理引论

市场上存在股票交易, 建立在股票交易之上的还有作为衍生品的远期和看跌看涨期权. 如果把这些金融产品组合起来, 是否可以构造一个能使得投资者在不承担风险的情况下仍然享有丰厚收益的投资组合呢? 这是我们在这一章要研究的问题.

我们先引进一个名词——套利. 套利指的是在不承担任何风险的情况下, 依然能够获得利润的市场行为. 无套利市场指的是没有套利机会的市场, 这里的“没有套利机会”主要针对的是交易的价格. 首先举个不可思议的例子, 某个还在上市的股票的成交价是 0, 这意味着不用花钱就可以买到这只股票. 这种行为我们称作套利. 因为股票的价格永远不会为负, 所以无论这只股票的未来前景如何, 投资者都不会亏本. 这是一个比较极端的例子, 在现实生活中不可能存在. 但是有可能存在个别价格较低的股票, 对于投资者来说购买这些股票是不是套利呢? 不是, 因为购买这些股票投资者需要付出成本, 而且不可能无风险得到收益, 无论这里的风险多么小.

但是因为市场上存在远期、看跌、看涨期权这么多的衍生品, 投资者就可以有机会巧妙地选取一些衍生品来构成一个投资组合. 这个投资组合的初始现金流为零, 但是在将来会有正的收益, 这构成一次套利行为. 这就是我们在这一章里要讲的主要方法. 当然, 在市场上只要存在套利机会, 就会有很多人趋之若鹜地去参与, 从而“吃到免费的午餐”. 这会进而推动市场价格, 直到价格改变到这种套利机会消失为止, 此时的价格为平衡价格. 这就是市场价格变化的实质. 所以, 一个成熟的金融市场上只存在暂时的套利机会, 大部分情况下套利机会为零. 这就是衍生品定价的重要基础.

那么可能有人会问: 上面定义的套利能否改成如下的叙述形式呢? 如果我们进行这样的投资, 可以在没有任何风险的情况下获得比初始投资更高的收益, 这种行为是否构成套利呢? 回答是否定的, 这并不一定构成了套利. 比如我们在银行存款, 虽然有初始投资并且能够无风险地获得收益, 但这并不是套利. 同理, 国债投资中也存在这样的机会, 这并不构成套利.

下面我们来看第三个可能是套利的情况. 我们有一个投资的项目, 需要初始资金, 然而我们可以无风险地达到收益而且收益率绝对大于银行的收益率. 这是不是构成了套利? 是的. 因为我们可以向银行借钱, 作出投资, 在到期日, 因为我们投资的收益大于银行的利率, 所以当我们还上银行的贷款以后可以得到一笔无风险的利润. 这样我们在投资日没有现金流, 因为银行的贷款冲掉了投资, 但是在到期日却有正的收益而且没有任何的风险, 所以构成了套利. 我们这里作了个假设, 即我们的贷款利率和存款利率一致, 这在现实生活中对于个人是不成立的.

这样我们又得到了无套利的一个表述, 即: 任何无风险投资(证券、衍生品等)的组合的收益率必然等同于银行存款(贷款)的利率(或者无风险国债的利率).

4.2 期权作为行权价函数

理解了基本的金融衍生品的定义及其收益函数以后, 我们应该在更深的层次上学习它们. 特别地, 对这些衍生品相互之间的价格比较, 应该有一个直观的认识. 这一点十分重要. 在严格对衍生品建立模型之前, 我们应该问自己这样的基本问题: 有哪些性质是无论我们选择什么模型都会始终保持不变的呢? 如果能找出这些性质, 我们就能以此为指导去寻找有意义的衍生品模型. 通过各种不同的理论和工具, 可以建立起无数的模型, 但这一章将讨论的性质须在任何一个模型下都得到保持. 从这个角度来说, 这些性质是很重要的, 同时, 我们用以获得这些性质的方法也非常基本和重要.

特别地, 我们可以很容易获得看涨和看跌期权的一些简单而有趣的性质, 并不需要概率论和偏微分方程等高深的数学知识. 我们将在下面几节中讨论它们. 在讨论之前, 我们仍须强调对金融市场中交易的股票、指数、衍生证券所作的下列假设:

- 借贷或卖空证券是允许的, 交易中无交易费用;
- 利率总为非负;
- 借入借出利率相同;
- 参与交易者之间没有任何信用风险;
- 市场上不存在套利.

为了讨论问题的方便, 我们要引入下面的一些记号. 这些记号不仅在本章要用, 而且会贯穿于全书的各个章节中.

定义 4.1　对一个欧式看涨期权, 执行价格为 K, 到期时间为 T, 时刻 t 的价格将表示为

$$C_t^{Eu}(K,T).$$

有时为了强调对股票市值和时间的依赖而表示为

$$C_t^{Eu}(K,T;S) \quad 或 \quad C^{Eu}(K,T;S,t).$$

定义 4.2　对一个欧式看跌期权, 执行价格为 K, 到期时间为 T, 时刻 t 的价格将表示为

$$P_t^{Eu}(K,T).$$

同样, 为了强调对股票市值和时间的依赖而表示为

$$P_t^{Eu}(K,T;S) \quad 或 \quad P^{Eu}(K,T;S,t).$$

定义 4.3 对一个美式看涨期权, 执行价格为 K, 到期时间为 T, 时刻 t 的价格将表示为

$$C_t^{Am}(K,T) \quad 或 \quad C_t^{Am}(K,T;S) \quad 或 \quad C^{Am}(K,T;S,t).$$

定义 4.4 对一个美式看跌期权, 执行价格为 K, 到期时间为 T, 时刻 t 的价格将表示为

$$P_t^{Am}(K,T) \quad 或 \quad P_t^{Am}(K,T;S) \quad 或 \quad P^{Am}(K,T;S,t).$$

定义 4.5 对到期时间为 T 的无风险无息债券, 时刻 t 的价格表示为

$$B_t(T) \quad 或 \quad B(t,T).$$

当我们用 r 来表达无风险连续复合利率时, 我们有

$$B_t(T) = B(t,T) = e^{-r(T-t)}.$$

以后在不会产生误解的情况下, 我们有时也会省略“Eu”和“Am”等上标, 而用

$$C(K,T) = C(K,T;S) = C(K,T;S,t)$$

来表示看涨期权的价值, 用

$$P(K,T) = P(K,T;S) = P(K,T;S,t)$$

来表示看跌期权的价值.

定义 4.6 我们将等价地使用下面的两个符号:

$$\max(S-K,0) = (S-K)^+.$$

下面是我们将多次使用的无套利准则(以后会给出更完整的表达). 两个都含有证券和衍生品的投资组合 V_1 和 V_2, 如果在到期时间 T, 无论基础证券价值如何, 总有

$$V_1(T) \geqslant V_2(T),$$

那么对于任意时间 $t < T$,

$$V_1(t) \geqslant V_2(t)$$

成立. 其金融意义是：若一个组合百分之百地比另一个组合更赚钱，当然价格会更贵. 如果在任何情况下我们总有

$$V_1(T) = V_2(T),$$

那么对于任意 $t < T$,

$$V_1(t) = V_2(t)$$

成立.

这个表述和我们上一节讲到的无套利的原则是一致的，只不过我们现在用更形式化的语言叙述了.

4.3 远期的交易价格原理

我们先考虑一个例子. 不发放红利的甲、乙两公司股票每股的成交价均为 100 美元. 甲股和乙股的 3 个月远期价格将分别是多少呢? 经验不足的投资者会认为这将取决于公司在过去的表现、它们现在的利润情况、未来的现金流以及管理团队的能力，等等. 那么，下面的原理将会使他大吃一惊：它们的远期价格是一样的.

定理 4.1 如果连续复利利率是 r，股票或者股票指数的现值是 S_0，在零成本融券、没有交易成本的市场假设下，它们的在时刻 0 交易的关于时间 T 的远期价格都将是

$$F_T = S_0/B(0,T). \tag{4.1}$$

我们现在来讨论这个等式成立的原因. 如果一个股票或股票指数的远期价格 $F_T > S_0/B(0,T)$，我们就可以想到一个没有任何风险却又百分之百可以盈利的策略：我们卖掉远期，就是说作为远期协议中的乙方，我们从银行借现金 S_0，并用来购买股票. 到了时间 T，我们把股票再以 F_T 的价格卖掉，并付给银行本金及利息总共 $S_0/B(0,T)$. 我们最终得到的净值 $F_T - S_0/B(0,T) > 0$. 这个过程没有任何的初始投资，又没有风险，却可以保证盈利，就是说这是套利 (Arbitrage).

同样，$S_0/B(0,T) - F_T > 0$ 也是不对的. 否则，甲方将会在初始时刻借来一股股票，进入远期协议，并以 S_0 的价格在市场中卖掉该股，再将这笔钱存入银行. 当最终时间到达时，甲方再以 F_T 的价格从乙方买回一股股票，将这一股还掉，并从银行中取出钱. 净现金流为 $S_0/B(0,T) - F_T > 0$. 这样，可以没有任何初始投资，但是可以无风险赚钱. 这又是一个套利.

真正在现实生活中会发生的是：一旦有一个确定的套利机会，人们都会去争抢这同一个机会，很快市场价格(在我们的例子里是远期的价格 F_T)就会变动到不再有套利的机会，所以就必须有等式 (4.1).

请注意我们的结论需要借助假定：(1) 股票交易是没有成本的; (2) 卖空是可能的而且无须追加费用; (3) 借出与借入的利息是一致的; (4) 所有的参与交易者之间没有任何信用风险. 然而，如果这些假定不满足，我们的结论就不能成立了. 比如，农产品和自然资源远期就并不满足这些假定. 因为没有一定的支出是无法卖空玉米、谷类、石油的. 同样，我们也需要为长时间贮存这些商品增加开支. 这就是为什么农产品和自然资源的远期不满足公式 (4.1).

4.4 看涨、看跌期权平价原理

下一个被广泛应用的性质是*期权平价原理* (Put-Call Parity)，亦称买入卖出平价原理.

定理 4.2 (**看涨、看跌期权平价原理**) 在无股票红利 (Dividend) 条件下，我们有

$$C_t^{Eu}(K,T;S) + B_t(T)K = P_t^{Eu}(K,T;S) + S. \tag{4.2}$$

证明：考虑两个投资组合：一个是买入执行价为 K 的看涨期权和本金为 K 的无息债券，另一个是买入执行价为 K 的看跌期权和股票. 它们在到期日 T 的收益函数为

$$\max(S_T - K, 0) + K = \max(S_T, K) = \max(K - S_T, 0) + S_T,$$

即收益函数相同，故而由无套利原理，我们有

$$C_t^{Eu}(k,T;S_t) + B_t(T)\cdot K = P_t^{Eu}(K,T;S_t) + S_t.$$

请注意，我们把债券的本金贴现到现在是因为今天债券的价格不是 K，而是 $B(t,T)K$. 另外看涨、看跌期权的价格中都含有贴现因子. 证毕

期权平价原理的金融解释是：假定债券本金和期权执行价格相等，看跌期权加上股票等效于看涨期权加上债券. 这个原理在市场中始终成立，否则将有套利存在. 有了这个原理，知道其中一个期权的价格，我们就可以算出另一个. 还有个有意思的推论是：如果 $B_t(T)K = S$，就是说期权执行价格等于远期价格时，看涨期权价值等同于看跌期权价值. 华尔街上常见的一个面试问题是：如果利率是零，股票现价为 100 元，执行价为 100 元的看涨期权价值为 5 元，那么执行价为 100 元的看跌期权价值为多少？答案显然可以由平价原理得出来. 如果股票有红利，我们有以下定理：

定理 4.3 令 D 为时间区间 (t,T) 内的股票红利的折现，我们有

$$C_t^{Eu}(k,T;S) + B_t(T)K = P_t^{Eu}(K,T;S) + S - D. \tag{4.3}$$

证明： 注意到持有股票，我们将得所有股票红利，因此，我们需要将它们从投资组合中抽取出来. 剩下的部分与上面的证明相同. 证毕

4.5 看涨期权的性质

定理 4.4 如果基础证券在时间 (t,T) 内不发放红利，那么

$$C_t^{Eu}(K,T;S) \geqslant \max(S - B_t(T)K, 0) > \max(S - K, 0). \tag{4.4}$$

中间的式子在学术界常被称为看涨期权的内涵价值 (Intrinsic Value). 右端的式子在交易市场上常被称为内涵价值. 在到期以前，$\max(S-K,0)$ 的价值不能兑现，所以不能被称为收益，只能称为内涵价值.

证明： 考虑买入股票和卖出债券的投资组合 V. 债券在时间 T 的本金值为 K. 今天组合 V 有价值：

$$V_t = S_t - B_t(T)K.$$

在到期时刻 T 的价值为

$$V_T = S_T - K.$$

但看涨期权的收益总是大于它, 因为

$$\max(S_T - K, 0) \geqslant S_T - K.$$

由无套利原理, 我们知道

$$C_t^{Eu}(K, T; S_t) \geqslant S_t - B_t(T)K.$$

另一方面, 期权值总是正的, 我们有不等式

$$C_t^{Eu}(K, T; S_t) \geqslant \max(S_t - B_t(T)K, 0).$$

由 $0 < B_t(T) < 1$, 我们总有

$$\max(S_t - B_t(T) \cdot K, 0) > \max(S_t - K, 0).$$

这就得到不等式 (4.4). 证毕

由此可以看出, 看涨期权的值比其内涵价值永远要高. 我们看一个例子: 设股票 ABC 以每股 100 美元交易. 基于此股票的一个看涨期权, 执行价格为 90 美元, 从今天开始 6 个月后到期. 这个期权的内涵价值为 10 美元. 若不是这样的话, 将有套利的机会. 比如说, 期权仅值 9 美元, 那么买入该看涨期权, 卖空这只股票将得到 91 美元. 到期时, 如果股票交易价高于 90 美元, 我们执行 90 美元的看涨期权合约, 盈余 1 美元. 如果股票交易价低于 90 美元, 我们可买回股票, 同时期权由于虚值而作废, 我们也可以得到至少 1 美元. 这是一个无风险交易, 我们总能保证有正收益.

定理 4.5 如果在时间 (t, T) 内, 股票有折现价值为 D 的股票红利, 那么

$$C_t^{Eu}(K, T; S) \geqslant \max(S - D - B_t(T)K, 0). \tag{4.5}$$

证明: 简单如上. 注意持有此股票, 我们将得到所有的股票红利. 证毕

定理 4.6 对于欧式看涨期权有

$$C_t^{Eu}(K, T; S) \leqslant S. \tag{4.6}$$

证明：考虑买入股票和卖出看涨期权的投资组合 V. 因为

$$V_T = S_T - \max(S_T - K, 0) \geqslant 0.$$

最后的收益总是正的, 所以由无套利准则, 我们有

$$V_t = S_t - C_t^{Eu}(K, T; S_t) \geqslant 0,$$

则有不等式 (4.6). 证毕

定理 4.7 若时间 (t, T) 内无股票红利, 我们有

$$C_t^{Eu}(K, T; S) = C_t^{Am}(K, T; S). \tag{4.7}$$

证明：持有美式看涨期权直到期满时间 T, 我们应当重新获得同欧式期权完全相同的收益, 因此由无套利原理, 我们应当有

$$C_t^{Eu}(K, T; S) \leqslant C_t^{Am}(K, T; S).$$

另一方面, 我们知道在任何时间 t,

$$S_t - K \leqslant S_t - B_t(T)K \leqslant C_t^{Eu}(K, T; S_t),$$

因此, 就没有理由让我们在期满之前执行期权. 这样我们就有

$$C_t^{Eu}(K, T; S) = C_t^{Am}(K, T; S).$$

即等式 (4.7). 证毕

理解这个原理的关键是：期满之前, 美式期权的交易价值将会一直比期权的内涵价值高. 因此, 股票持有者将会卖掉期权, 而不是执行. 所以美式期权在市场上在到期之前不应该被执行, 故而美式期权应该和欧式期权具有同样的价格.

定理 4.8 如果两个执行价格 $K_1 > K_2$, 那么无论是否有红利, 对欧式期权来说, 我们应当有

$$C^{Eu}(K_1, T) \leqslant C^{Eu}(K_2, T). \tag{4.8}$$

对美式期权也有

$$C^{Am}(K_1, T) \leqslant C^{Am}(K_2, T). \tag{4.9}$$

证明： 验证在到期时间 T 的收益，我们有

$$\max(S-K_1,0)\leqslant\max(S-K_2,0),$$

因此，由无套利原理，对期权价格我们可以有一个比较. 对美式期权，我们用反证法. 假设我们有

$$C^{Am}(K_1,T)>C^{Am}(K_2,T).$$

我们只须买入执行价格为 K_2 的期权，卖出执行价格为 K_1 的期权. 任何时候执行价为 K_1 的期权被执行时，我们就执行 K_2 的期权. 这个策略的收益总是非负的，但是我们的初始现金为正. 这样，就创造了一个套利机会. 证毕

定理 4.9 欧式和美式看涨期权有极限：

$$\lim_{K\to 0}C^{Eu}(K,T;S)=S, \tag{4.10}$$

$$\lim_{K\to 0}C^{Am}(K,T;S)=S. \tag{4.11}$$

证明： 当执行价格为0时，看涨期权就变为证券本身. 由标准的套利理论，它的价格只能是当前的股票市值. 证毕

定理 4.10 对欧式和美式看涨期权有极限：

$$\lim_{K\to+\infty}C^{Eu}(K,T)=0, \tag{4.12}$$

$$\lim_{K\to+\infty}C^{Am}(K,T)=0. \tag{4.13}$$

证明： 结论虽然明显：当执行价格趋向无穷时，看涨期权价格趋向于零. 但是怎么样才能够用无套利原则给出证明呢？特别是，如果这一点不满足时，相应的套利机会是什么呢？根据微积分的原理，$C^{Eu}(K,T)$ 随着执行价的提高而降低，所以它的极限一定存在，不是 0 就是个正实数. 假设极限是个正实数 $a>0$，

$$\lim_{K\to+\infty}C^{Eu}(K,T)=a>0.$$

选取 $K_1<K_2<\cdots<K_n<\cdots$，使得 K_n 的极限趋于无穷. 做下面的交易：卖掉执行价是 K_1 的看涨期权，然后作个执行价为 K_1 与 K_2 的看涨期权差，

就是说买 K_1 的看涨期权, 卖 K_2 的看涨期权, 再作个执行价为 K_2 与 K_3 的看涨期权差, 依此类推. 那么, 这个投资组合的原始资本是多少呢? 根据我们的假设,

$$C^{Eu}(K_1,T) - \big(C^{Eu}(K_1,T) - C^{Eu}(K_2,T)\big) - \cdots - \big(C^{Eu}(K_n,T) - C^{Eu}(K_{n+1},T)\big) - \cdots = \lim_{n\to\infty} C^{Eu}(K_n,T) = a > 0.$$

也就是说不仅没有成本, 还有正的现金流. 但是, 在 T 时刻, 基础资产的值不会是无穷, 所以一定落在某 K_n 与 K_{n+1} 之间. 那样, 收益函数为

$$-\max(S-K_1,0) + (\max(S-K_1,0) - \max(S-K_2,0)) + \cdots + (\max(S-K_n,0) - \max(S-K_{n+1},0)) = 0.$$

这样一来, 我们就构造了一个投资组合, 其收益函数永远为 0, 但是初始值为正. 这就是个套利机会. 证毕

定理 4.11 对两执行价格 $K_1 > K_2$, 对欧式看涨期权, 我们有

$$C_t^{Eu}(K_2,T) - C_t^{Eu}(K_1,T) \leqslant B_t(T)(K_1 - K_2). \tag{4.14}$$

对美式看涨期权, 有

$$C_t^{Am}(K_2,T) - C_t^{Am}(K_1,T) \leqslant (K_1 - K_2). \tag{4.15}$$

证明: 期权收益满足

$$(S-K_2)^+ - (S-K_1)^+ \leqslant K_1 - K_2.$$

不等式右边可被认为是无息债券, 到期的时间为 T, 本金值为 $K_1 - K_2$. 因此由无套利原理可证. 对美式期权, 早期的执行是允许的, 因此我们需要时时准备好资金, 所以贴现值为 1. 证毕

这个定理的几何解释是: 看涨期权作为执行价格的函数, 其斜率的绝对值永远小于贴现因子:

$$\frac{C_t^{Eu}(K_2,T) - C_t^{Eu}(K_1,T)}{K_1 - K_2} \leqslant B_t(T).$$

定理 4.12 假定 3 个执行价格 $K_1 > K_2 > K_3$，对欧式看涨期权我们有不等式

$$C_t^{Eu}(K_2,T) \leqslant \frac{K_2-K_3}{K_1-K_3}C_t^{Eu}(K_1,T)+\frac{K_1-K_2}{K_1-K_3}C_t^{Eu}(K_3,T). \tag{4.16}$$

对美式看涨期权也有不等式

$$C_t^{Am}(K_2,T) \leqslant \frac{K_2-K_3}{K_1-K_3}C_t^{Am}(K_1,T)+\frac{K_1-K_2}{K_1-K_3}C_t^{Am}(K_3,T). \tag{4.17}$$

证明： 对欧式期权，我们在到期时间 T 比较它们的收益函数. 收益作为执行价格 K 的函数：

$$\max(S-K,0)$$

是一个凸函数，它们满足基本的不等式：

$$(S-K_2)^+ \leqslant \frac{K_2-K_3}{K_1-K_3}(S-K_1)^+ + \frac{K_1-K_2}{K_1-K_3}(S-K_3)^+.$$

上面的不等式中，每一边都是交易证券的线性组合，所以我们能用无套利原理. 对美式看涨期权，我们不得不用反证法. 如果上述结论不成立，我们有

$$C_t^{Am}(K_2,T) > \frac{K_2-K_3}{K_1-K_3}C_t^{Am}(K_1,T)+\frac{K_1-K_2}{K_1-K_3}C_t^{Am}(K_3,T).$$

我们可以卖出执行价格为 K_2 的期权，用相应得到的资金买入其他两个. 无论什么时候期权 K_2 被执行，我们自动执行其他两个. 由于收益函数的凸性，在执行期权的时刻，执行价格为 K_1 和 K_3 的看涨期权的收益能弥补卖出的执行价格为 K_3 的看涨期权的损失，这样一来我们创造了一个套利机会.

证毕

其几何解释是：看涨期权的价格作为执行价格 K 的函数，实际上是一个凸函数. 如果现实中的函数不是凸函数，那么一个蝶式头寸可以被利用来套利.

定理 4.13 对两个不同的到期时间 $T_1 < T_2$，对美式看涨期权，我们有

$$C_t^{Am}(K,T_1) \leqslant C_t^{Am}(K,T_2). \tag{4.18}$$

另外，如果在时间 (T_1,T_2) 内没有股票红利，对欧式看涨期权，我们也有

$$C_t^{Eu}(K,T_1) \leqslant C_t^{Eu}(K,T_2). \tag{4.19}$$

证明： 对美式看涨期权，到期时间越长，价值越高．否则，如果

$$C_t^{Am}(K,T_1) > C_t^{Am}(K,T_2), \tag{4.20}$$

我们可以卖出第一个期权，买入第二个．任何时候第一个期权被执行，我们自动执行第二个期权．我们可以得到正的现金，却无须承担任何风险．对欧式看涨期权的情况，我们需要研究时间 T_1 的期权价值．

$$\begin{aligned} C_{T_1}^{Eu}(K,T_1) &= \max(S_{T_1}-K,0) \\ &\leqslant \max(S_{T_1}-B_{T_1}(T_2)K,0) \\ &\leqslant C_{T_1}^{Eu}(K,T_2). \end{aligned}$$

这里我们利用了定理 4.4，因此由无套利原理，结论得证． 证毕

几何解释是：看涨期权作为到期时间 T 的函数是递增的．实际上，如果它被违背的话，一个日历差价期权就能创造套利机会．

下面的性质用到了债券期权．对于首次接触的读者来说，可以略过这些．一个债券期权指的是在到期日 T'，A 方可以按固定的价格购买一个最终在时刻 T 到期的无息债券．债券期权可以用以下记号：

$$C_t^B(K,T',T).$$

定理 4.14 对欧式看涨期权，若在时间 (T_1,T_2) 内没有红利，我们有

$$C_t^{Eu}(KB_t(T_1,T_2),T_1) \leqslant KC_t^B(B_t(T_1,T_2),T_1,T_2) + C_t^{Eu}(K,T_2). \tag{4.21}$$

特别地，如果利率是非随机的，我们有

$$C_t^{Eu}(KB_t(T_1,T_2),T_1) \leqslant C_t^{Eu}(K,T_2). \tag{4.22}$$

证明： 同样，我们对时间 T_1 上的证券收益进行比较．因为我们有

$$(S-KB_t(T_1,T_2))^+ \leqslant (KB_t(T_1,T_2)-KB_{T_1}(T_2))^+ + (S-KB_{T_1}(T_2))^+,$$

由无套利原理，我们有不等式 (4.21)．如果利率是确定的，

$$C_t^B(B_t(T_1,T_2),T_1,T_2) = 0.$$

我们将得到不等式 (4.22)． 证毕

请注意，看涨期权的这些性质是独立于我们可能选择的具体定价模型的. 换言之，无论我们将来选择什么样的定价模型，无论是基于概率论的模型还是基于偏微分方程的模型，这些性质都应该被保存下来.

如果画出看涨期权随它的执行价格和到期时间的变化图，我们将得到一系列反映期权价格的曲线. 例如，在图 4.1 中，我们显示了特定股票市值为 100 时一系列看涨期权的价格. 其中，曲线由上至下依次为到期时间为3 个月，6 个月，9 个月，12 个月，18 个月和 24 个月的看涨期权价格.

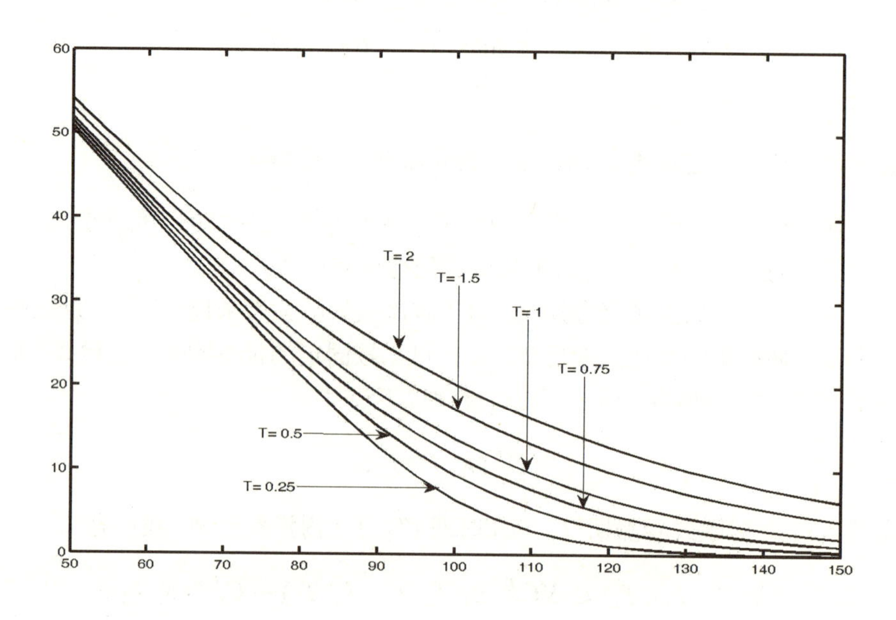

图 4.1 看涨期权的价格随执行价和到期时间变化

4.6 看跌期权的性质

与前小节平行，我们将给出一系列看跌期权的性质. 它们有时与看涨期权非常相似，但有时却又不尽相同.

定理 4.15 如果股票在时间 (t, T) 内没有股票红利，那么

$$P_t^{Eu}(K, T; S) \geqslant \max(B_t(T)K - S, 0). \tag{4.23}$$

证明： 与前面对看涨期权的讨论同理，我们可用无套利原理. 或我们能用看涨、看跌期权平价原理如下:

$$\begin{aligned}P_t^{Eu}(K,T;S) &= C_t^{Eu}(K,T;S) + B_t(T)K - S \\ &\geqslant \max(S - B_t(T)K, 0) + B_t(T)K - S \\ &= \max(S, B_t(T)K) - S \\ &= \max(B_t(T)K - S, 0).\end{aligned}$$

即不等式 (4.23). 证毕

人们有时称方程 (4.23) 右边为看跌期权的内涵价值. 然而，我们仔细区分与看涨期权的情形的不同之处，就会发现像如下的结论是不对的:

$$P_t^{Eu}(K,T;S) \geqslant \max(K - S, 0),$$

除非利率为 0. 在 6.3 节中我们还会解释原因.

定理 4.16 有股票红利且折现值为 D 时，我们应该有

$$P_t^{Eu}(K,T;S) \geqslant \max(B_t(T)K - S + D, 0). \tag{4.24}$$

证明： 同看涨期权. 证毕

定理 4.17 如果两个执行价格 $K_1 > K_2$，无论是否有股票红利，都有

$$P^{Eu}(K_1,T) \geqslant P^{Eu}(K_2,T). \tag{4.25}$$

对美式看跌期权, 也有

$$P^{Am}(K_1,T) \geqslant P^{Am}(K_2,T). \tag{4.26}$$

证明： 同看涨期权. 证毕

定理 4.18 对两个执行价格 $K_1 > K_2$，对欧式看跌期权，我们有

$$P_t^{Eu}(K_1,T) - P_t^{Eu}(K_2,T) \leqslant B_t(T)(K_1 - K_2). \tag{4.27}$$

对美式看跌期权，我们有

$$P_t^{Am}(K_1,T) - P_t^{Am}(K_2,T) \leqslant (K_1 - K_2). \tag{4.28}$$

证明: 同看涨期权. 证毕

定理 4.19 我们有极限:

$$\lim_{K\to 0} P^{Eu}(K,T)=0, \tag{4.29}$$

$$\lim_{K\to 0} P^{Am}(K,T)=0. \tag{4.30}$$

证明: 当执行价格为 0 时, 期权就将没有机会被执行了. 证毕

定理 4.20 对欧式看跌期权, 我们有

$$P^{Eu}(K,T)\leqslant B_t(T)K. \tag{4.31}$$

对美式看跌期权, 我们有

$$P^{Am}(K,T)\leqslant K. \tag{4.32}$$

证明: 注意到收益函数满足不等式

$$\max(K-S,0)\leqslant K,$$

利用无套利原理可得. 证毕

定理 4.21 给定 3 个执行价格 $K_1>K_2>K_3$, 对欧式看跌期权, 我们有不等式

$$P_t^{Eu}(K_2,T)\leqslant \frac{K_2-K_3}{K_1-K_3}P_t^{Eu}(K_1,T)+\frac{K_1-K_2}{K_1-K_3}P_t^{Eu}(K_3,T). \tag{4.33}$$

对美式看跌期权, 我们有不等式

$$P_t^{Am}(K_2,T)\leqslant \frac{K_2-K_3}{K_1-K_3}P_t^{Am}(K_1,T)+\frac{K_1-K_2}{K_1-K_3}P_t^{Am}(K_3,T). \tag{4.34}$$

证明: 同看涨期权. 证毕

定理 4.22 对两个到期时间 $T_1>T_2$, 对美式看跌期权来讲有

$$P^{Am}(K,T_1)\leqslant P^{Am}(K,T_2). \tag{4.35}$$

证明: 对于美式看跌期权, 在其他因素相同的情况下, 到期时间越长, 我们所获得的选择权就越多. 证毕

通过前面几节的讨论，我们或许可以尝试作这样的结论：

$$P^{Eu}(K,T_1) \leqslant P^{Eu}(K,T_2).$$

但这是不正确的. 这是看涨看跌期权之间的另一个关键的不同. 原因在于，随着到期时间的推移，债券初始价格趋于 0，由方程 (4.31) 有

$$\lim_{T\to\infty} P^{Eu}(K,T) \leqslant \lim_{T\to\infty} B_t(T)K = 0.$$

因此，存在时间 T 使得 $P^{Eu}(K,T)$ 取极大值. 但对美式看跌期权，价值一直保持增长.

4.7 看涨、看跌期权的套利机会

对市场中交易的每只股票，常伴随有一组到期时间、执行价不同的期权的集合. 一般地，因为市场的有效性，在这些看跌和看涨期权之间就不存在套利机会. 然而，怎样发现潜在的套利机会仍是一个很有意思的问题. 通过上面几节，我们已经知道，拥有相同基础资产的看涨期权与看跌期权要满足平价原理. 而看涨期权之间要满足下列的条件：

(1) 对于任何 $K>0$,

$$S \geqslant C_t^{Eu}(K,T;S) \geqslant \max(S - B_t(T)K, 0).$$

(2) 对 $K_1 > K_2$,

$$0 \leqslant C_t^{Eu}(K_2,T) - C_t^{Eu}(K_1,T) \leqslant B_t(T)(K_1 - K_2).$$

(3) 对 $K_1 > K_2 > K_3$，我们有

$$C_t^{Eu}(K_2,T) \leqslant \frac{K_2-K_3}{K_1-K_3} C_t^{Eu}(K_1,T) + \frac{K_1-K_2}{K_1-K_3} C_t^{Eu}(K_3,T).$$

(4) 对 $T_1 < T_2$，我们有

$$C_t^{Eu}(K,T_1) \leqslant C_t^{Eu}(K,T_2).$$

这等于说，这些条件是无套利机会的必要条件. 其实这些条件也是无套利机会的充分条件. 假设期权价格以所有到期时间和执行价为参数，我们将会有一系列的对应于每个到期时间的曲线. 每条曲线是期权价格对执行价的函数. 代表不同时间的曲线之间互不相交. 每条曲线都是递减的，且相对于执行价是凸的. 它们的斜率也由折现因子 $B_t(T)$ 控制. 如果这些条件不满足，我们就能找到一组期权的投资组合，有的买入有的卖出，使得最后的收益始终是正的，而它们的当前价格却是负的，那将是个套利机会.

然而，在现实生活中，我们并没有连续参数化的期权市场. 期权市场始终在离散参数上交易. 例如，我们的期权有 1 个月、2 个月、3 个月、6 个月、12 个月，还有 18 个月期满的，执行价格从股票市值的 60%, 70%, 80% 到 150% 之间变化. 因此期权价格能被填进一个平面二维表格. 更糟的是，有时这表格并不能被填满，因为有些期权暂无交易，比如下图 4.2 就展示了 IMB 个股期权的市场价格. 这就产生另一个十分有趣的问题：无论表格有没有被填满，我们怎么能确定套利机会是否存在呢? 下面的定理能回答这个问题.

Template List | Edit | Contract Months | Security List | IBM US Equity Go

Option Monitor: INTL BUSINESS MACHINES CORP

Center 91.25 Number of Strikes 18 -or- % from Center Exchange C (Composite)

Ticker	Strike	Bid	Ask	Last	Volume	IBid	IAsk
IBZ 16 DEC 06 (Contract Size: 100)							
1) IBZ+LI	45.00	46.20	46.40	48.40 y			148.21
2) IBZ+LJ	50.00	41.20	41.40	43.40 y			124.84
IBM 16 DEC 06 (Contract Size: 100)							
3) IBM+LK	55.00	36.20	36.50	38.40 y			123.56
4) IBM+LL	60.00	31.30	31.50	31.30 y			103.46
5) IBM+LM	65.00	26.30	26.50	26.30 y			84.95
6) IBM+LN	70.00	21.30	21.50	21.80 y			67.76
7) IBM+LO	75.00	16.30	16.50	18.20 y			51.65
8) IBM+LP	80.00	11.30	11.50	12.20 y			36.38
9) IBM+LQ	85.00	6.40	6.60	5.90	66		26.05
10) IBM+LR	90.00	1.90	2.00	2.00	2243	14.05	15.62
11) IBM+LS	95.00	.10	.15	.15	599	13.72	15.27
12) IBM+LT	100.00		.05	.05 y			23.28
13) IBM+LA	105.00		.05	.05 y			33.41
14) IBM+LB	110.00		.05				42.62
15) IBM+LC	115.00		.05				51.14
16) IBM+LD	120.00		.05				59.10
17) IBM+LE	125.00		.05				66.58

Ticker	Strike	Bid	Ask	Last	Volume	IBid	IAsk
IBZ 16 DEC 06 (Contract Size: 100)							
18) IBZ+XI	45.00		.05				146.12
19) IBZ+XJ	50.00		.05				125.89
IBM 16 DEC 06 (Contract Size: 100)							
20) IBM+XK	55.00		.05				107.63
21) IBM+XL	60.00		.05				91.00
22) IBM+XM	65.00		.05				75.29
23) IBM+XN	70.00		.05	.02 y			60.54
24) IBM+XO	75.00		.05				46.72
25) IBM+XP	80.00		.05	.05	4		33.21
26) IBM+XQ	85.00	.05	.10	.06	28	19.99	22.85
27) IBM+XR	90.00	.50	.55	.50	5001	14.47	15.27
28) IBM+XS	95.00	3.70	3.90	3.80	249		18.52
29) IBM+XT	100.00	8.70	8.90	8.00 y			33.26
30) IBM+XA	105.00	13.70	13.90	11.50 y			45.95
31) IBM+XB	110.00	18.70	18.90	16.50 y			57.37
32) IBM+XC	115.00	23.70	23.90	23.70 y			67.83
33) IBM+XD	120.00	28.70	28.90	26.50 y			77.60
34) IBM+XE	125.00	33.70	33.90	31.50 y			86.96

图 4.2 IBM 股票的期权市场

定理 4.23 对于看涨期权的投资组合, 如果套利机会存在, 我们肯定能选择其中的 3 个期权作为投资组合使得在其中存在套利机会.

换言之, 我们不用选择非常复杂的投资组合, 而只要寻找 3 个期权就可以达到目标了. 这个定理其实很容易证明. 基本上我们从最远到期的期权开始, 所有空缺的期权用尽可能高的价格填补上, 再过渡到下一个最远到期的期权做同样的事情. 如果有矛盾, 那么, 我们就找到了 3 个产生矛盾的期权, 否则, 我们便构造出了连续参数化的期权市场, 就不存在套利机会了. 建议读者自己证明. 由这个定理, 我们可以用下面的算法寻找套利机会. 我们从一张期权价位表开始, 对每个到期时间 T 检验下面的条件:

(1) 对每个执行价检验内涵价值的性质:

$$S \geqslant C_t^{Eu}(K,T;S) \geqslant \max(S - B_t(T)K, 0).$$

(2) 对每两个执行价检验斜率性质: 即对 $K_1 > K_2$,

$$0 \leqslant C_t^{Eu}(K_2,T) - C_t^{Eu}(K_1,T) \leqslant B_t(T)(K_1 - K_2).$$

(3) 对每三个执行价检查凸性: 对 $K_1 > K_2 > K_3$, 我们有

$$C_t^{Eu}(K_2,T) \leqslant \frac{K_2 - K_3}{K_1 - K_3} C_t^{Eu}(K_1,T) + \frac{K_1 - K_2}{K_1 - K_3} C_t^{Eu}(K_3,T).$$

其次, 选择到期时间不一样的任意三个期权, 按到期时间把它们排序: $T_1 \leqslant T_2 \leqslant T_3$, 且

(1) 如果 $K_1 \geqslant K_2$ 且 $K_2 \geqslant K_3$, 那么我们必有 $C_1 \leqslant C_2$ 和 $C_2 \leqslant C_3$. 上面的任何一个式子不满足, 都将会产生套利机会.

(2) 如果 $K_1 < K_2$ 和 $K_2 < K_3$, 那么我们必有

$$\frac{C_2 - C_1}{K_2 - K_1} \geqslant -1,$$
$$\frac{C_3 - C_2}{K_3 - K_2} \geqslant -1.$$

只要不满足, 就将会产生套利机会.

(3) 如果 $K_2 < K_1 < K_3$, 那么有 $C_1 < C_2$ 和

$$\frac{C_3 - C_1}{K_3 - K_1} \geqslant -1,$$
$$\frac{C_3 - C_2}{K_3 - K_2} \geqslant -1.$$

(4) 如果 $K_2 < K_3 < K_1$, 那么有 $C_1 \leqslant C_2$, $C_1 \leqslant C_3$ 和

$$\frac{C_3 - C_2}{K_3 - K_2} \geqslant -1.$$

(5) 如果 $K_1 < K_3 < K_2$, 那么有 $C_3 > C_2$ 和

$$\frac{C_2 - C_1}{K_2 - K_1} \geqslant -1,$$
$$\frac{C_3 - C_2}{K_3 - K_2} \geqslant -1.$$

(6) 如果 $K_3 < K_1 < K_2$, 那么有 $C_3 > K_1$, $C_3 > K_2$ 和

$$\frac{C_1 - C_2}{K_1 - K_2} \geqslant -1.$$

(7) 如果 $K_1 = K_2 > K_3$, 那么有 $C_3 > C_2 > C_1$.

(8) 如果 $K_1 = K_3 > K_2$, 那么有 $C_3 > C_1, C_2 > C_1$.

(9) 如果 $K_1 = K_3 < K_2$, 那么有 $C_3 > C_2$ 和

$$\frac{C_1 - C_2}{K_1 - K_2} \geqslant -1.$$

(10) 如果 $K_3 = K_2 > K_1$, 那么有 $C_3 < C_2$ 和

$$\frac{C_1 - C_2}{K_1 - K_2} \geqslant -1.$$

(11) 如果 $K_3 = K_2 < K_1$, 那么有 $C_3 > C_2$.

当我们逐条检验以上的条件时, 如果某条出了矛盾, 将会产生一个新的套利机会. 如果在检验了所有的条件后, 并没有与上述法则矛盾, 我们可以得出结论, 这些看涨期权中不会存在套利机会. 对于一个由看涨期权和看跌期权组成的投资组合, 对所有具有同样执行时间和到期时间的看涨、看跌期权, 我们首先应该检验期权平价原理. 如果存在看跌期权, 但是缺少相应的

看涨期权时，我们应用期权平价原理计算出看涨期权值，然后，可以用上面的方法集中检验所有的看涨期权.

考虑下面一个面试问题：如果股票现值是 100 元. 有两个同时到期的看跌期权，一个执行价是 80 元，一个执行价是 90 元. 如果执行价是 80 元的期权值是 0.8 元，执行价是 90 元的期权值是 0.85 元，是否存在套利机会呢?

在简单的模型下确立的性质，能够帮助我们认识到这些性质的普适性. 比如这一章我们确立的美式看涨期权和欧式看涨期权价值相同的这个特点，并不是复杂模型下的推论. 再如，我们建立的到期时间越长的看涨期权价值越高的这个特点也和模型无关. 在金融衍生品学习中，我们希望能够尽量少地让衍生品定价依赖模型.

如果去问从事数理金融工作的人什么是衍生品模型的核心，也许能听到两种回答. 第一种回答是，衍生品定价很简单，就是要计算概率的期望值. 而所谓 Delta 就是期望值对其函数变量的一阶导数. 第二种回答是，衍生品价格不过是在风险中性概率测度下取的期望值，或通过建立 Black-Scholes 方程，求解得到. 在作者看来，任何优秀的金融衍生品模型都有两个最重要的任务：**一是衍生品的复制与对冲策略，以减少最终收益的不确定性；二是让复制与对冲尽可能少地依赖于模型本身.**

第五章 概率论和随机过程

在上一章里面，我们讲述了看涨和看跌期权的一些基本性质. 为了推导这些性质，我们在无套利的前提下，使用了相对简单的方法. 简单的方法是必要的，因为任何模型都会偏离现实世界，越是复杂的模型，越是有可能偏离得远，而且还有更多的参数需要拟合.

但是为了进一步推导看涨和看跌期权的性质，我们还需要进一步学习一些随机过程理论. 在这一章我们介绍随机分析理论 (Stochastic Calculus) 的基本内容. 我们将列出一些随机分析中的重要定义和定理. 所涉及的内容都是非常基本的，读者很容易在相关教科书比如 [7] 中找到. 我们假定读者对这部分内容已经有一定的基础，本书中对所给出的除了少数容易或者有启发价值以外的结果都不再给出相应的证明. 这一章的结果对读者理解本书后面部分的内容将是至关重要的. 那些没有学习过随机分析的读者，也不必有心理障碍，只需要理解了关键定义和 Itô 积分法则，本书的其余部分就不难阅读.

5.1 古典概率学的基本原理

我们先介绍古典概率论的内容. 古典概率论和计数以及排列组合有密切的联系. 一般情况下，我们有个由有限个元素组成的空间，这个空间的元素记为

$$\Omega = \{a, b, c, \cdots, z\},$$

这个空间就代表着所有的可能发生的事件的总和，并且每一种事件发生的可能性都是一样的. 这种事件发生的等可能性往往要有某种机械的方式来保证，我们经常所说的随机性，就是形容这种等可能性的过程. 因为这个空间

的有限性，我们可以计算出来所有的元素的个数，我们就记为 $|\Omega|$. 这个空间的任何一个子集合也必然是有限个之多. 容易知道，这个空间的所有的子集合的个数，包括空集合在内一共有 $2^{|\Omega|}$ 个. 每一个子集合，比如子集合 A，就代表着我们所关心的某个性质所构成的元素的集合. 这个时候我们可以讲 A 事件发生的概率就是

$$P(A)=\frac{|A|}{|\Omega|}.$$

显然集合 A 中包含的元素越多，概率 $P(A)$ 就越大，如果 A 是空集合的话，概率 $P(A)=0$，因为没有符合这种性质的元素. 如果 A 是整个空间的话，概率 $P(A)=1$. 可以看到这样的定义是非常符合我们日常生活中的直观的.

下面我们看看概率论中其他的一些众所周知的性质：

(1) 如果集合 A 和集合 B 互不相交，比如它们满足的性质互不相容，这个时候就有

$$P(A\cup B)=P(A)+P(B).$$

有的时候我们也把 $P(A\cap B)$ 简单地记成为 $P(A,B)$. 这就是说我们关心的是当 A 和 B 同时发生的概率.

(2) 我们说集合 A 和集合 B 是互相独立的事件，如果有下面的概率等式成立的话：

$$P(A\cap B)=P(A)P(B).$$

(3) 如果集合 A 发生了，此时集合 B 发生的概率有定义：

$$P(B|A)=\frac{P(A,B)}{P(A)}.$$

这其实就是计算在集合性质 A 发生的基础之上有多少性质 B 发生的可能性. 上面的这个等式我们有时候也写成为

$$P(A,B)=P(A)P(B|A)=P(B)P(A|B).$$

上面的第二个等式又称为著名的贝叶斯公式.

在古典概率论的框架下，我们还可以定义期望. 如果存在概率空间 Ω 并且有定义在其上的一个函数 X，我们通常称这个函数为随机变量. 那么对这

个函数求平均就定义了这个随机变量的期望. 因为我们是在一个有限元素的空间上讨论问题, 所以求平均的过程就比较简单, 期望的定义就是

$$E(X)=\sum_{\omega\in\Omega}X(\omega).$$

同样我们对于这个随机变量可以定义它的方差. 方差则形容了随机变量在概率空间上取值的震荡幅度. 方差的定义是

$$V(X)=\sum_{\omega\in\Omega}\frac{(X(\omega)-E(X))^2}{|\Omega|}.$$

显然如果随机变量在概率空间上取值为常数则其方差就是零, 反过来, 如果方差是零的话, 随机变量也必然是个常值的函数.

5.2 测度及现代概率论主要概念

古典的概率论只能够处理由有限个元素组成的概率空间的问题, 在空间的元素有无限多的时候, 我们就不得不跨越到现代概率论的领域了. 现代概率论起始于测度论 (Measure Theory). 当我们说某一件事发生的概率时, 其实指的是它在所有可能发生的事件集合中所占的测度值的比例. 不使用测度论的语言就无法谈论现代概率论, 因此我们从这里开始介绍.

定义 5.1 给定一个全集 Ω, 记 $\mathscr{F}$ 为 Ω 的子集族. 如果:

(1) 若 $A\in\mathscr{F}$, 则余集 $A^c\in\mathscr{F}$;

(2) 若集合列 $A_i\in\mathscr{F}, i=1,2,\cdots$, 则有 $\cup_{i=1}^{\infty}A_i\in\mathscr{F}$;

(3) 全集和空集 $\Omega,\varnothing\in\mathscr{F}$;

我们称 $\mathscr{F}$ 是一个 σ 代数.

空间 Ω 的最小 σ 代数是: $\mathscr{F}$ 只包含空集和全空间 Ω. 最小性显然, 以上所有的性质都自动满足. 空间 Ω 的最大 σ 代数是: $\mathscr{F}$ 含 Ω 的所有子集, 最大性也是显然的.

σ 代数定义的关键, 是要使得对 σ 代数中的集合作任何可数次集合的基本运算后得到的结果仍在此 σ 代数中. 比如若 $A_n\in\mathscr{F}$, 那么

$$\bigcap_{n=1}^{\infty}A_n=\left(\bigcup_{n=1}^{\infty}A_n^c\right)^c$$

也属于 $\mathscr{F}$.

定义 5.2 空间 $(\Omega,\mathscr{F})$ 上的概率测度 P 是一个从 Ω 的子集族 $\mathscr{F}$ 到 $[0,1]$ 区间且满足如下条件的函数：

(1) $P(\Omega)=1, P(\varnothing)=0$；

(2) (可数可加性) 若 $A_1,A_2,\cdots$ 为 $\mathscr{F}$ 中互不相交的子集列, 则有

$$P\left(\bigcup_{n=1}^{\infty}A_n\right)=\sum_{n=1}^{\infty}P(A_n);\tag{5.1}$$

其中, 三元组 $(\Omega,\mathscr{F},P)$ 就称作概率空间.

若 Ω 为有限集时, 定义概率测度很简单. 我们取 $\mathscr{F}$ 为其所有子集的 σ 代数. 对任意 $A\in\mathscr{F}$, 定义

$$P(A)=\frac{|A|}{|\Omega|};\tag{5.2}$$

其中, $|A|$ 指 A 中的元素个数. 易验证这样定义出的函数满足概率测度的条件. 但当 Ω 中有无穷多个元素时, 事情就会复杂很多. 有时我们无法给出一个有用的概率测度, 使其在空间的每一个子集上都有意义. 一个经典的例子是构造区间 $[0,1)$ 上的不可测集. 取 $\mathscr{F}$ 包含区间 $[0,1)$ 的所有子集. 我们定义 $x\sim y$, 如果 $x-y$ 是有理数. 显然这个关系是一个等价关系. 取任意集合 $A\subset[0,1)$, 定义 A_x 为对 A 中每个元素加上 x 再模掉 1 之后构成的集合. 令集合 B 为上述等价关系下, 在每个等价类内均取一点构成的集合, 于是

$$[0,1)=\bigcup_{a\in\mathbb{Q}}B_a,$$

而集合 B_a 之间互不相交. 又因为平移后我们希望保持测度不变, 要求

$$P(B)=P(B_a)\tag{5.3}$$

对任意 a 成立. 因为有理数集是可数集, 又因为测度的可数可加性我们就会得到

$$P([0,1))=\sum_{a\in\mathbb{Q}}P(B_a)=\sum_{a\in\mathbb{Q}}P(B).$$

但是从这个等式可知，$P(B) = 0$ 不对，$P(B) > 0$ 也不对. 从这个例子可知，我们只能满足于把测度定义在合适的、更小的 σ 代数上.

实分析中，我们学过 Borel 集是由实数集 $\mathbb{R} = (-\infty, \infty)$ 上的开集生成的最小 σ 代数.

定义 5.3 令 $(\Omega, \mathscr{F}, P)$ 为概率空间，其上的一个随机变量 X 是定义在 Ω 上的一个实函数，且满足对实数集 $\mathbb{R}$ 的任意 Borel 子集 B，Ω 的子集

$$\{X \in B\} = \{\omega \in \Omega; X(\omega) \in B\} \tag{5.4}$$

都在 σ 代数 $\mathscr{F}$ 中.

定义 5.4 给定概率空间 $(\Omega, \mathscr{F}, P)$ 上的随机变量 X，X 的分布函数定义如下：

$$F(x) - P(X \leqslant x), \quad x \subset \mathbb{R}. \tag{5.5}$$

定义 5.5 如果存在函数 $f(x)$ 使得分布函数 $F(x)$ 可以表达成如下形式：

$$F(x) = \int_{-\infty}^{x} f(x)\, dx, \tag{5.6}$$

那么我们称 $f(x)$ 为 X 的密度函数.

显然，密度函数必满足如下条件：

$$\int_{-\infty}^{\infty} f(x)\, dx = 1. \tag{5.7}$$

下面介绍一些常用的分布：

(1) 均匀分布 (Uniform Distribution) 在区间 $[a, b]$ 上取值的随机变量，密度函数为如下形式：

$$f(x) = \begin{cases} \dfrac{1}{b-a}, & \text{如果 } x \in (a, b), \\ 0, & \text{其他}. \end{cases} \tag{5.8}$$

(2) 正态分布 (Normal Distribution) 在区间 $(-\infty, +\infty)$ 上取值的随机变量，密度函数为如下形式：

$$f(x) = \frac{1}{\sqrt{2\pi}} e^{-\frac{x^2}{2}}. \tag{5.9}$$

(3) 指数分布 (Exponential Distribution) 在区间 $(0,\infty)$ 上取值的随机变量，密度函数为如下形式：

$$f(x)=\lambda e^{-\lambda x},\quad x>0. \tag{5.10}$$

(4) 泊松分布 (Poisson Distribution) 在非负整数集上取值的随机变量，密度函数为如下形式：

$$P(X=k)=e^{-\lambda}\frac{\lambda^k}{k!}. \tag{5.11}$$

(5) 对数正态分布 (Lognormal Distribution) 在区间 $(0,\infty)$ 上取值的随机变量，密度函数为如下形式：

$$f(x)=\frac{1}{\sqrt{2\pi}x}e^{-\frac{\log^2 x}{2}}. \tag{5.12}$$

定义 5.6 令 X 为概率空间 $(\Omega,\mathscr{F},P)$ 上的随机变量，我们可以定义在测度 P 下的随机变量的积分，作为一个算子满足下列条件：

(1) 若 X 只取有限个值 $y_0,y_1,\cdots,y_n$，则

$$\int_\Omega X(\omega)\,dP(\omega)=\sum_{k=0}^{n}y_kP(X=y_k).$$

(2) (可积性) 随机变量 X 称为可积的，当且仅当

$$\int_\Omega |X(\omega)|\,dP(\omega)<\infty.$$

(3) (单调性) 如果几乎处处有 $X\leqslant Y$，即

$$P(X\leqslant Y)=1,$$

且 $\int_\Omega X(\omega)\,dP(\omega)$ 和 $\int_\Omega Y(\omega)\,dP(\omega)$ 都有定义，那么

$$\int_\Omega X(\omega)\,dP(\omega)\leqslant\int_\Omega Y(\omega)\,dP(\omega).$$

特别地，如果几乎处处有 $X=Y$，且其中一个积分有定义，那么它们都有定义且

$$\int_\Omega X(\omega)\,dP(\omega)=\int_\Omega Y(\omega)\,dP(\omega).$$

(4) (线性) 令 α 和 β 为实常数, 且 X 和 Y 是可积的, 或者若 α 和 β 为非负常数且 X 和 Y 非负, 则

$$\int_{\Omega}\big(\alpha X(\omega)+\beta Y(\omega)\big)\,dP(\omega)=\alpha\int_{\Omega}X(\omega)\,dP(\omega)+\beta\int_{\Omega}Y(\omega)\,dP(\omega).$$

定义 5.7 若随机变量 X 可积, 称随机变量 X 的积分值为期望 $E(X)$：

$$E(X)=\int_{\Omega}X(\omega)\,dP(\omega).$$

一旦在概率空间上对于可测函数的积分定义完成以后, 可以通过测度里面比较完备的方法建立下面的定理, 把概率空间上的关于随机变量的积分和我们熟知的实数集合上的 Lebesgue 积分联系起来.

定理 5.1 令 X 为随机变量, 且其密度函数为 $f(x)$. 对任意可测函数 g, 我们有

$$E\big(g(X)\big)=\int_{-\infty}^{\infty}g(x)f(x)\,dx. \tag{5.13}$$

特别地,

$$E(X)=\int_{-\infty}^{\infty}xf(x)\,dx. \tag{5.14}$$

下面的两个定理在一般的概率论教材里都可以找到.

定理 5.2 (强大数定律 (Strong Law of Large Numbers)) 令 $X_1, X_2, \cdots$, 为概率空间 $(\Omega,\mathscr{F},P)$ 上独立同分布的随机变量序列. 定义

$$S_n=X_1+X_2+\cdots+X_n. \tag{5.15}$$

若 $E(|X_i|)<\infty$, 则有

$$P\left(\lim_{n\to\infty}\frac{S_n}{n}=E(X_1)\right)=1. \tag{5.16}$$

定理 5.3 (中心极限定理 (Central Limit Theorem)) 令 $X_1, X_2, \cdots$, 为概率空间 $(\Omega,\mathscr{F},P)$ 上独立同分布的随机变量序列, 有共同的均值 c 和有限的正值方差 σ^2. 若

$$S_n=X_1+\cdots+X_n, \tag{5.17}$$

则有

$$\lim_{n\to\infty}P\left(\frac{S_n-nc}{\sigma\sqrt{n}}\leqslant x\right)=\int_{-\infty}^{x}\frac{1}{\sqrt{2\pi}}e^{-\frac{t^2}{2}}\,dt \tag{5.18}$$

对任意 $x\in\mathbb{R}$ 成立.

中心极限定理揭示了标准正态分布在概率论以及现实世界中重要而独特的地位.

5.3 条件期望、域流与随机过程

σ 域上的条件概率和条件期望的概念, 是现代概率论的基础.

定义 5.8 空间 Ω 上的两个 σ 代数 $\mathscr{F}$ 和 $\mathscr{G}$ 作为集合如果满足 $\mathscr{G} \subset \mathscr{F}$, 我们记为: $\mathscr{G} \prec \mathscr{F}$, 称 $\mathscr{G}$ 为 $\mathscr{F}$ 的子代数.

定义 5.9 $(\Omega, \mathscr{F}, P)$ 是一个概率空间, $\mathscr{G}$ 是 $\mathscr{F}$ 的子 σ 代数, X 是一个随机变量. 如果存在一个 $\mathscr{G}$ 可测的随机变量 Y 使得对任意的 $A \in \mathscr{G}$, 有

$$\int_A Y(\omega)\, dP(\omega) = \int_A X(\omega)\, dP(\omega), \tag{5.19}$$

我们称 Y 为 X 的条件期望 (Conditional Expectation), 并表示为

$$E(X \mid \mathscr{G}) = Y. \tag{5.20}$$

条件期望有如下 4 个重要但简单的性质.

定理 5.4 $\mathscr{G}$ 是一个 σ 代数, 仅包含了空集 $\varnothing$ 和全集 Ω, 我们有

$$E(X \mid \mathscr{G}) = E(X). \tag{5.21}$$

证明: 这是因为, $\mathscr{G}$ 可测的随机变量必须是个常数, 记为 a, 又因为

$$\int_\Omega X dP = \int_\Omega a dP = a,$$

故只有 $E(X) = a$. 证毕

定理 5.5 $(\Omega, \mathscr{F}, P)$ 是一个概率空间, $\mathscr{G} = \mathscr{F}$, 我们有

$$E(X \mid \mathscr{G}) = X. \tag{5.22}$$

定理 5.6 (迭代期望法则 (Iterative Expectation Law)) 如果下面 3 个 σ 代数满足

$$\mathscr{H} \prec \mathscr{G} \prec \mathscr{F}.$$

如果 X 是 $\mathscr{F}$ 可测的, 我们有

$$E\big(E(X \mid \mathscr{G}) \mid \mathscr{H}\big) = E(X \mid \mathscr{H}). \tag{5.23}$$

特别地, 我们有

$$E\big(E(X \mid \mathscr{G})\big) = E(X). \tag{5.24}$$

定理 5.7 两个 σ 代数满足 $\mathscr{G} \subset \mathscr{F}$. 如果 X 是 $\mathscr{F}$ 可测的, Y 是 $\mathscr{G}$ 可测的, 且 X 和 XY 分别可积, 那么有

$$E(XY \mid \mathscr{G}) = YE(X \mid \mathscr{G}). \tag{5.25}$$

证明: 对于任何 $B \in \mathscr{G}$, 我们先在 $Y = I_B$ 的条件下证明. 事实上, 对于任何 $A \in \mathscr{G}$, 有计算

$$\begin{aligned}\int_A I_B X dP &= \int_{A\cap B} X dP \\ &= \int_{A\cap B} E(X \mid \mathscr{G})\, dP \\ &= \int_A I_B E(X \mid \mathscr{G})\, dP.\end{aligned}$$

所以

$$E(I_B X \mid \mathscr{G}) = I_B E(X \mid \mathscr{G}).$$

现在应用标准的逼近技巧可以证明对任意的 $\mathscr{G}$ 可测的函数 Y, 我们有等式 (5.25). 证毕

定理 5.8 如果随机变量 X 的绝对值 $|X|$ 有有限的期望, 那么条件期望永远存在.

证明: 这个结果并不是显然的, 但是证明并不难. 一种证明是考虑下面定义在 $\mathscr{G}$ 上面的测度, 对任意 $A \in \mathscr{G}$,

$$\upsilon(A) - \int_A X d P.$$

显然, 这是一个测度并且绝对连续于测度 P. 根据 Radon–Nikodym 定理, 我们知道存在一个 $\mathscr{G}$ 可测函数 Y, 使得

$$\upsilon(A) = \int_A X d P = \int_A Y d P,$$

那么根据定义 Y 就是 X 的条件期望.

另外一个证明却只须把随机变量 X 投影在所有 $\mathscr{G}$ 可测的随机变量构成的子空间上. 为了能应用标准的希尔伯特空间理论, 我们必须把讨论限制在平方可积函数空间上. 考虑希尔伯特空间

$$H=\left\{X:X\text{ 为 }\mathscr{F}\text{ 可测且 }\int_\Omega|X|^2dP<\infty\right\}$$

以及其子空间

$$H'=\left\{Y:Y\text{ 为 }\mathscr{G}\text{ 可测且 }\int_\Omega|Y|^2dP<\infty\right\},$$

显然, $H'\subset H$. 当任意的 $X\in H$ 时, 根据希尔伯特空间的标准理论, 我们可以找到 $Y\in H'$, 使得 Y 是 X 在 H' 空间上的投影. 这样一来, 对任何的 $Z\in H'$, 有

$$\int_\Omega XZdP=\int_\Omega YZdP,$$

特别地, 如果 $A\in\mathscr{G}$, 我们有 $Z=I_A\in H'$, 所以代入上式, 我们有

$$\int_A X\,dP=\int_A Y\,dP,$$

即 Y 为 X 的条件期望. 在一般的情况下, X 未必是平方可积的, 我们可以先考虑 X 为非负的情况. 令

$$X_n=\min(n,X).$$

显然, X_n 是有界的, 所以都是平方可积的. 根据我们刚刚证明过的, 我们可以得到另一序列 Y_n 并且

$$Y_n=E(X_n\mid\mathscr{G}).$$

事实上容易证明, 因为 X_n 是非负的, Y_n 也是几乎处处非负的. 因为 X_n 是递增的, 所以 Y_n 也是递增的, 故 Y_n 有非负极限 Y. 对于任意的 $A\in\mathscr{G}$, 我们有

$$\int_A X_n\,dP=\int_A Y_n\,dP.$$

等式两边取极限, 我们根据 Fatou 引理得

$$\int_A X\,dP=\int_A Y\,dP.$$

所以，Y 就是 X 的条件期望. 对于一般的 X，我们取 $X = X^+ - X^-$，然后分别求出 Y^+, Y^-，从而 $Y = Y^+ - Y^-$ 成为 X 的条件期望. 证毕

在概率空间中，可以考虑一组 σ 代数，它们之间的包含关系也根据它们的下标而确定. 下标可以是离散的，也可以是连续的. 这样就引入下面的定义：

定义 5.10 若概率空间 $(\Omega, \mathscr{F}, P)$ 的子 σ 代数的集合 $\mathscr{F}_t$ 满足：对任意 $s < t$，都有 $\mathscr{F}_s \subset \mathscr{F}_t$，则称该 σ 代数的集合为一个域流 (Filtration).

域流的概念对应于信息的传播. 当信息越来越多的时候，对于事件的区分度也增大，如数码相机的像素. 从最初的最小的 σ 代数，随着时间推移，越来越多的子集被加入进来，所以对于这些子集的概率测度就可以计算. 正如随机变量是适应于一个 σ 代数上的可测函数一样，我们可以定义一组随机变量为：

定义 5.11 给出随机变量集 $\{X_t : 0 \leqslant t < \infty\}$ 以及域流 $\mathscr{F}_t$，如果满足每一个 X_t 是 $\mathscr{F}_t$ 可测的，那么我们说 X_t 适应于域流. 也称 X_t 为一个随机过程 (Stochastic Process).

所以我们看到随机过程就是一系列的随机变量，但是却都对应着一组越来越大的 σ 代数. 所以对于随机过程 X_t 可以跟以前一样讨论 $E(X_t)$ 和 $V(X_t)$ 等概念. 因为随机过程不再是一个随机变量，所以我们可以引入下面的概念：

定义 5.12 给出概率空间 $(\Omega, \mathscr{F}, P)$ 以及域流 $\mathscr{F}_t$ 和随机过程 X_t，如果对于任何 $\omega \in \Omega$ 都有

$$X_t(\omega)$$

是 t 的连续函数，那么我们称 X_t 为连续随机过程.

想象随机过程的一个方法就是把它看成是一条条的随着时间推移的路径. 连续随机过程下，每条路径都是连续函数.

定义 5.13 假定 $(\Omega, \mathscr{F}_t, P)$ 是有域流 $\mathscr{F}_t$ 的概率空间. 如果随机变量 τ 只取正数值，同时对于正数 $t \in \mathbb{R}^+$ 有

$$\{\omega : \tau(\omega) \leqslant t\} \subset \mathscr{F}_t, \tag{5.26}$$

我们就称 τ 为一个停时 (Stopping Time).

停时是个随机变量, 它取值是正数, 其意义是某件事情发生的时间. 但是, 当我们试图判断事情是否发生的时候, 我们只能回头来看过去, 而不能展望未来. 这就是为什么我们要求 $\{\omega : \tau(\omega) \leqslant t\} \subset \mathscr{F}_t$ 的原因.

以上是随机过程理论的基本概念. 从域流到适应域流的随机过程以及停时的概念都是定义在一个以所有的正实数作为下标集的集合上的, 但是我们也可以限制所有的讨论定义在以所有正整数作为下标集的集合上. 那样的话, 域流就是在一个概率空间上的一组离散的 σ 代数, 即 $(\Omega, \mathscr{F}_n, P)$, 满足对任意 $m < n$, 都有 $\mathscr{F}_m \subset \mathscr{F}_n$, 而适应这个域流的随机过程就是一组随机变量集合 X_n 都是 $\mathscr{F}_n$ 可测的. 停时则是一个定义在概率空间上的函数 τ, 取正整数值, 并且有

$$\{\omega : \tau(\omega) \leqslant n\} \subset \mathscr{F}_n. \tag{5.27}$$

我们举个例子. 想象一个公司股票的交易价格, 我们说这股票的价格第一次达到 5 元的时刻, 就是个停时的概念. 为了判断这股票的价格是否达到 5 元, 我们根据那天的股价就可以判断. 但是我们说这只股票曾经达到最大值的那个时刻, 就不是个停时的概念, 因为我们无法只根据那时刻和那时刻以前的股价能够断定股价已经是最大. 如果我们把随机过程的概率空间想象成由一条一条的路径组成的话, 停时就是定义在每一条路径上的函数, 这个函数的取值规则是我们盯着这条路径的走势以判断某种要求是否达到, 如果达到, 我们就停下来, 而且函数取值在停下来的那时刻. 为了作这个判断, 我们只能够沿着路径走, 从路径的历史和现状作出判断, 丝毫不能超越我们现在的时刻.

以下定义是贯穿本书的中心.

定义 5.14 若随机过程 X_t 对 $\mathscr{F}_t$ 是适应的, 如果它满足另两条性质:

(1) 对任意 $0 \leqslant t < \infty$, 有 $E(|X_t|) < \infty$,

(2) 对任意 $0 \leqslant s < t < \infty$, 有 $E(X_t \mid \mathscr{F}_s) = X_s$,

则称 X_t 为一个鞅过程或鞅 (Martingale).

为构造鞅, 最简单的办法是利用下面的定理:

定理 5.9 对 $t \in (0,T)$, $\mathscr{F}_t$ 是域流. $X \in \mathscr{F}_T$, 同时有 $E(|X|) < \infty$, 那么下式给出的随机过程

$$X_t = E(X \mid \mathscr{F}_t) \tag{5.28}$$

是一个适应于域流 $\mathscr{F}_t$ 的鞅.

证明: 注意到

$$|X_t| = |E(X \mid \mathscr{F}_t)| \leqslant E\left(|X| \mid \mathscr{F}_t\right),$$

同时利用迭代期望, 我们有可积条件,

$$\begin{aligned} E(|X_t|) &\leqslant E\left(E\left(|X| \mid \mathscr{F}_t\right)\right) \\ &= E(|X|) < \infty. \end{aligned}$$

另一方面, 又由迭代期望的性质, 我们有

$$\begin{aligned} E(X_t \mid \mathscr{F}_s) &= E\big(E(X \mid \mathscr{F}_t) \mid \mathscr{F}_s\big) \\ &= E(X \mid \mathscr{F}_s) \\ &= X_s. \end{aligned}$$

所以 X_t 为鞅. 证毕

鞅过程反应的事实是, 在任何时刻, 未来的期望都不会比现在高, 也不会比现在低. 在下一节, 我们会给出很多鞅过程的例子. 在具体研究这些例子之前, 我们先看下面的这个重要定理.

定理 5.10 令 X_t 是一个在空间 $(\Omega, \mathscr{F}_t, P)$ 上的鞅, τ 是一个停时, 则新的随机变量

$$Y_t = X_{t\wedge\tau} = X_{\min(t,\tau)} \tag{5.29}$$

也是一个鞅.

证明: 由于在离散情况下, 证明不是很复杂, 我们在此给出. 考虑离散的域流以及其上的鞅. 随机过程 $\{X_n\}$ 对 $\{\mathscr{F}_n\}$ 是适应的, 且有对 $m < n$,

$$E(X_n \mid \mathscr{F}_m) = X_m.$$

设 τ 为一个定义好的停时. 那么, 我们有

$$\{\omega : \tau(\omega) = n\} \in \mathscr{F}_n.$$

进而我们有

$$\{\omega : \tau(\omega) \geqslant n\} = \{\omega : \tau(\omega) < n\}^c \in \mathscr{F}_{n-1}.$$

下面我们构造一个新的随机过程. 令

$$A_m = I_{\tau \geqslant m},$$

从条件我们知道 A_m 是个适应于 $\mathscr{F}_{m-1}$ 的过程, 所以

$$A_m \in \mathscr{F}_{m-1}.$$

而很容易使用迭代期望性质来证明

$$Y_n = X_0 + A_1(X_1 - X_0) + A_2(X_2 - X_1) + \cdots + A_n(X_n - X_{n-1})$$

也是一个鞅过程. 但是根据定义,

$$X_{\min(\tau,n)} = Y_n,$$

从而 Y 也是个鞅过程. 证毕

这个定理说的是, 在停时的时刻就停下来, 其实仍然是一个鞅过程. 比如, 玩一个抛硬币的游戏. 一枚硬币是均匀的, 抛一次正面反面向上的概率都是 1/2. 如果正面朝上, 财富增加 1 元, 否则减少 1 元. 这个财富过程就是一个鞅过程. 无论当前的累积财富为多少, 未来的新增收益为零. 如果我们改变玩这个游戏的方法, 比如, 我们在积累到 10 元的任何时候就停下来, 这个过程似乎对我们更为有利. 但是根据上面的定理可以知道, 这还是个鞅过程, 所以并没有使得对我们更有利. 同样地, 如果我们损失了 10 元就停下来, 从期望的角度讲也不会更有利.

5.4 随机游动、布朗运动和鞅

我们先讨论对称随机游动. 定义一组同分布的随机变量, 只取两个值

$$P(X_i = 1) = 1/2, \qquad P(X_i = -1) = 1/2,$$

每个变量表示投掷一次硬币的结果. X 的均值是 0, 而方差是 1. 令

$$M_k = \sum_{j=1}^{k} X_j, \quad k = 1, 2, \cdots, \tag{5.30}$$

过程 M_k 就是对称随机游动 (Symmetric Random Walk). 每掷硬币一次, 它增加 1 或者减少 1, 且两种可能性相同. 根据中心极限定理, 随机变量 $M_n/\sqrt{n}$ 的分布函数将趋向于标准正态分布.

定义

$$W_t = \lim_{n\to\infty} \frac{1}{\sqrt{n}} M_{[nt]} = \lim_{n\to\infty} \frac{\sqrt{t}}{\sqrt{nt}} M_{[nt]} \tag{5.31}$$

为布朗运动. 因为 M_n 仅定义在整数上, 所以我们要取整, $[nt]$ 表示不超过 nt 的最大整数. 如果忽略取整, 我们可以直观地看到, 当 n 趋向无穷时, W_t 是一个方差为 $\sqrt{t}$ 的正态分布. 另外,

$$\sum_{j=1}^{ns} X_j \quad 与 \quad \sum_{j=ns+1}^{nt} X_j$$

独立无关. 而 $W_t - W_s$ 是 n 趋向无穷时 $\sum_{j=ns+1}^{nt} \frac{X_j}{\sqrt{n}}$ 的极限, 所以, $W_t - W_s$ 也独立于 W_s.

可以证明如上定义的布朗运动满足下面的性质.

定义 5.15 $(\Omega, \mathscr{F}, P)$ 是一个概率空间. 对每一个 $\omega \in \Omega$, 假设存在一个连续函数 $W_t(\omega)$ ($t \geqslant 0$), 满足 $W_0 = 0$. 如果对所有的

$$0 = t_0 < t_1 < \cdots < t_m,$$

增量

$$W_{t_1} = W_{t_1} - W_{t_0}, W_{t_2} - W_{t_1}, \cdots, W_{t_m} - W_{t_{m-1}} \tag{5.32}$$

是独立的, 且每一个增量都服从正态分布, 满足

$$E[W_{t_{i+1}} - W_{t_i}] = 0, \tag{5.33}$$

$$V[W_{t_{i+1}} - W_{t_i}] = t_{i+1} - t_i, \tag{5.34}$$

则称 $W_t (t \geqslant 0)$ 为布朗运动 (Brownian Motion).

关于布朗运动, 有一些重要的性质值得一提: 对布朗运动 W 和 $s < t$, 我们有

$$\begin{aligned} E(W_s W_t) &= E\big(W_s(W_t - W_s) + W_s^2\big) \\ &= E(W_s) \cdot E(W_t - W_s) + E(W_s^2) \\ &= 0 + V(W_s) \\ &= s, \end{aligned}$$

其中, 第二个等式利用了 W_s 和 $W_t - W_s$ 的独立性.

定义 5.16 $f(t)$ 是一个定义在 $0 \leqslant t \leqslant T$ 上的函数. f 关于时间 T 的二次变差 (Quadratic Variation) 为

$$[f, f](T) = \lim_{\|\Pi\| \to 0} \sum_{j=0}^{n-1} \big(f(t_{j+1}) - f(t_j)\big)^2, \tag{5.35}$$

其中, $\Pi = \{t_0, t_1, \cdots, t_n\}$ 是区间 $(0, T)$ 的一个分划, $0 = t_0 < t_1 < \cdots < t_n = T$.

一般地, 对于连续可微的函数, 容易知道 $[f, f] = 0$. 这就是为什么我们在古典微积分中不考虑二次变差的原因. 另一方面, 布朗运动的路径关于时间变量不可微. 事实上, 我们有如下重要性质.

定理 5.11 W 为布朗运动, 那么对几乎所有的 $T \geqslant 0$, 有 $[W, W](T) = T$.

在本书中, 大多数情况下, 我们用 W_t 来表示布朗运动, 下标显示了布朗运动是随机运动, 而有别于一般的关于 t 的函数. 但是在某些特殊情况下, 为了记号上的方便, 我们有时也会用 $W(t)$ 来表示布朗运动. 我们虽然现在构造了布朗运动, 但是还没有配上相应的域流. 其实我们只要让 $\mathscr{F}_t$ 成为由 $W(t)$ 生成的 σ 代数就可以了. 这样我们就构造出了一个随机过程的概率空间 $(\Omega, \mathscr{F}_t, P)$ 和上面的随机过程 W_t, 可以看到这个布朗运动的随机过程是连续的, 而且它的初始值是零, 而且由于构造的过程,

$$E(W(t)|\mathscr{F}_s) = E(W(t) - W(s)|\mathscr{F}_s) + W(s) = W(s),$$

所以布朗运动又是个鞅过程, 而且它在任意时刻 t 的二次变差为 t. 下面的不加证明的 Lévy 定理是说这些性质也完全刻画了布朗运动.

定理 5.12 若一初值为零的鞅, 有连续路径且满足在任意时刻 t 的二次变差均为 t, 则其为布朗运动.

5.5 Itô 积分

给定布朗运动 W_t 及其域流 $\mathscr{F}_t$, 设 $\Delta(t)$ 为相适应的随机过程. Itô积分可以这样定义: 如果 $\Delta(t)$ 是个在区间

$$t_0 < t_1 < \cdots < t_k < t$$

上的简单过程, 也就是说当 $t_i \leqslant t < t_{i+1}$ 时我们有 $\Delta(t) = \Delta(t_i)$, 那么有定义

$$I(t) = \sum_{j=0}^{k-1} \Delta(t_j)(W_{t_{j+1}} - W_{t_j}) + \Delta(t_k)(W_t - W_{t_k}). \tag{5.36}$$

一般情况, 我们通过其累积和的极限来定义 Itô 积分:

$$I(t) = \int_0^t \Delta(u)\, dW(u). \tag{5.37}$$

Itô 积分有以下性质:

定理 5.13 Itô 积分满足

$$E\left(I^2(t)\right) = E\left(\int_0^t \Delta^2(u)\, du\right). \tag{5.38}$$

定理 5.14 如果 $\Delta(t)$ 对 t 是平方可积的, 那么 Itô 积分是鞅.

证明: 这是因为简单过程每一项的积累和都是鞅, 所以其极限也是鞅.

证毕

定理 5.15 时刻 t 的二次变差可以通过积分得到

$$[I, I](t) = \int_0^t \Delta^2(u)\, du. \tag{5.39}$$

定义 5.17 Itô 过程是有如下形式的过程:

$$X(t) = S(0) + \int_0^t \Delta(u)\, dW_u + \int_0^t \Theta(u)\, du. \tag{5.40}$$

或者可以写成微分形式：

$$dX(t) = \Theta(t)dt + \Delta(t)dW_t. \tag{5.41}$$

定理 5.16 令 $f(t,x)$ 为连续函数，偏导数 $f_t(t,x)$，$f_x(t,x)$ 和 $f_{xx}(t,x)$ 均有定义且连续. 再假定 W_t 为布朗运动,则对任意 $T>0$，有

$$\begin{aligned} f\big(T,W_T\big) =& f\big(0,W_0\big) + \int_0^T f_t\big(t,W_t\big)\,dt \\ &+ \int_0^T f_x(T,W_t)\,dW_t + \frac{1}{2}\int_0^T f_{xx}(t,W_t)\,dt. \end{aligned} \tag{5.42}$$

或写成微分形式：

$$df(t,W_t) = f_t(t,W_t)\,dt + f_x(t,W_t)\,dW_t + \frac{1}{2}f_{xx}(t,W_t)\,dt \tag{5.43}$$

$$= \left(f_t(t,W_t) + \frac{1}{2}f_{xx}(t,W_t)\right)dt + f_x(t,W_t)\,dW_t. \tag{5.44}$$

定理 5.17 (Itô 引理) 令 X_t 为 Itô 过程，定义如下：

$$X_t = S(0) + \int_0^t \Delta(u)\,dW_u + \int_0^t \Theta(u)\,du.$$

再令 $f(t,x)$ 为连续函数且偏导数 $f_t(t,x)$，$f_x(t,x)$ 及 $f_{xx}(t,x)$ 均有定义且连续. 则对任意 $T>0$,

$$\begin{aligned} f\big(T,X_T\big) =& f\big(0,X_0\big) + \int_0^T f_t\big(t,X_t\big)\,dt + \int_0^T f_x\big(t,X_t\big)\,dX_t \\ &+ \frac{1}{2}\int_0^T f_{xx}\big(t,X_t\big)\,d[X,X](t) \\ =& f\big(0,X_0\big) + \int_0^T f_t(t,X_t)\,dt + \int_0^T f_x(t,X_t)\Delta(t)\,dW_t \\ &+ \int_0^T f_x(t,X_t)\Theta(t)\,dt + \frac{1}{2}\int_0^T f_{xx}(t,X_t)\Delta^2(t)\,dt. \end{aligned}$$

写成微分形式，我们有

$$df(t,X_t) = f_t(t,X_t)\,dt + f_x(t,X_t)\,dX_t + \frac{1}{2}f_{xx}(t,X_t)\,dX_t dX_t.$$

上述 Itô 引理是学习金融数学的一个基本工具. 利用 Itô 引理, 我们可以求解一些简单的随机微分方程. 最简单的随机微分方程为

$$dS = \mu dt + \sigma dW_t, \tag{5.45}$$

这里 μ, σ 都是常数. 这个方程的解就是

$$S = S_0 + \mu t + \sigma W_t.$$

但是在金融里面更为有用的是下面的几何布朗运动. 令 μ, σ 为两个常数, 考虑方程

$$dS = \mu S dt + \sigma S dW. \tag{5.46}$$

为了解这个方程, 我们需要利用 Itô 引理, 对 $\log S$ 微分,

$$\begin{aligned} d\log S &= \frac{1}{S}dS - \frac{1}{2S^2}dSdS \\ &= \mu dt + \sigma dW - \frac{1}{2}\sigma^2 dt \\ &= (\mu - \frac{1}{2}\sigma^2)dt + \sigma dW, \end{aligned}$$

于是, 我们有

$$\log S_t = \log S_0 + (\mu - \frac{1}{2}\sigma^2)t + \sigma W_t. \tag{5.47}$$

去掉对数符号, 则有

$$S_t = S_0 \exp\big((\mu - \frac{1}{2}\sigma^2)t + \sigma W_t\big). \tag{5.48}$$

我们看到解在任何时刻的对数是一个正态分布, 所以我们又称 S_t 为对数正态分布.

考虑另外一个例子:

$$dr = (\alpha - \beta r)dt + \sigma dW_t. \tag{5.49}$$

这个过程通常用来模拟利率过程. 为了解这个方程, 我们考虑

$$\begin{aligned} d(e^{\beta t}r) &= \beta e^{\beta t} r\, dt + e^{\beta t} dr \\ &= \beta e^{\beta t} r dt + e^{\beta t}(\alpha - \beta r)dt + \sigma e^{\beta t} dW_t \\ &= \alpha e^{\beta t} dt + \sigma e^{\beta t} dW_t. \end{aligned}$$

这样我们就可以给出一个解:

$$\begin{aligned} e^{\beta t} r(t) &= r(0) + \int_0^t \alpha e^{\beta s} ds + \int_0^t \sigma e^{\beta s} d W_s \\ &= r(0) + \frac{\alpha}{\beta}(e^{\beta t} - 1) + \int_0^t \sigma e^{\beta s}\, d W_s, \end{aligned}$$

于是有

$$r(t) = e^{-\beta t} r(0) + \frac{\alpha}{\beta}(1 - e^{-\beta t}) + \int_0^t \sigma e^{\beta(s-t)} d W_s.$$

因为 Itô 积分

$$\int_0^t \sigma e^{\beta(s-t)}\, d W_s$$

是个正态分布, 我们知道 $r(t)$ 必然也是个正态分布, 并且根据定理 5.13,

$$\begin{aligned} E\big(r(t)\big) &= e^{-\beta t} r(0) + \frac{\alpha}{\beta}(1 - e^{-\beta t}) \\ V\big(r(t)\big) &= \int_0^t \sigma^2 e^{2\beta(s-t)} ds = \frac{\sigma^2}{2\beta}(1 - e^{-2\beta t}). \end{aligned}$$

5.6 鞅表示和 Girsanov 定理

在测度理论里面, 我们知道如果改变测度以后, 原先的随机变量的分布函数当然就也改变了. 在随机过程里面也可以考虑类似的变换. 当测度改变以后, 原先的布朗运动就不再是布朗运动了. 这个事实就是这一节叙述并证明的 Girsanov 定理. 这个定理在本书中起着很关键的作用, 也是学习和掌握数理金融的重要工具. 我们由浅入深地来学习它.

先看只有一个随机变量的情形. 考虑概率空间 $(\Omega, \mathscr{F}, P)$, 随机变量 X 服从标准正态分布, 即 X 的密度函数为

$$f_X(x) = \frac{1}{\sqrt{2\pi}} \exp\left(-\frac{x^2}{2}\right). \tag{5.50}$$

我们先作一个测度变换:

$$\frac{dQ}{dP} = \exp\left(-\frac{\theta^2}{2} - \theta X\right), \tag{5.51}$$

其中, θ 为常数. 我们的目标是证明新的随机变量 $X+\theta$ 在 Q 下面还是正态分布. 首先, 我们需要验证 Q 确实是一个概率测度. 为此作如下计算:

$$
\begin{aligned}
Q(\Omega) &= \int_{\Omega} \exp\left(-\frac{\theta^2}{2}-\theta X\right) dP \\
&= \int_{-\infty}^{\infty} \exp\left(-\frac{\theta^2}{2}-\theta x\right) \frac{1}{\sqrt{2\pi}} \exp\left(-\frac{x^2}{2}\right) dx \\
&= \frac{1}{\sqrt{2\pi}} \int_{-\infty}^{\infty} \exp\left(-\frac{\theta^2}{2}-\theta x-\frac{x^2}{2}\right) dx \\
&= \frac{1}{\sqrt{2\pi}} \int_{-\infty}^{\infty} \exp\left(-\frac{(x+\theta)^2}{2}\right) dx \\
&= \frac{1}{\sqrt{2\pi}} \int_{-\infty}^{\infty} \exp\left(-\frac{x^2}{2}\right) dx \\
&= 1.
\end{aligned}
$$

这就证明了 Q 是 P 的等价概率测度. 定义一个新的随机变量

$$
Y = X + \theta,
$$

我们希望证明 Y 在新的测度 Q 下仍是一个服从标准正态分布的随机变量. 为此我们作如下计算:

$$
\begin{aligned}
Q(Y<a) &= Q\,(X<a-\theta) \\
&= E_Q(I_{\{X<a-\theta\}}) \\
&= E_P\left(I_{\{X<a-\theta\}} \exp\big(-\frac{\theta^2}{2}-\theta X\big)\right) \\
&= \frac{1}{\sqrt{2\pi}} \int_{-\infty}^{a-\theta} \exp\big(-\frac{\theta^2}{2}-\theta x\big) \exp\left(-\frac{x^2}{2}\right) dx \\
&= \frac{1}{\sqrt{2\pi}} \int_{-\infty}^{a-\theta} \exp\left(-\frac{(x+\theta)^2}{2}\right) dx \\
&= \frac{1}{\sqrt{2\pi}} \int_{-\infty}^{a} \exp\left(-\frac{y^2}{2}\right) dy,
\end{aligned}
$$

于是

$$
Q(Y<a) = \frac{1}{\sqrt{2\pi}} \int_{-\infty}^{a} \exp\left(-\frac{y^2}{2}\right) dy.
$$

这样我们就证明了 Y 在新的测度 Q 下仍服从标准正态分布.

更一般地, 对布朗运动我们有如下定理:

定理 5.18 (Girsanov 定理) 令 $W_t(0 \leqslant t \leqslant T)$ 为概率空间 $(\Omega, \mathscr{F}, P)$ 上的布朗运动. 设 $\mathscr{F}_t(0 \leqslant t \leqslant T)$ 为相应的域流, 并设 $\theta(t)(0 \leqslant t \leqslant T)$ 是与此相适应的过程. 对 $0 \leqslant t \leqslant T$ 定义:

$$\begin{aligned}\widetilde{W}_t &= \int_0^t \theta(u)\,du + W_t,\\ Z_t &= \exp\left\{-\int_0^t \theta(u)\,dW_u - \frac{1}{2}\int_0^t \theta^2(u)\,du\right\};\end{aligned}$$

并定义一个新的测度: 对任意 $A \in \mathscr{F}$, 定义

$$Q(A) = \int_A Z_T\,dP,$$

则在新测度 Q 下, 过程 $\widetilde{W}_t(0 \leqslant t \leqslant T)$ 仍是布朗运动.

证明: 首先, 不难验证 Z_t 是 P 下的鞅. 为此利用 Itô 引理我们对 Z 作微分: 令

$$X(t) = -\int_0^t \theta(u)\,dW_u - \frac{1}{2}\int_0^t \theta^2(u)\,du$$

以及 $f(x) = e^x$, 我们有 $Z_t = f\big(X(t)\big)$.

$$\begin{aligned}dZ_t &= f'(X(t))dX(t) + \frac{1}{2}f''(X(t))dX(t)dX(t)\\ &= -\theta(t)Z_t dW_t.\end{aligned}$$

根据 Itô 过程理论, Z_t 是鞅而且我们有

$$Q(\Omega) = E_P(Z_T) = Z(0) = 1.$$

这样我们证明了 Q 是概率测度. 我们将证明 $Z_t\widetilde{W}_t$ 也是 P 下的鞅. 事实上, 由于

$$d\widetilde{W}_t = \theta(t)dt + dW_t,$$

利用 Itô 引理我们有

$$
\begin{aligned}
d\left(Z_t\widetilde{W}_t\right) &= \widetilde{W}_t dZ_t + Z_t d\widetilde{W}_t + d\widetilde{W}_t dZ_t \\
&= -\widetilde{W}_t\theta(t)A_t dW_t + Z_t dW_t + Z_t\theta(t)dt + (dW_t \\
&\quad + \theta(t)dt)(-\theta(t)Z_t dW_t) \\
&= \left(1 - \widetilde{W}_t\theta(t)\right)Z_t dW_t.
\end{aligned}
$$

这就证明了 $Z_t\widetilde{W}_t$ 确实是鞅. 为了证明 $\widetilde{W}_t$ 是布朗运动, 我们还需要借助 Lévy 定理. 为此我们计算 $\widetilde{W}_t$ 的二次变差. 事实上,

$$
d\widetilde{W}_t d\widetilde{W}_t = (dW_t + \theta(t)dt)^2 = dW_t dW_t = t.
$$

为了应用 Lévy 定理, 我们还须证明 $\widetilde{W}_t$ 在 Q 下是鞅. 为此, 我们首先证明有如下的等式: 对任何 $X \in \mathscr{F}_t$ 以及 $s < t$, 我们有

$$
E_Q\left(X \mid \mathscr{F}_s\right) = \frac{1}{Z_s}E_P\left(XZ_t \mid \mathscr{F}_s\right). \tag{5.52}
$$

为此取任意的 $A \in \mathscr{F}_s$,

$$
\begin{aligned}
\int_A XdQ &= \int_A XZ_T dP \\
&= \int_A E_P(XZ_T|\mathscr{F}_t)dP \\
&= \int_A XZ_t dP.
\end{aligned}
$$

另外一方面, 令

$$
Y = E(XZ_t|\mathscr{F}_s),
$$

利用刚刚证明的等式, 有

$$
\begin{aligned}
\int_A \frac{1}{Z_s}YdQ &= \int_A YdP \\
&= E_P(E_P(I_A XZ_t|\mathscr{F}_s)) \\
&= E_P(I_A XZ_t) \\
&= \int_A XZ_t dP,
\end{aligned}
$$

这就表明

$$\int_A XdQ = \int_A \frac{1}{Z_s} E\big(XZ_t \mid \mathscr{F}_s\big)dQ,$$

所以根据定义我们有等式(5.52) 成立. 最后我们作如下计算: 令 $X = \widetilde{W}_t$:

$$E_Q\left(\widetilde{W}_t \mid \mathscr{F}_s\right) = \frac{1}{Z_s} E_P\left(\widetilde{W}_t Z_t \mid \mathscr{F}_s\right) = \frac{1}{Z_s} \widetilde{W}_s Z_s = \widetilde{W}_s.$$

这样定理的证明便完成了. 证毕

最后, 我们不加证明地给出鞅表示定理:

定理 5.19 令 W_t $(0 \leqslant t \leqslant T)$ 是概率空间 $(\Omega, \mathscr{F}, P)$ 上的布朗运动. 设 $\mathscr{F}_t$ 为由此运动生成的域流. 设 M_t 为与此域流对应的鞅, 即对任意 t, M_t 是 $\mathscr{F}_t$ 可测的, 且对 $0 \leqslant s \leqslant t \leqslant T$, 有 $E(M_t \mid \mathscr{F}_s) = M_s$. 那么存在适应过程 $\Gamma(t)$, $0 \leqslant t \leqslant T$, 使得

$$M_t = M_0 + \int_0^t \Gamma(u) dW_u. \tag{5.53}$$

5.7 反射原理和首次到达时间

在这一节, 我们将学习所谓首达时间 (First Passage Time) 的分布. 令 W_t 是一个标准布朗运动. 对于这个标准布朗运动和 $y < 0$, 我们定义

$$m_T = \min_{0 \leqslant t \leqslant T} W_t \quad \text{和} \quad \tau(y) = \min\{t \geqslant 0; W_t \leqslant y\}.$$

根据定义, m_T 是布朗运动在时刻 T 以内达到的最小值, $\tau(y)$ 则是指布朗运动 W_t 第一次小于等于 y 的时间. 显然, 我们有

$$m_T \leqslant y, \quad \text{当且仅当} \quad \tau(y) \leqslant T. \tag{5.54}$$

事实上, 随机变量 τ 是一个停时. 现在我们要问 $m_T \leqslant y$ 的概率是多少. 这个问题等价于

$$P(\tau(y) \leqslant T) = P(m_T \leqslant y).$$

为了计算这个概率, 我们介绍所谓反射原理 (Reflection Principle). 对于布朗运动 W_t, 很容易利用所谓反射原理计算出这个概率. 对每一条路径 ω, 我们定义它关于 y 的反射为

$$\widetilde{\omega}_t = \begin{cases} \omega_t, & t \leqslant \tau(\omega), \\ 2y - \omega_t, & t > \tau(\omega). \end{cases} \tag{5.55}$$

它的意义是: 如果在 ω_t 到达 y 以前, $\widetilde{\omega}_t$ 就是 ω_t; 在 ω_t 到达 y 以后, $\widetilde{\omega}_t$ 就是 ω_t 关于 y 点的反射. 对每一个 ω, 若 $\omega_T \leqslant y$, $m_T(\omega) \leqslant y$ 一定成立. 若 $m_T(\omega) \leqslant y$ 成立但是 $\omega_T > y$, 那么它的反射 $\widetilde{\omega}_T < y$. 所以我们有以下计算:

$$\begin{aligned} P(m_T \leqslant y) &= P(\omega_T \leqslant y) + P(m_T \leqslant y, \omega_T > y) \\ &= P(\omega_T \leqslant y) + P(\widetilde{\omega}_T < y) \\ &= 2P(\omega_T \leqslant y) \\ &= 2\mathrm{N}\left(\frac{y}{\sqrt{T}}\right); \end{aligned}$$

其中,

$$\mathrm{N}(y) = \frac{1}{\sqrt{2\pi}} \int_{-\infty}^{y} e^{-\frac{t^2}{2}}\, dt$$

是标准的高斯分布函数. 另外我们利用了所谓的 W_t 的强马氏性, 即当路经 ω 碰到点 y 以后应有 $P(\omega_T \leqslant y) = P(\widetilde{\omega}_T \leqslant y)$ 同样推理, 对于 $y < 0, y < b$, 我们有

$$\begin{aligned} P(m(T) < y, W_T > b) &= P(W_T < 2y - b) \\ &= \frac{1}{\sqrt{2\pi T}} \int_{-\infty}^{2y-b} e^{-\frac{x^2}{2T}}\, dx. \end{aligned}$$

求偏微分, 得联合概率密度为

$$\begin{aligned} P(m(T) \in dy, W_T \in db) &= -\frac{\partial^2}{\partial y \partial b}\left(\frac{1}{\sqrt{2\pi T}} \int_{-\infty}^{2y-b} e^{-\frac{x^2}{2T}}\, dx\right) \\ &= \frac{\partial}{\partial b}\left(-\frac{1}{\sqrt{2\pi T}} \cdot 2 \cdot e^{-\frac{(2y-b)^2}{2T}}\, dy\right) \\ &= \frac{2(2y-b)}{T\sqrt{2\pi T}} e^{-\frac{(2y-b)^2}{2T}}\, dy db. \end{aligned}$$

下面我们处理有漂移 (Drift) 的情况. 我们假设随机过程 $\widetilde{W}_t$ 满足下列等式:

$$\widetilde{W}_t = \theta t + W_t,$$

其中, θ 为常数. 另外对于 $y < 0$, 我们令

$$\widetilde{m}(T) = \min_{0 \leqslant t \leqslant T} \widetilde{W}_t, \quad \widetilde{\tau}(y) = \min(t; \widetilde{W}_t = y).$$

分别表示最小值和第一次达到 y 的时间. 由于漂移项的存在, 我们不能直接运用反射原理. 但是幸好可以使用 Girsanov 定理. 令

$$Z(t) = \exp\left(-\theta W_t - \frac{1}{2} t\theta^2\right)$$
$$Z(T) = \exp\left(-\theta W_T - \frac{1}{2} T\theta^2\right).$$

定义一个新的概率测度

$$\frac{dQ}{dP} = Z(T). \tag{5.56}$$

在这个新的测度下, $\widetilde{W}_t$ 是一个布朗运动. 由本章第一节的结果我们知道, 在概率测度 Q 下, $\widetilde{W}_T$ 是一个均值为 0、方差为 T 的正态随机变量, 所以

$$\begin{aligned} Q(\widetilde{m}(T) \leqslant y) &= Q(\widetilde{\tau}(y) \leqslant T) \\ &= \frac{1}{\sqrt{2\pi T}} \int_{-\infty}^{y} \exp(-\frac{t^2}{2T})\, dx. \end{aligned}$$

但是我们真正需要求的概率是

$$P(\widetilde{M}(T) \leqslant y) = P(\widetilde{\tau}(y) \leqslant T).$$

要计算这个在原来的测度下同一事件的概率, 我们可以利用 Radon-Nikodym 定理. 注意到

$$\begin{aligned} Z(t) &= \exp\big(-\theta W_t - \frac{1}{2}\theta^2 t\big) \\ &= \exp\big(-\theta(W_t + \theta t) + \frac{1}{2}\theta^2 t\big) \\ &= \exp\big(-\theta \widetilde{W}_t + \frac{1}{2}\theta^2 t\big), \end{aligned}$$

根据我们刚刚证明的结果,

$$\widetilde{P}(\widetilde{m}_T \in d\widetilde{m}, \widetilde{W}_T \in d\widetilde{b}) = \frac{2(2\widetilde{m}-\widetilde{b})}{T\sqrt{2\pi T}} \exp\left(-\frac{(2\widetilde{m}-\widetilde{b})^2}{2T}\right) d\widetilde{m} d\widetilde{b},$$

由等式 (5.56), 我们有

$$\begin{aligned} &P(\widetilde{m}_T \in d\widetilde{m}, \widetilde{W}_T \in d\widetilde{b}) \\ &\qquad = \exp\bigl(\theta\widetilde{b} - \frac{1}{2}\theta^2 T\bigr) \frac{2(2\widetilde{m}-\widetilde{b})}{T\sqrt{2\pi T}} \exp\left(-\frac{(2\widetilde{m}-\widetilde{b})^2}{2T}\right) d\widetilde{m}\, d\widetilde{b}. \end{aligned}$$

我们计算分布函数如下:

$$P(\widetilde{m}_T < \widetilde{m}) = P(\widetilde{m}_T < \widetilde{m}, \widetilde{W}_T \geqslant \widetilde{m}) + P(\widetilde{W}_T < \widetilde{m}).$$

容易计算概率 $P(\widetilde{W}_T < \widetilde{m})$. 由于我们知道

$$\widetilde{W}_T = \theta T + W_T,$$

所以 $\widetilde{W}_T$ 是期望为 θT, 方差为 T 的正态分布. 所以第二个积分有

$$\begin{aligned} P(\widetilde{W}_T < \widetilde{m}) &= \frac{1}{\sqrt{2\pi T}} \int_{-\infty}^{\widetilde{m}} \exp\left(-\frac{(x-\theta T)^2}{2T}\right) dx \\ &= \frac{1}{\sqrt{2\pi T}} \int_{-\infty}^{\widetilde{m}-\theta T} \exp\left(-\frac{y^2}{2T}\right) dy \\ &= \frac{1}{\sqrt{2\pi}} \int_{-\infty}^{\frac{\widetilde{m}-\theta T}{\sqrt{T}}} \exp\left(-\frac{y^2}{2}\right) dy \\ &= \mathrm{N}\left(\frac{\widetilde{m}-\theta T}{\sqrt{T}}\right). \end{aligned}$$

为了计算第一个积分, 我们注意到 $\widetilde{m}_T$ 和 $\widetilde{W}_T$ 的联合分布为

$$f(\widetilde{m}, \widetilde{b}) = \exp\bigl(\theta\widetilde{b} - \frac{1}{2}\theta^2 T\bigr) \frac{2(2\widetilde{m}-\widetilde{b})}{T\sqrt{2\pi T}} \exp\left(-\frac{(2\widetilde{m}-\widetilde{b})^2}{2T}\right),$$

利用这个联合分布我们得到:

$$
\begin{aligned}
& P(\widetilde{m}_T < \widetilde{m}, \widetilde{W}_T > \widetilde{m}) \\
&= \int_{-\infty}^{\widetilde{m}} \int_{\widetilde{m}}^{\infty} \frac{2(2m-b)}{T\sqrt{2\pi T}} \exp\left(\theta b - \frac{1}{2}\theta^2 T - \frac{(2m-b)^2}{2T}\right) dbdm \\
&= \int_{\widetilde{m}}^{\infty} \frac{2}{T\sqrt{2\pi T}} \exp(\theta b - \frac{1}{2}\theta^2 T) db \int_{-\infty}^{\widetilde{m}} (2m-b) \exp\left(-\frac{(2m-b)^2}{2T}\right) dm \\
&= \int_{\widetilde{m}}^{\infty} \frac{1}{2T\sqrt{2\pi T}} \exp(\theta b - \frac{1}{2}\theta^2 T)(2T) \exp\left(-\frac{(2\widetilde{m}-\widetilde{b})^2}{2T}\right) db \\
&= \int_{\widetilde{m}}^{\infty} \frac{1}{\sqrt{2\pi T}} \exp\left(\theta b - \frac{1}{2}\theta^2 T - \frac{(2\widetilde{m}-b)^2}{2T}\right) db \\
&= \frac{1}{\sqrt{2\pi}} \exp(2\theta\widetilde{m}) \int_{-T\theta-\widetilde{m}/\sqrt{T}}^{\infty} \exp\left(-\frac{x^2}{2}\right) dx \\
&= \exp(2\theta\widetilde{m}) \mathrm{N}\left(\frac{T\theta+\widetilde{m}}{\sqrt{T}}\right).
\end{aligned}
$$

把两个部分合起来, 我们有

$$
P(\widetilde{m}(T) < \widetilde{m}) = \mathrm{N}\left(\frac{\widetilde{m}-\theta T}{\sqrt{T}}\right) + \exp(2\theta\widetilde{m}) \mathrm{N}\left(\frac{\widetilde{m}+\theta T}{\sqrt{T}}\right). \tag{5.57}
$$

这就是首达时间的分布函数.

以后我们将看到这个分布在金融领域的应用. 当然我们知道在等式 (5.57) 中右手边的第一项就是以下的概率:

$$
\begin{aligned}
P(\widetilde{W}_T < \widetilde{m}) &= P(\theta T + W_T < \widetilde{m}) \\
&= P(W_T < \widetilde{m} - \theta T) \\
&= \mathrm{N}\left(\frac{\widetilde{m}-\theta T}{\sqrt{T}}\right).
\end{aligned}
$$

我们当然知道应该有

$$
P\left(\min_{0\leqslant t\leqslant T} \widetilde{W}_t < \widetilde{m}\right) < P(\widetilde{W}_T < \widetilde{m}),
$$

现在我们更知道了它们的差别就是

$$
P(\widetilde{W}_T < \widetilde{m}) - P\left(\min_{0\leqslant t\leqslant T} \widetilde{W}_t < \widetilde{m}\right) = \exp(2\theta\widetilde{m}) \mathrm{N}\left(\frac{\widetilde{m}+\theta T}{\sqrt{T}}\right).
$$

我们可以作图来比较这两个概率. 当 $\theta > 0$ 的时候, 图 5.1 显示了这两个概率的走向. 当到期时间越长, 由于 θ 是正的, 带有漂移的布朗运动向上的趋势比较明显, 所以两个概率的距离比较大. 当 $\theta < 0$ 的时候, 图 5.2 显示了这两个概率的走向. 此时由于 θ 是负的, 带有漂移的布朗运动有向下的趋势, 所以当到期时间越长, 两个概率的距离反而趋于相同. 但是当到期时间趋于零时, 两个概率都趋于零.

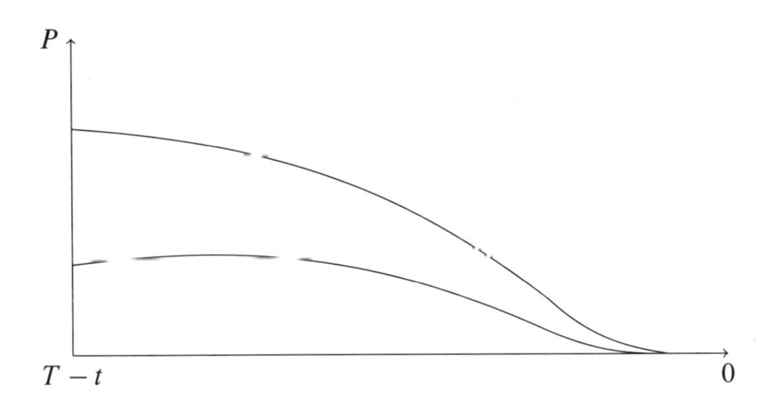

图 5.1 概率随到期时间的比较($\theta > 0$)

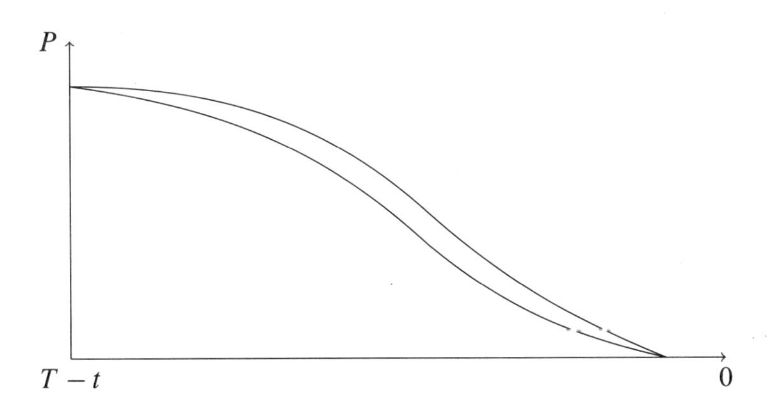

图 5.2 概率随到期时间的比较($\theta < 0$)

5.8　用几何布朗运动模拟股票价格

股票的价格永远是正的. 如果在某个时刻, 股票的价格成为 0, 那么相应的公司就会宣布破产, 其股票会被停止交易, 换言之, 其股票价格将永远为 0. 股价的运动一般有很明显的波动性, 哪怕是一天之内, 股票的价格都是上下起伏. 另一方面, 长期来看, 股票又有着一定的收益趋势, 过去 30 年, 标准普尔 500 的指数以平均每年 12% 的增长率增长. 这几点特征都可以用几何布朗运动来描绘.

假定股票满足以下方程:

$$dS_t = \mu S dt + \sigma S dW_t.$$

在 Itô 积分一节, 我们知道 S_t 的解是

$$S_t = S_0 e^{\mu t - \frac{1}{2}\sigma^2 t + \sigma W_t}.$$

容易计算,

$$E(S_T) = S_0 e^{\mu T}.$$

如果把时间 0 点到 T 点分成相同长度的区间:

$$0 = t_1 < t_2 < \cdots < t_n = T,$$

那么, 我们有

$$S_{t_i} = S_{t_{i-1}} e^{(\mu - \frac{1}{2}\sigma^2)\Delta t + \sigma(W_{t_i} - W_{t_{i-1}})}.$$

所以当计算其对数收益时, 我们有

$$\log\left(\frac{S_{t_i}}{S_{t_{i-1}}}\right) = (\mu - \frac{1}{2}\sigma^2)\Delta t + \sigma(W_{t_i} - W_{t_{i-1}}).$$

考虑到 $\mu, \sigma, \Delta t$ 都是常数, 当 $\Delta t \to 0$ 时,

$$S \text{ 的波动率} = \sigma[dW, dW]^{1/2} = \sigma\sqrt{dt}.$$

这就是我们前面讲过的平方根的法则. 由此可见, 用几何布朗运动来模拟股票比较贴近现实.

早在 1900 年, 法国学者 Louis Bachelier 就在他的毕业论文中提出了用数学方法来给风险资产定价的模型, 也是他提出了用布朗运动来模拟股价的变化. 1965 年, 在麻省理工学院攻读博士的 Paul Samuelson 又重新发现了 Bachelier 的模型. 为了克服布朗运动由于存在负值而股价永远为正的问题, Paul Samuelson 提出了用几何布朗运动来模拟股票价格.

1973 年, Fischer Black 和 Myron Scholes 发表了他们的文章“期权的定价以及公司债务”[4]. 这篇文章建立了 Black-Scholes 偏微分方程, 并且对看涨期权和看跌期权提出了 Black-Scholes 公式. 这篇文章和 Robert Merton 的有关文章一起改变了计量金融学. 最终 Myron Scholes 和 Robert Merton 获得了 1997 年度的诺贝尔经济学奖. 但是 Fischer Black 已于 1995 年去世.

在随机过程中鞅的概念的启发下, Black, Scholes 和 Merton 应用了随机过程理论和偏微分方程理论给出了期权的价值规律. 他们还指出, 这个期权的价值规律的背后是一个从给定的初始资本, 经过连续的对冲过程(买卖股票的过程), 最终复制出期权的收益函数, 而不附加任何的风险.

这样对于卖出期权的一方(交易员或投资银行)来讲, 只要定价比复制期权的成本高一点, 就可以不承担风险, 坐收渔利. 本质上说, 投资银行本来就应该提供这种金融服务, 而不是承担市场的风险. 对于购买期权的一方来讲, 既可以通过期权的杠杆效应来表达自己对市场的预测, 也可以把自己投资组合中的或者公司业务涉及的市场风险降低到最小.

在理论界, 对于几何布朗运动模拟股票市场有很多的争议. 大多数人认为用几何布朗运动模拟股票市场过于简单, 其中一个重要的事实依据就是我们以后会提到的波动率偏态. 由看涨期权或看跌期权体现出来的波动率偏态证明 Black-Scholes 的模型不是正确的模型, 因为同样股票的波动率随着执行价的不同而不同. 当然, 市场上还经常由于突然发布的经济新闻导致个别股票价格突然大幅上升或下降, 这种跳跃的行为也和几何布朗运动是不相容的. 所以在最近 10 年, 更多、更好的衍生品定价模型相继被提出, 包括笔者的[8]、[9] 和 [1]等模型.

但是几何布朗运动仍不失为一个简单而且实用的模型. 在西方金融市场上, 大多数的交易员都以它为基本的参照模型. 读者也只有在充分学习掌握了这个模型后才有能力去研究开发新的模型.

第六章 期权定价：偏微分方程方法

从这一章起，我们讲述衍生品的定价. 衍生品定价的基本公式被称为 Black-Scholes 公式，其实是 Fischer Black，Myron Scholes 和 Robert Merton 三个人的工作结果. Black-Scholes 公式的推导有两种方法，一种是用使用随机过程理论推导出 Black-Scholes 偏微分方程，然后直接求解；另一种是用随机过程结合鞅过程理论求出风险中性概率测度然后从中求解期望. 无论哪一种方法，都面临一个基本问题，那就是：期权定价的原则是什么？前面用无套利原则得出了一组看涨期权和看跌期权的性质，但是满足这些条件的值仍然有很多，还不能够完全确定下来期权价格.

回忆我们推导远期价格时，并没有对股票或指数作任何预测. 我们为了对冲远期的头寸，向银行借款，而远期价格不过是借款的成本. 通过这样的一个过程，远期的收益就被完全对冲掉了. 也就是说无论股价是涨还是跌，我们都没有任何的风险，当然也没有任何的收益.

同样，在研究期权时，我们应该去寻找完全对冲期权收益的方法，在对冲过程中产生的成本的总和就应该是期权的价格. 所以对于期权卖出的一方来讲，收取期权的费用就是用来补偿对冲的过程中产生的成本的. 在对冲远期头寸时，我们只要作一次交易即可，但是，在作对冲更复杂的期权时，我们要时时刻刻地交易. 通过连续的交易，我们能够完全对冲期权的收益.

举个例子：假定我们卖出了一个股票看涨期权. 为了对冲头寸，我们会去买股票. 一般开始时，要买少于 100% 的股票，为此，我们要向银行借钱. 如果股价涨了，为了对冲，我们要买更多的股票；如果股价跌了，为了对冲，我们要卖出一些股票. 结果是我们总在高价位买进，在低价位卖出，这样一来再加上银行的利息，交易成本就产生了. 这个总的交易成本是卖出期权以后产生的，而为了弥补这个损失，期权的价格就应该包含这个成本，这就是期权的定价原则.

这个原则对于投资银行非常适用. 作为投资银行，卖出期权不应该去承担市场风险，所以需要对冲. 而对冲成本计算到期权费里面，这样银行就尽可能地做到无风险，完全符合银行的风险承受能力. 在这个过程中，银行仅仅扮演服务客户的角色，而不是选择看多或者看空市场. 这一章先来讲偏微分方程方法对这个原则的实现.

6.1 推导 Black-Scholes 方程

为了推导期权或者一般衍生品所满足的方程，我们先从证券所应该满足的随机过程开始研究. 上一章结束的时候我们提出可以使用 (5.8) 来描述证券的运动：

$$dS_t = \mu S_t dt + \sigma S_t dW_t, \tag{6.1}$$

其中，W 是标准布朗运动，μ 是证券的期望增长率，σ 是证券的波动率. 进一步，我们还需要以下假设:

(1) 资产的增长率 μ 和资产波动率 σ 在期权的存续期内是关于证券市值和时间的已知函数.

(2) 市场上没有交易费用.

(3) 证券在期权存续期内无红利发放.

(4) 交易市场没有无风险套利机会，就是说两个无风险资产或资产组合必须有相同的回报，即无风险利率 r.

(5) 证券的买卖交易可以连续进行.

(6) 市场允许卖空而且资产是可分的. 就是说我们可以买卖任意数量的证券，而且可以卖出我们并不持有的资产(当然以后要偿还).

在这些前提假设下，我们可以开始推导期权所应该满足的方程. 假设我们持有一个期权，其在到期时间 T 点的收益函数仅仅依赖 T 时刻的股价，用函数表达就是 $h(S_T)$. 这种期权我们今后称为与路径无关的欧式未定权益，

其今天的价值 $V(S,t)$ 也仅依赖 S 和 t. 显然, 当

$$h(S_T) = \max(S_T - K, 0) \tag{6.2}$$

的时候, 这个欧式未定权益就是执行价为 K 的欧式看涨期权. 当

$$h(S_T) = \max(K - S_T, 0) \tag{6.3}$$

的时候, 这个欧式未定权益就是执行价为 K 的欧式看跌期权. 现在没有必要具体指明 V 是一个看涨期权还是一个看跌期权; 实际上, V 可以是任何的欧式未定权益. 利用 Itô 引理, 我们有

$$dV = \sigma S_t \frac{\partial V}{\partial S} dW_t + \Big(\mu S_t \frac{\partial V}{\partial S} + \frac{1}{2}\sigma^2 S_t^2 \frac{\partial^2 V}{\partial S^2} + \frac{\partial V}{\partial t}\Big) dt. \tag{6.4}$$

这表明 V 是一个随机过程, 而 W 是使 V 产生不确定性的来源. 注意到我们要求 V 至少对 t 一阶可导, 对 S 二阶可导.

现在构造由一个期权和数量为 $-\Delta_t$ 的基础资产组成的投资组合. Δ_t 这个数量还不确定. 这个投资组合的价值为

$$\Pi_t = V - \Delta_t \cdot S_t. \tag{6.5}$$

注意到 Δ 在这个单位时间 dt 内是固定的, 一个 dt 时间单位该投资组合价值的变化为

$$d\Pi_t - dV - \Delta_t \cdot dS_t.$$

其金融意义为: 投资组合的价值变化仅来自股票和期权价值的变化, 除此以外我们不买卖任何证券, 也不再投入额外的资金. 再由 (6.4), 我们有

$$d\Pi_t = \sigma S_t \Big(\frac{\partial V}{\partial S} - \Delta_t\Big) dW_t + \Big(\mu S_t \frac{\partial V}{\partial S} + \frac{1}{2}\sigma^2 S_t^2 \frac{\partial^2 V}{\partial S^2} + \frac{\partial V}{\partial t} - \mu \Delta_t S_t\Big) dt. \tag{6.6}$$

通过取

$$\Delta_t = \frac{\partial V}{\partial S}(S,t), \tag{6.7}$$

我们可以完全消除其不确定性, 即 dW_t 项, 由此得到一个增量可以完全确定的投资组合:

$$d\Pi_t = \Big(\frac{\partial V}{\partial t} + \frac{1}{2}\sigma^2 S_t^2 \frac{\partial^2 V}{\partial S^2}\Big) dt. \tag{6.8}$$

由我们关于无风险套利的假设，无风险投资组合只能得到无风险回报，即

$$d\Pi_t = r\Pi_t dt = \Big(\frac{\partial V}{\partial t} + \frac{1}{2}\sigma^2 S_t^2 \frac{\partial^2 V}{\partial S^2}\Big)dt. \tag{6.9}$$

最后代入 (6.5) 和 (6.7)，等式两边同时除以 dt，我们有

$$\frac{\partial V}{\partial t} + \frac{1}{2}\sigma^2 S^2 \frac{\partial^2 V}{\partial S^2} + rS\frac{\partial V}{\partial S} = rV(S,t). \tag{6.10}$$

这被称为 Black-Scholes 偏微分方程. 加上它的扩展和变化，这个方程在本书的余下部分扮演了重要的角色. 这个方程最令人惊奇的一点就是，它并不包含标的证券的收益率 μ; 就是说，期权价值与资产价值增长的快慢是独立的. 在基础资产满足的随机微分方程 (6.1) 中，唯一对期权价格产生影响的参数就是波动率 σ. 由此我们总可以假设资产服从下面的随机微分方程

$$dS_t = rS_t\,dt + \sigma S_t\,dW_t. \tag{6.11}$$

因为其解为

$$S_t = S_0 \exp\Big((r - \frac{1}{2}\sigma^2)t + \sigma W_t\Big),$$

我们看到这满足对数正态分布. 另一个值得注意的事实是，为了构造一个无风险的投资组合，我们需要通过不断地卖出数量为 $\Delta = \partial V/\partial S$ 的股票来调整投资组合. 这个数量常常被称为 Delta. 我们还需要强调， Black-Scholes 方程不仅对看涨、看跌期权，而且对其他的欧式期权都成立，比如二元期权等，因为我们在推导这个方程的过程中并没有用到看涨或看跌期权所特有的性质.

我们在推导这个方程的过程中，还有一点值得注意：为了消除不确定性，曾令

$$\Delta = \frac{\partial V}{\partial S}.$$

一般来说，Δ 不是个常数. 但是我们还曾经从等式

$$\Pi_t = V - \Delta \cdot S_t$$

得到了方程

$$d\Pi_t = dV - \Delta \cdot dS_t.$$

熟知，在普通的微积分学中，应该是

$$d\Pi_t = dV - \Delta \cdot dS_t - d\Delta \cdot S_t.$$

为什么最后一项消失掉了？这里不是疏忽，而是因为我们利用了交易必须是自融资的这个概念.

至此，我们推导了 Black-Scholes 偏微分方程. 我们的出发点是去寻找一个完全对冲期权收益的方法，具体办法是构造一个投资组合，其中包括了期权和基础股票，基础股票的数量随着时间连续变化. 这样，我们保证了投资组合是自融资的，就是说，投资组合的价值的变化完全来源于基础股票的价格的变化，所以当我们的投资组合完全复制了期权的收益以后，就把股票的随机波动性带来的不确定性完全消除了，所以根据无套利的条件，我们的投资组合的价值就只能像银行存款那样以无风险利率增长了. 这个过程就是我们推导的逻辑主线.

6.2 Black-Scholes 方程的解

前一节我们推导了 Black-Scholes 方程

$$\frac{\partial f}{\partial t} + rS\frac{\partial f}{\partial S} + \frac{1}{2}\sigma^2 S^2 \frac{\partial^2 f}{\partial S^2} = rf. \tag{6.12}$$

其成立的定义域为 $S \in (0, \infty), t \in (0, T)$. 在这一节中，在无风险利率 r 和波动率 σ 为常数的情况下，我们求出欧式看涨期权和看跌期权的闭形式解. 为了达到这个目的，我们确立变换方程的指导方针：第一，要把时间倒置. 在 Black-Scholes 方程中，要给出终值条件，即 f 在到期日的收益函数. 但是在数学物理的抛物型方程中，一般要给初值条件. 第二，要作代换，使得 Black-Scholes 方程变为常系数微分方程. 为此首先作如下换元：

$$f(S, t) = e^{-r(T-t)} V(S, t),$$

这样我们就得到关于函数 V 的新方程

$$\frac{\partial V}{\partial t} + rS\frac{\partial V}{\partial S} + \frac{1}{2}\sigma^2 S^2 \frac{\partial^2 V}{\partial S^2} = 0. \tag{6.13}$$

接下来设

$$s = \log S, \tag{6.14}$$

这样

$$\frac{\partial V}{\partial S} = \frac{\partial V}{\partial s}\frac{1}{S},$$
$$\frac{\partial^2 V}{\partial S^2} = \frac{\partial^2 V}{\partial s^2}\frac{1}{S^2} - \frac{\partial V}{\partial s}\frac{1}{S^2};$$

将它们代入方程 (6.13)，我们有

$$\frac{\partial V}{\partial t} + \frac{1}{2}\sigma^2\frac{\partial^2 V}{\partial s^2} + (r - \frac{1}{2}\sigma^2)\frac{\partial V}{\partial s} = 0. \tag{6.15}$$

这是一个常系数抛物型方程. 现在设

$$x = s + (r - \frac{1}{2}\sigma^2)(T - t),$$
$$\tau = (T - t),$$

我们有

$$\frac{\partial V}{\partial s} = \frac{\partial V}{\partial x},$$
$$\frac{\partial V}{\partial t} = -\frac{\partial V}{\partial \tau} - \frac{\partial V}{\partial x}(r - \frac{1}{2}\sigma^2).$$

代回到方程 (6.15)，V 作为 x 和 τ 的函数满足以下方程：

$$\frac{\partial V}{\partial \tau} = \frac{1}{2}\sigma^2\frac{\partial^2 V}{\partial x^2}. \tag{6.16}$$

熟知，在数学物理中这个方程被称为*热传导方程* (Heat Equation). 给定初始条件

$$V(x, 0) = h(x), \tag{6.17}$$

它的解可以表示为积分形式

$$V(\tau, x) = \int_{-\infty}^{+\infty} u(x - y, \tau)h(y)\,dy. \tag{6.18}$$

其中，函数 $u(x, t)$ 被称为*热核* (Heat Kernel). 我们可以对方程 (6.16) 使用傅立叶变换得到热核的闭的表达形式：

$$u(x, \tau) = \frac{1}{\sqrt{2\pi\tau}\sigma}e^{-\frac{x^2}{2\sigma^2\tau}}.$$

现在回到方程 (6.12)，我们知道，对任何有以下收益函数的衍生产品：

$$f(S,T)=h(S),$$

其相应的变换函数 V 为

$$V(x,0)=h(e^x).$$

代回方程 (6.18)，得到

$$f(S,t)=\frac{e^{-r(T-t)}}{\sqrt{2\pi(T-t)}\sigma}\int_{-\infty}^{+\infty}e^{-\frac{(\log S+(r-\sigma^2/2)(T-t)-y)^2}{2\sigma^2(T-t)}}h(e^y)\,dy; \quad (6.19)$$

或者再作一次换元 $y=\log S'$，我们有

$$f(S,t)=\frac{e^{-r(T-t)}}{\sqrt{2\pi(T-t)}\sigma}\int_{0}^{+\infty}e^{-\frac{(\log S+(r-\sigma^2/2)(T-t)-\log S')^2}{2\sigma^2(T-t)}}\frac{h(S')}{S'}\,dS'. \quad (6.20)$$

到此为止，至少在形式上我们给出了 Black-Scholes 方程的解.

6.3 看涨、看跌期权的闭形式解

现在我们把刚才得到的方程用在看涨、看跌期权的定价上. 在讨论任何期权时，我们需要用到下列记号： S_0 是基础资产当前时刻的价格， S_T 是基础资产在 T 时刻的价格， K 是执行价格. 我们仍然用 r 表示利率. 看涨期权的收益函数为

$$\max(S_T-K,0),$$

看跌期权的收益函数为

$$\max(K-S_T,0).$$

利用方程 (6.19)和收益函数

$$h(S)=\max(S-K,0),\quad h(S)=\max(K-S,0),$$

我们得到下列看涨期权的闭形式公式:

$$
\begin{aligned}
C(K,t;S) &= \frac{e^{-r(T-t)}}{\sqrt{2\pi(T-t)}\sigma}\int_{-\infty}^{+\infty} e^{-\frac{(\log S+(r-\sigma^2/2)(T-t)-y)^2}{2\sigma^2(T-t)}}(e^y-K)^+\,dy \\
&= \frac{e^{-r(T-t)}}{\sqrt{2\pi(T-t)}\sigma}\int_{\log K}^{+\infty} e^{-\frac{(\log S+(r-\sigma^2/2)(T-t)-y)^2}{2\sigma^2(T-t)}} e^y\,dy \\
&\quad - \frac{e^{-r(T-t)}}{\sqrt{2\pi(T-t)}\sigma}K\int_{\log K}^{+\infty} e^{-\frac{(\log S+(r-\sigma^2/2)(T-t)-y)^2}{2\sigma^2(T-t)}}\,dy \\
&= S\frac{1}{\sqrt{2\pi}}\int_{-d_1}^{+\infty} e^{-\frac{x^2}{2}}\,dx - e^{-r(T-t)}K\frac{1}{\sqrt{2\pi}}\int_{-d_2}^{+\infty} e^{-\frac{x^2}{2}}\,dx \\
&= S\mathrm{N}(d_1) - e^{-r(T-t)}K\mathrm{N}(d_2);
\end{aligned}
$$

其中,

$$
\begin{aligned}
d_1 &= \frac{\log(S/K)+(r+\frac{1}{2}\sigma^2)(T-t)}{\sigma\sqrt{(T-t)}}, \\
d_2 &= \frac{\log(S/K)+(r-\frac{1}{2}\sigma^2)(T-t)}{\sigma\sqrt{(T-t)}}.
\end{aligned}
$$

这样一来, 我们得到

$$
C(K,t;S) = S\mathrm{N}(d_1) - e^{-r(T-t)}K\mathrm{N}(d_2). \tag{6.21}
$$

对于看跌期权, 类似地,

$$
P(K,t;S) = e^{-r(T-t)}K\mathrm{N}(-d_2) - S\mathrm{N}(-d_1). \tag{6.22}
$$

非常重要的一点观察是, 注意到 $S_t e^{r(T-t)} = F$ (远期价格), 所以我们经常把 d_1 和 d_2 的表达写成

$$
d_1 = \frac{\log(F/K)+\frac{1}{2}\sigma^2(T-t)}{\sigma\sqrt{(T-t)}}, \tag{6.23}
$$

$$
d_2 = \frac{\log(F/K)-\frac{1}{2}\sigma^2(T-t)}{\sigma\sqrt{(T-t)}}. \tag{6.24}
$$

以后我们会理解这个表示法更有效果.

我们可以把看涨期权的价格和它的收益函数画在同一个图上：执行价格为 100 元的看涨期权，存续期为 3 个月. 无风险利率为 5%，波动率为 15%. 期权的价值随市场价的变化如图 6.1 中显示. 显然，期权价格总是高于其内涵价值. 类似地，我们也可以把看跌期权的价格和它的收益函数画在一起. 请参考图 6.2.

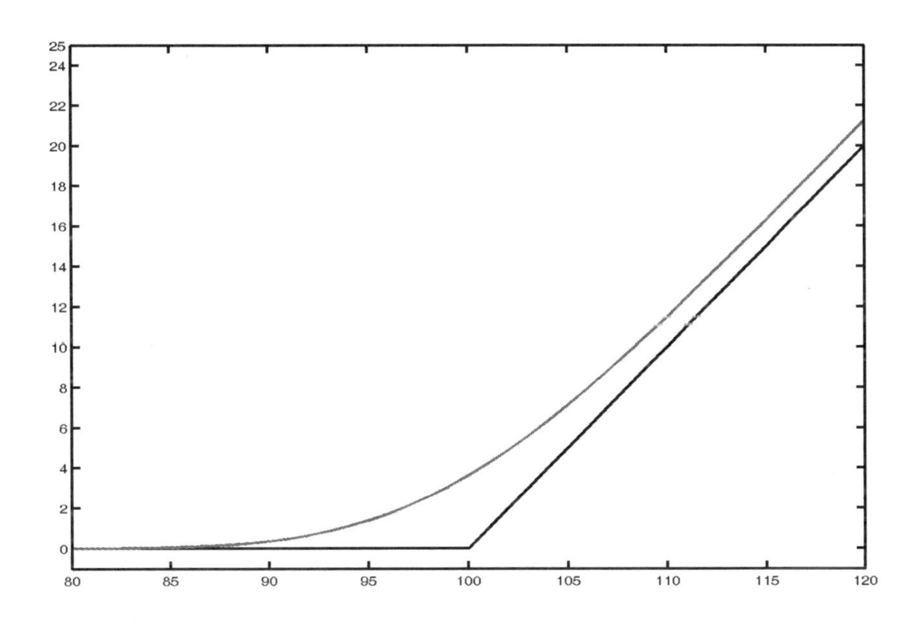

图 6.1 看涨期权价格曲线

看涨期权与看跌期权的关键区别在于，看跌期权的价格并不总是高于其内涵价值. 事实上，在第四章我们已经看到，当利率等于 0 时，看跌期权的价格总是高于其内涵价值. 但在一般情况下，这个结论不成立. 为什么呢? 这里给出一个简单的解释. 我们知道，看跌期权的收益函数是 $\max(K-S,0)<K$，所以其收益总是小于执行价格，故而看跌期权的价格也总是小于执行价格的贴现值. 所以当基础资产的价格较小或者存续期太长而使得执行价格的贴现值过小时，执行价格的贴现值要小于看跌期权的内涵价值，此时看跌期权的价格会小于其内涵价值.

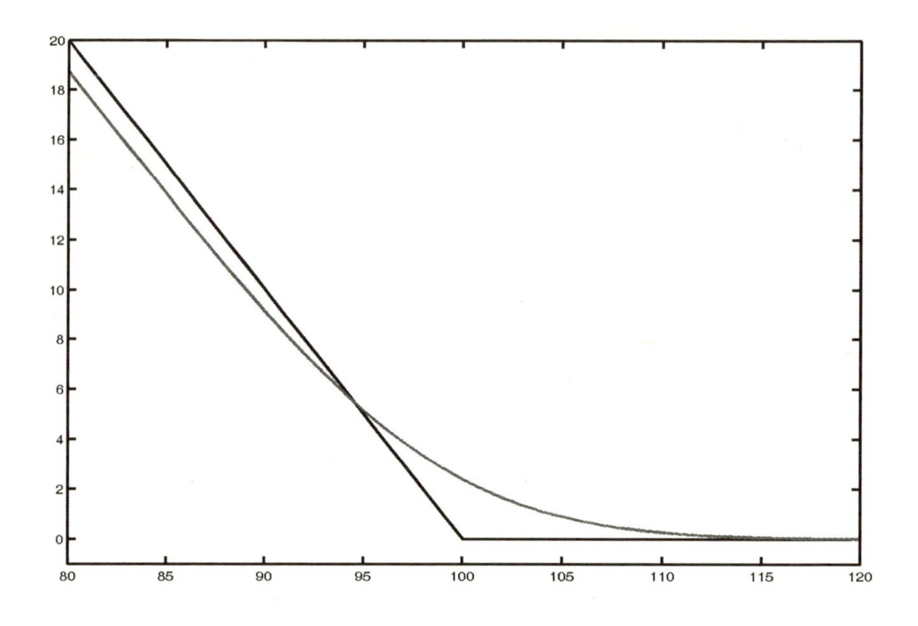

图 6.2 看跌期权价格曲线

6.4 导数和风险参数

6.4.1 Delta

期权或期权组合的 Delta 表示期权或期权组合对基础资产的敏感性. 它是期权或期权组合的价值关于基础资产价格变化的变化率. 有的时候又叫作套期保值率 (Hedge Ratio)，公式定义是

$$\Delta = \frac{\partial V}{\partial S}.$$

我们以看涨期权为例:

$$C(S,t) = S\mathrm{N}(d_1) - e^{-r(T-t)}K\mathrm{N}(d_2); \tag{6.25}$$

其中，d_1 和 d_2 为

$$d_1 = \frac{\log(F/K) + \frac{1}{2}\sigma^2(T-t)}{\sigma\sqrt{T-t}}, \tag{6.26}$$

$$d_2 = \frac{\log(F/K) - \frac{1}{2}\sigma^2(T-t)}{\sigma\sqrt{T-t}}, \tag{6.27}$$

$$F = Se^{r(T-t)}. \tag{6.28}$$

Delta 被定义为关于资产价格 S 的一阶偏导数．我们可以计算

$$\begin{aligned}
\frac{\partial C}{\partial S} &= \mathrm{N}(d_1) + \frac{S}{\sqrt{2\pi}}\frac{\partial d_1}{\partial S}e^{-\frac{d_1^2}{2}} - \frac{K}{\sqrt{2\pi}}\frac{\partial d_2}{\partial S}e^{-r(T-t)}e^{-\frac{d_2^2}{2}} \\
&= \mathrm{N}(d_1) + \frac{1}{\sqrt{2\pi}\sigma\sqrt{T-t}}\left(e^{-d_1^2/2} - \frac{1}{S}e^{-d_1^2/2-\sigma^2(T-t)/2+d_1\sigma\sqrt{T-t}}e^{-r(T-t)}\right) \\
&= \mathrm{N}(d_1) + \frac{1}{\sqrt{2\pi}}\frac{1}{\sigma\sqrt{T-t}}e^{-d_1^2/2} - \frac{F}{S}\frac{1}{\sqrt{2\pi}}\frac{1}{\sigma\sqrt{T-t}}e^{-d_1^2/2}e^{-r(T-t)} \\
&= \mathrm{N}(d_1).
\end{aligned}$$

直观上 Delta 恒为正，因为资产当前价格越高，看涨期权的价格也越高．

在市场上很多交易员都知道，在执行价接近资产当前价格的远期价格时，Delta 非常接近 0.5．事实上，由 Delta 的公式，我们可以知道，

$$d_1 = 0 \Longleftrightarrow \log(F/K) + \frac{1}{2}\sigma^2(T-t) = 0 \Longleftrightarrow K = Fe^{\frac{1}{2}\sigma^2(T-t)},$$

这时我们有 Delta$=1/2$．所以当 σ 较小时，执行价接近远期价格，Delta 也越接近 $1/2$．图 6.3 是看涨期权的 Delta 随当前价格的变化图．由于 Delta 的最小值是 0，最大值是 1，所以 Delta 以这两点为渐近值．

对看跌期权，我们可以利用看涨、看跌期权平价关系，

$$P + S = C + e^{-r(T-t)}K,$$

所以，

$$\frac{\partial P}{\partial S} = \frac{\partial C}{\partial S} - 1 = \mathrm{N}(d_1) - 1.$$

看跌期权的 Delta 恒为负，因为资产的当前价格越高，看跌期权的价格越低．Delta 的意义是为了对冲期权而需要持有的股票数量．我们只要回忆在推导 Black-Scholes 公式时，为了得到一个不受股票市场影响的资产组合，我们需

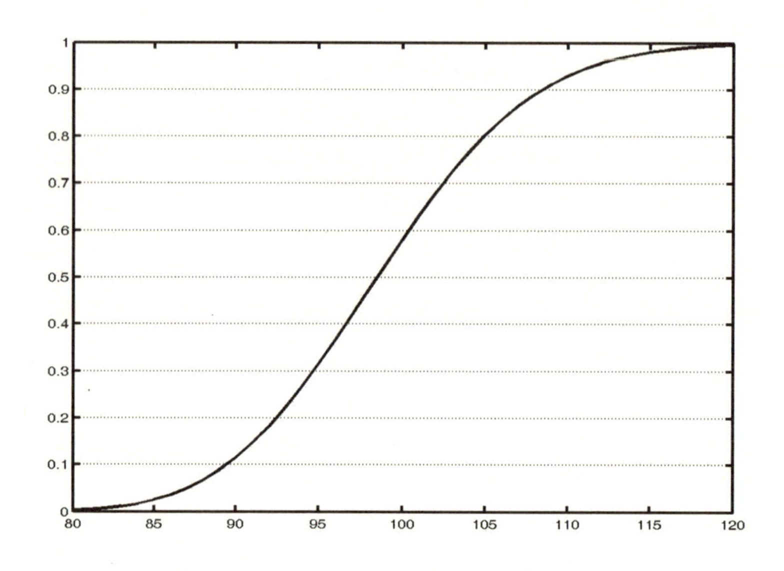

图 6.3 看涨期权 Delta 随股价变化

要在持有期权的同时持有 $-\Delta$ 的股票. 如果 $\Delta > 0$, 那么我们应该卖出股票; 如果 $\Delta < 0$, 那么我们应该买入股票. 在看涨期权的情况下, Δ 恒为正, 如果我们买入了看涨期权, 就应该卖出股票进行对冲; 如果我们卖出了看涨期权, 就应该买进股票进行对冲. 如果我们买入了看跌期权, 就应该买进股票进行对冲; 如果我们卖出了看跌期权, 就应该卖出股票进行对冲.

6.4.2 Gamma

期权或期权组合的 Gamma 是关于基础资产价格的二阶导数:

$$\Gamma = \frac{\partial^2 V}{\partial S^2}.$$

根据 Delta 的定义, Gamma 是 Delta 的一阶导数, 所以也就是 Delta 对基础资产的敏感度, 它也可以解释成为是对为保持 Delta 中性而需要进行的调整

的频率和数量的度量. 对看涨期权, 可以计算 Gamma:

$$\frac{\partial^2 C}{\partial S^2}=\frac{\partial \mathrm{N}(d_1)}{\partial S}=\frac{1}{\sqrt{2\pi}}\frac{1}{S\sigma\sqrt{T-t}}e^{-d_1^2/2}.$$

所以看涨期权的 Gamma 恒为正. 因此, 看涨期权的价格是关于基础资产 S 的凸函数. 根据平价原理, 看跌期权的 Gamma 与看涨期权相等.

我们考虑一个例子: 考虑执行价为 100 元, 到期时间为 1 年的看涨期权, 它的 Gamma 随着股票现价的变化由图 6.4 给出. 这表明, 当资产现价徘徊在执行价位时, Gamma 比较大, 所以 Delta 的变化非常大. 这就意味着在对冲过程中买入或者卖出股票非常频繁. 这对于市场的期权交易员来说是很头疼的.

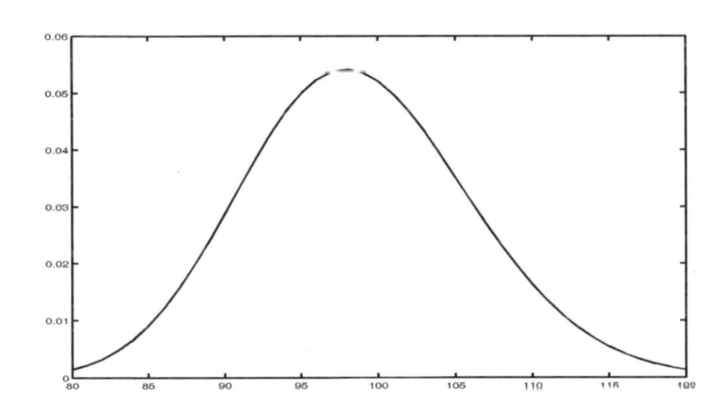

图 6.4 看涨期权的 Gamma 随股价变化

对于看涨期权, 研究 Gamma 对于时间的变化更有意义. 为此我们来看图 6.5. 我们固定了资产现价 100 等于执行价 100, 而让存续期从 2 年减少到 0, 可以看到, Gamma 有上升到无穷的趋势. 但是如果我们固定了资产现价不等于执行价, 而让存续期从 2 年减少到 0, 在图 6.6 中看到, Gamma 下降到 0. 因为在这种情况下, 随着时间的推移, 期权被执行的可能性是接近百分之百, Delta 的值是趋于稳定的, 所以, Gamma 下降到 0.

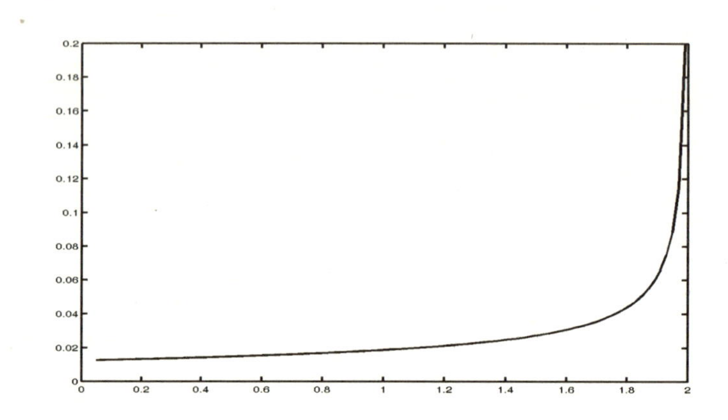

图 6.5 看涨期权的 Gamma 随时间变化(现价等于执行价)

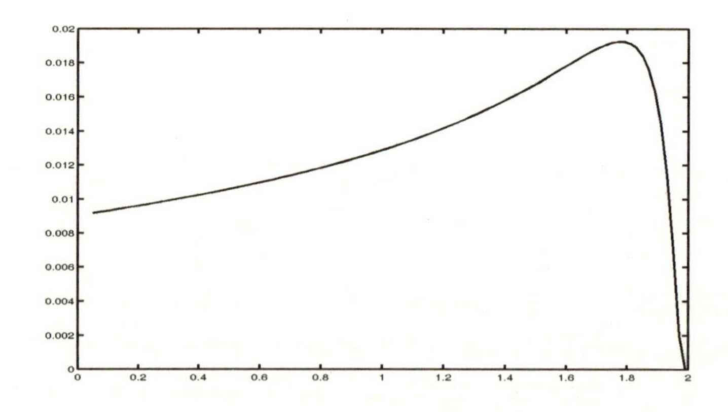

图 6.6 看涨期权的 Gamma 随时间变化(现价不等于执行价)

6.4.3 Theta

期权或期权组合的 Theta 是期权价格随时间的变化率:

$$\Theta = \frac{\partial V}{\partial t}.$$

对于看涨期权, 我们可以用下列导数来求它的 Theta:

$$\frac{\partial C}{\partial t} = -\frac{\sigma S}{2\sqrt{T-t}}\frac{1}{\sqrt{2\pi}}e^{-d_1^2/2} - rKe^{-r(T-r)}\mathrm{N}(d_2). \tag{6.29}$$

显然, 看涨期权的 Theta 恒为负, 所以期权价格随时间逐渐下降. 我们已经在第四章知道了这个性质: 存续期越短, 看涨期权的价值相对越低. 本质上, 这是因为欧式看涨期权与美式看涨期权有相同的价值, 所以到期日越近, 期权合同给予投资者的选择权就越小. 在进行交易时, 交易员经常说丢失了时间价值 (lose time value) 就是指这个.

对于看跌期权, 情况有所不同. 我们可以用看涨、看跌期权平价关系来研究它:

$$\begin{aligned}
\frac{\partial P}{\partial t} &= \frac{\partial C}{\partial t} + rKe^{-r(T-t)} \\
&= -\frac{\sigma S}{2\sqrt{T-t}}\frac{1}{\sqrt{2\pi}}e^{-d_1^2/2} - rKe^{-r(T-t)}\mathrm{N}(d_2) + rKe^{-r(T-t)} \\
&= -\frac{\sigma S}{2\sqrt{T-t}}\frac{1}{\sqrt{2\pi}}e^{-d_1^2/2} + rKe^{-r(T-t)}\mathrm{N}(-d_2).
\end{aligned}$$

所以看跌期权的 Theta 并不是恒为正的. 当基础资产价格远低于执行价时, Theta 可以是正的, 此时看跌期权的价格随时间升高.

6.4.4 Vega

期权或期权组合的 Vega 是期权价格对波动率的敏感度:

$$\mathrm{Vega} = \frac{\partial V}{\partial \sigma}. \tag{6.30}$$

以看涨期权为例, 其 Vega 为

$$\frac{\partial C}{\partial \sigma} = \frac{S\sqrt{T-t}}{\sqrt{2\pi}}e^{-\frac{d_1^2}{2}}. \tag{6.31}$$

显然 Vega 恒为正. 当波动率升高时，期权价格也升高，因为未来的不确定性升高. 期权就像一张保险合同，不确定性越高，价格越高. 看跌期权的 Vega 与看涨期权相等，所以波动率越高，看跌期权的价格也越高. 我们可以从图 6.7 中观察到看涨期权的值随波动率的变化.

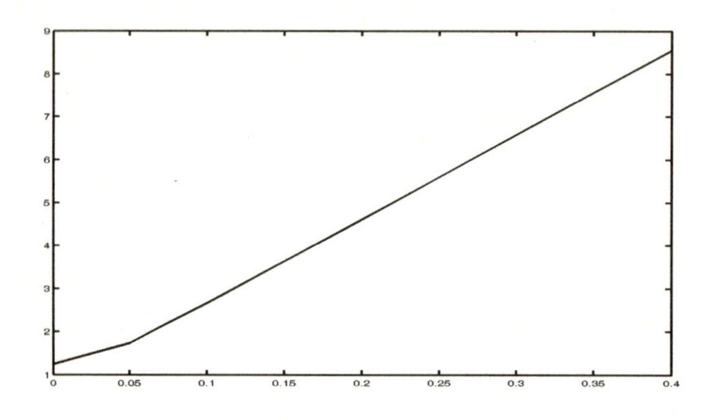

图 6.7　看涨期权的值随波动率的变化

6.4.5 Rho

期权或期权组合的 Rho 是期权价值对于 Black-Scholes 公式中无风险利率的敏感度：

$$\rho = \frac{\partial V}{\partial r}. \tag{6.32}$$

对看涨、看跌期权我们分别有：

$$\frac{\partial C}{\partial r} = K(T-t)e^{-r(T-t)}\mathrm{N}(d_2), \tag{6.33}$$

$$\frac{\partial P}{\partial r} = -K(T-t)e^{-r(T-t)}\mathrm{N}(-d_2). \tag{6.34}$$

所以当利率提高时，看涨期权的价格升高，而看跌期权的价格降低. 这个事实从看涨、看跌期权的收益函数中就可以明显地看出来. 看涨期权收入的现值为

$$\max(e^{-r(T-t)}S_T - e^{-r(T-t)}K, 0), \tag{6.35}$$

但是 $e^{-r(T-t)}S_T$ 的期望就是当前价格 S_0，而且利率 r 越高，折现的执行价 $e^{-r(T-t)}K$ 就越低. 对于看跌期权可以作同样的分析.

6.5 波动率偏态

利用前面几节的结果，我们可以用 Black-Scholes 方程给看涨、看跌期权定价. 仔细考察 Black-Scholes 方程中的系数，我们发现基础资产期望增长率 μ 不在其中. 但是，我们却需要用到波动率系数 σ 和无风险利率 r. 在给定到期日和执行价时，这些系数都将被用来给期权定价.

反过来，固定了每个到期日和执行价格，知道了这个期权的市场价格，也可以利用 Black-Scholes 模型反求出在 Black-Scholes 公式中的波动率. 这个波动率称为*隐含波动率* (Implied Volatility). 若 Black-Scholes 模型是完全正确的，那么求出的隐含波动率应该是唯一的，不应随着到期日的不同或者执行价格的不同而变化，这是因为它描述的是资产的波动变化，与其上的衍生品无关.

但实际上却不是这样. 举个例子：某个指数现价 100 元. 我们观察到其 3 个月、6 个月、12 个月到期的，执行价分别是 80 元、85 元、90 元、95 元、100 元、105 元、110 元、115 元、120 元的看涨期权，它们的价格由表 6.1 给出. 我们再用 Black-Scholes 方程的求解公式 (6.21) 和 (6.22)，可以计算出来每个执行价和不同到期的看涨期权的波动率. 从表中可以看出来，隐含的波动率可以各不相同.

这个现象在美国市场是熟知的，在中国交易的期权品种中也普遍存在. 在中国上海证券交易所交易的 50 ETF 期权同一个到期日不同行权价对应的看涨期权或者看跌期权的隐含波动率之间通常有图 6.8 和 6.9 的形状.

以行权价作为自变量，隐含波动率构成了一条曲线，通常被称为*波动率偏态* (Volatility Skew) 或*波动率微笑* (Volatility Smile). 这个偏态在证券衍生品市场、汇率衍生品市场和利率衍生产品市场都存在. 对于波动率形成这种曲线而不是常数的原因有很多解释. 不同的解释可能在不同的市场上适用. 首先，期权定价用到的 Black-Scholes 方程推导过程中的假设过于理想化. 几乎每一个我们曾作出来的假设：收益对数正态分布、连续的交易过程、常波动率等等都在现实中是不可能的. 其次，在大多数市场，如果我们

表 6.1　期权价格和隐含波动率

执行价	3 个月	6 个月	12 个月	3 个月	6 个月	12 个月
80	20.99	22.14	24.81	19.35%	20.18%	22.06%
85	16.10	17.52	20.60	17.61%	19.20%	21.05%
90	11.38	13.18	16.66	16.65%	18.34%	20.11%
95	7.08	9.27	13.02	15.97%	17.58%	19.24%
100	3.70	6.01	9.80	15.45%	16.92%	18.45%
105	1.54	3.53	7.06	15.06%	16.34%	17.73%
110	0.50	1.85	4.84	14.79%	15.84%	17.08%
115	0.13	0.86	3.14	14.72%	15.44%	16.50%
120	0.03	0.35	1.92	15.06%	15.14%	15.99%

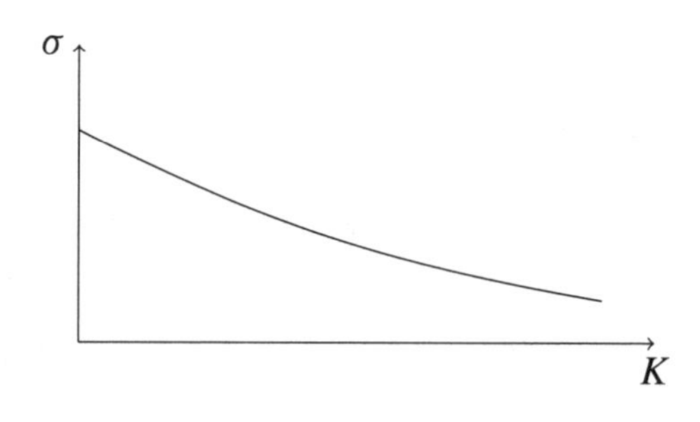

图 6.8　隐含波动率偏态

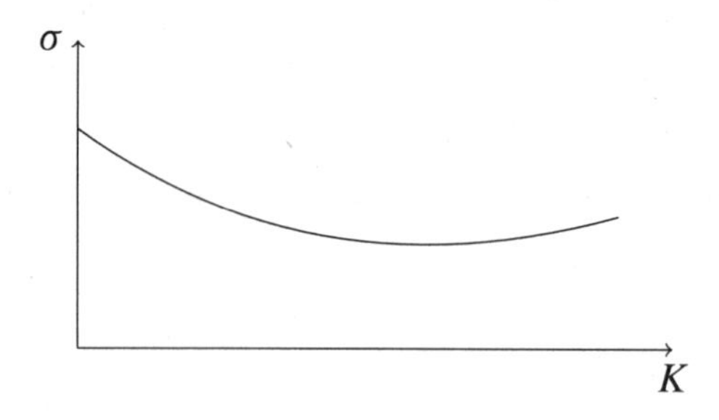

图 6.9　隐含波动率微笑

严格地用有平值期权的隐含波动率来给深度虚值期权定价, 其价格很小甚至几乎为 0. 但是, 市场参与者当然不会免费卖出这些期权, 而波动率微笑, 特别是太高深度虚值的看跌期权的隐含波动率是在有缺陷的 Black-Scholes 模型的框架下使市场得到更高价格的间接办法. 最后, 期权的价格是交易出来的, 本质上取决于供给和需求. 在证券市场, 波动率偏态可以体现投资者对市场风暴的担忧, 这种担忧将迫使他们买进大量的执行价格低于基础资产价格的看跌期权, 而这种需求也提升了虚值看跌期权的价格.

总之, 波动率偏态给金融模型带来了挑战. 一个理想的模型应该能够消除所有的波动率偏态. 以下几个标准模型试图解决这个问题:

- Merton 的跳跃扩散模型;
- 局部波动率模型;
- 随机波动率模型.

这些内容我们在下面几章讲述, 读者也可以在参考文献中找到相关内容.

第七章 期权定价: 概率论方法

尽管使用偏微分方程的方法解决了期权定价问题, 但是这个方法并没有直接告诉那个漂移项神奇般的消失是因为什么原因. 第二, 把漂移项替换成为无风险利率以后的几何布朗运动为什么具有一个特殊的位置, 也需要进一步得到阐释. 这就引入了资产定价的基本定理.

这个定理是金融工程中的一个核心理论, 这个理论建立了等价鞅测度的存在性与市场完备性之间的联系. 其原始思想是 Cox 和 Ross [5] 的风险中性定价方法, 这个方法后来被 Harrison 和 Kreps [3] 公式化. 这些学者把风险中性的概念推广为等价鞅测度的概念. 现在, 他们的这套方法和资产定价的基本定理成为了金融工程师在完备市场假设下对金融衍生品定价使用的主要方法.

这一章将会解释这些概念. 并且读者将会看到这个方法与上一章讲的偏微分方程的方法之间的联系与区别. 在实际工作中, 两种方法总是被交替使用.

7.1 自融资和复制策略

我们先建立一个离散时间模型, 然后再讲连续时间模型. 为了模拟金融资产价格的随机性, 我们首先引入概率空间 Ω, 它代表了金融市场所有可能的状况和路径, 其中每一个元素都可以被看作是金融资产价格随时间变化所产生的一条特殊的历史路径. 同时, 我们有一个与这个概率空间相关的域流集合, 即 σ 代数 $\mathscr{F}_t$, 满足对任意 $t < t'$, $\mathscr{F}_t \subset \mathscr{F}_{t'}$. 域流代表实际路径中所有可利用的信息. 最后, 我们需要有个概率测度 P. 我们总可以假设 σ 代

数 $\mathscr{F}_0$ 是平凡的; 就是说 $\mathscr{F}_0 = \{\varnothing, \Omega\}$.

由 n 个普通证券价格组成的向量可以用与 $\mathscr{F}$ 相适应的 n 维的非负随机变量来模拟:

$$S = (S^1, S^2, \cdots, S^n). \tag{7.1}$$

一个交易策略则是 n 维的并且适应于 $\mathscr{F}$ 的过程

$$\phi = (\phi^1, \phi^2, \cdots, \phi^n). \tag{7.2}$$

定义 7.1 有时候为了表示它们对时间的依赖性, 我们也会用

$$S_t = (S_t^1, S_t^2, \cdots, S_t^n) \tag{7.3}$$

来表示证券价格和

$$\phi_t = (\phi_t^1, \phi_t^2, \cdots, \phi_t^n) \tag{7.4}$$

来表示交易策略. 交易策略 ϕ 的财富过程 (Wealth Process), $V(\phi)$ 由下面等式定义:

$$V_t(\phi) = \phi_t \cdot S_t = \sum_{i=1}^{n} \phi_t^i S_t^i. \tag{7.5}$$

我们首先研究离散时间市场, 所以只考虑在离散时间点的情况:

$$0 = t_0 < t_1 < \cdots < t_T.$$

我们用 u 来表示正整数, 其中, $0 < u < T$. 所以在时间 t_u, $0 < t_u < t_T$, 证券的价格构成向量

$$S_u = (S_u^1, S_u^2, \cdots, S_u^n).$$

这里为了简化记号, 我们用 S_u 而不是 S_{t_u} 来表示资产 S 对时间的依赖. 由于每一个 S^i 代表一个金融资产, 不失一般性, 我们可以假设 $S_t^i > 0$ 总是成立的. 一个交易策略是一个依赖时间的 n 维向量

$$\phi_u = (\phi_u^1, \phi_u^2, \cdots, \phi_u^n),$$

每一个 ϕ_u^i 代表在时刻 t_u, S^i 证券的数量. 此时, 财富过程也相应地被记为

$$V_u(\phi) = \phi_u \cdot S_u = \sum_{i=1}^{n} \phi_u^i S_u^i.$$

开始时，ϕ_0 和 S_0 可以被看作是确定的向量. 但是，在时间 0 点以后，它们开始随机地变动. 下面我们介绍一个重要的概念，事实上，我们以前就已经接触过了. 直观上，财富的变化只应该来自金融资产的变化. 为了描述这个性质，我们引入下列重要概念:

定义 7.2 交易策略 ϕ 被称为自融资 (Self Financing) 的，如果它满足对 $u = 1, 2, \cdots, T$ 有

$$\phi_{u-1} \cdot S_u = \phi_u \cdot S_u.$$

这个定义的意义在于：任何时候，虽然我们可以通过改变持有资产的数量来改变投资组合，但是，我们需要保持财富总值不变. 直观上，资产组合在时间 0 点构造好以后，只能在时刻 $t_1, t_2, \cdots, t_T$ 允许被调整. 换句话说，资产组合结构在每一个时间区间 (t_i, t_{i+1}) 保持不变，到了 $t_1, t_2, \cdots, t_n$ 时刻，资产组合 ϕ 才得到调整，但是要保证其财富总值不变. 以下是关于自融资交易策略的 3 个性质.

定理 7.1 交易策略 ϕ 是自融资的，当且仅当对任意 $0 < u \leqslant T$ 都有

$$V_u(\phi) = V_0(\phi) + \sum_{i=0}^{u-1} \phi_i \cdot (S_{i+1} - S_i). \tag{7.6}$$

证明: 假设 ϕ 是自融资的，我们有

$$\begin{aligned}
V_u(\phi) - V_0(\phi) &= \phi_u \cdot S_u - \phi_0 \cdot S_0 \\
&= \sum_{i=1}^{u} (\phi_i \cdot S_i - \phi_{i-1} \cdot S_{i-1}) \\
&= \sum_{i=1}^{u} (\phi_{i-1} \cdot S_i - \phi_{i-1} \cdot S_{i-1}) \\
&= \sum_{i=1}^{u} \phi_{i-1} \cdot (S_i - S_{i-1}) \\
&= \sum_{i=0}^{u-1} \phi_i \cdot (S_{i+1} - S_i);
\end{aligned}$$

其中，我们用到了自融资的性质. 相反，如果等式 (7.6) 成立，我们有

$$\sum_{i=1}^{u} (\phi_i \cdot S_i - \phi_{i-1} \cdot S_{i-1}) = \sum_{i=0}^{u-1} \phi_i \cdot (S_{i+1} - S_i).$$

这等价于对 $1 \leqslant u \leqslant T$, 我们有

$$\sum_{i=0}^{u-1} \phi_{i+1} \cdot S_{i+1} = \sum_{i=0}^{u-1} \phi_i \cdot S_{i+1},$$

所以对每个 $0 < i \leqslant T$,

$$\phi_{i+1} \cdot S_{i+1} = \phi_i \cdot S_{i+1},$$

即策略 ϕ 是自融资的. 证毕

定理 7.2 如果 ϕ_t 是个不依赖常数 t 的向量, 那么 ϕ 必然是个自融资交易策略.

证明: 常量构成的交易策略就是持有资产而不作任何调整,

$$\phi_{u-1} \cdot S_u = \phi_u \cdot S_u = \phi \cdot S_u$$

的满足是显然的. 证毕

定理 7.3 如果 ϕ 和 ψ 是两个自融资交易策略, 那么 $\phi + \psi$ 也是一个自融资交易策略.

证明: 这是因为若

$$\phi_{u-1} \cdot S_u = \phi_u \cdot S_u,$$

并且

$$\psi_{u-1} \cdot S_u = \psi_u \cdot S_u,$$

自然我们会有

$$(\phi_{u-1} + \psi_{u-1}) \cdot S_u = (\phi_u + \psi_u) \cdot S_u.$$

即 $\phi + \psi$ 也是一个自融资交易策略. 证毕

从现在开始, 我们把市场模型记为 $\mathcal{M} = (S, \Phi)$, 其中, S 是一个与 $\mathscr{F}$ 相适应的随机过程, 而 Φ 代表所有自融资的交易策略组成的集合. 现在我们终于可以定义套利机会了.

定义 7.3 一个自融资交易策略 ϕ 被称为一个套利机会，如果

$$P\big(V_0(\phi)=0\big)=1,$$

但 ϕ 的最终财富价值满足

$$P\big(V_T(\phi)\geqslant 0\big)=1 \quad \text{且} \quad P\big(V_T(\phi)>0\big)>0. \tag{7.7}$$

如果在自融资交易策略集合 Φ 中不存在任何套利机会，我们就说市场 $\mathcal{M}=(S,\Phi)$ 是无套利的.

读者可能会感觉这个定义有限制. 因为定义要求初始的财富价值为零，而最终的财富价值在正概率的情况下为正. 我们以前曾经说，如果初始的财富价值为负，而最终的财富价值为零或正的，也是一种套利机会. 这两个定义如何统一呢？不用担心，我们有如下的定理.

定理 7.4 一个自融资交易策略 ϕ 满足在初始点，

$$P\left(V_0(\phi)<0\right)=1,$$

但是在时刻 T，我们有

$$P\left(V_T(\phi)\geqslant 0\right)=1,$$

那么 ϕ 就是一个在定义 7.3 中定义过的套利机会.

证明： 我们为了构造出来初始值是 0 的一个自融资交易策略，作如下的定义：对 $0<u\leqslant T$，

$$\begin{aligned}
\eta_u^1&=\phi_u^1,\\
\eta_u^2&=\phi_u^2,\\
&\cdots\\
\eta_u^{n-1}&=\phi_u^{n-1},\\
\eta_u^n&=\phi_u^n-\frac{V_0(\phi)}{S_0^n}.
\end{aligned}$$

首先，这是一个自融资交易策略. 为什么呢？因为 ϕ 是自融资交易策略，而在 η_u^n 的定义中的 $\eta_u-\phi_u$ 是个常数，不参与资产的再调整，也是自融资交易

策略, 故而根据定理 7.3, 其 η 和也是自融资交易策略. 另外一方面,

$$V_0(\eta) = 0,$$

并且

$$V_T(\eta) = V_T(\phi) - \frac{V_0(\phi)}{S_0^n} S_T^n > 0,$$

从而 ϕ 成为一个自融资的套利交易策略. 证毕

定义 7.4 任意一个 $\mathscr{F}_T$ 可测的随机变量又称为交割时间为 T 的欧式未定权益 (European Contingent Claim) X.

欧式未定权益这里的金融含义就是一个期权的收益函数. 但是这个收益函数可能不仅仅依赖资产在时刻 T 的价格, 也可以依赖资产在任意 $t < T$ 时刻的价格, 这是由于 $\mathscr{F}_T$ 是域流 $\mathscr{F}_t$ 中最大的 σ 代数. 但是这个收益要等到时刻 T 才可以实现, 这就是为什么我们称其为欧式未定权益的原因.

定义 7.5 一个关于交割时间为 T 的欧式未定权益 X 的复制策略 (Replicating Strategy) 是一个自融资交易策略 ϕ, 使得 $V_T(\phi) = X$.

如果欧式未定权益 X 存在一个自融资交易策略

$$\phi_t = (\phi_t^1, \phi_t^2, \cdots, \phi_t^n), \tag{7.8}$$

那么我们只要在时刻 t 拥有 ϕ_t^i 这么多的资产 S^i, 财富过程 $V_t(\phi)$ 就可以保证我们有 $V_T(\phi) = X$. 这就是说欧式未定权益 X 可以被我们的投资过程完全复制. 给定一个权益 X, 我们记 Π_X 为由 X 的所有复制策略组成的集合. 在 Π_X 中的任何一个策略 ϕ 的财富过程 $V_t(\phi)$ 被称为 $\mathcal{M}$ 中 X 的复制过程. 最后, 我们说权益 X 在 $\mathcal{M}$ 中是可得到的, 如果它至少有一个复制过程. 下面的定义涉及上面的性质.

定义 7.6 市场 $\mathcal{M}$ 被称为完备的, 如果每个权益 X 在 $\mathcal{M}$ 中都可得到. 或者等价地说, 如果对每个 $\mathscr{F}_T$ 可测的随机变量 X, 至少存在一个交易策略 $\phi \in \Phi$, 使得 $V_T(\phi) = X$.

金融市场模型中的这种完备性是具有吸引力的, 因为有了这条性质, 任何欧式未定权益都可以用无套利理论定价, 而且它的价格可以用动态自融资资产组合的方法确定. 现在我们面临复制策略唯一性的问题.

定义 7.7 我们称 X 在 $\mathcal{M}$ 中是被唯一复制的, 如果在 $\mathcal{M}$ 中它只有唯一的复制过程; 就是说, 如果 ϕ 和 ψ 都是 X 的复制策略, 则对任何 $u \leqslant T$:

$$V_u(\phi) = V_u(\psi),$$

对每对交易策略 $\phi, \psi \in \Phi_X$ 都成立. 在这种情况下, $V(\phi)$ 过程就被称为 X 在 $\mathcal{M}$ 中的财富过程.

定理 7.5 假设市场 $\mathcal{M}$ 是无套利的, 则任何可得到的权益 X 都是在 $\mathcal{M}$ 中被唯一复制的.

证明: 假设我们有两个复制权益 ϕ 和 ψ, 并且

$$V_T(\phi) = V_T(\psi) = X.$$

如果 $V_0(\phi) \neq V_0(\psi)$, 不失一般性, 假设

$$V_0(\phi) > V_0(\psi),$$

我们可以定义一个新策略:

$$\begin{aligned}
\eta_u^1 &= \psi_u^1 - \phi_u^1, \\
\eta_u^2 &= \psi_u^2 - \phi_u^2, \\
&\cdots \\
\eta_u^n &= \psi_u^n - \phi_u^n + \frac{V_0(\phi) - V_0(\psi)}{S_0^n}.
\end{aligned}$$

容易证明 η 是一个自融资策略,而且

$$V_0(\eta) = 0,$$

并且

$$V_T(\eta) = V_T(\psi) - V_T(\phi) + \frac{V_0(\phi) - V_0(\psi)}{S_0^n} S_T^n = \frac{V_0(\phi) - V_0(\psi)}{S_0^n} S_T^n > 0.$$

这表明 η 是个套利的自融资策略, 这与无套利假定矛盾. 但是如果 $V_0(\phi) = V_0(\psi)$, 那么一定存在时间 v, 使得对任何 $u < v$, $V_u(\phi) = V_u(\psi)$; 但是对 v,

我们有 $V_v(\phi) \neq V_v(\psi)$. 不失一般性, 我们再次假定 $V_v(\phi) > V_v(\psi)$, 并定义 $\eta_u = 0$ 对所有的 $u < v$, 但是对于 $u \geqslant v$, 定义

$$\begin{aligned}
\eta_u^1 &= \psi_u^1 - \phi_u^1, \\
\eta_u^2 &= \psi_u^2 - \phi_u^2, \\
&\cdots \\
\eta_u^n &= \psi_u^n - \phi_u^n + \frac{V_v(\phi) - V_v(\psi)}{S_v^n}.
\end{aligned}$$

易验证 η 是一个自融资策略, 而且

$$V_0(\eta) = 0, \quad V_T(\eta) > 0,$$

这又与无套利假定矛盾. 证毕

7.2 无套利和鞅测度

在这一节, 我们将建立所谓的资产定价基本定理. 为了简化符号, 我们记 $B_t = S_t^1$, 或者干脆省略时间下标, 记 $B = S^1$. 虽然我们今后会经常用无息债券来作为 B, 但是在这里, 我们要明确: S^1 可以被解释为任何一种价格严格为正的资产, 而不仅仅是无息债券. 我们记 S^* 为相对价格过程, 即对所有的 $t \leqslant T$,

$$S_t^* = S_t B_t^{-1} = (S_t^1 B_t^{-1}, \cdots, S_t^n B_t^{-1}) = (1, S_t^2 B_t^{-1}, \cdots, S_t^n B_t^{-1}).$$

相对价格 (Relative Price) 又称为标准化价格. 把市场价格标准化的好处在于我们可以重新定义无套利条件:

定理 7.6 设 S 是一个市场模型, 而它的标准化记为 S^*. 自融资策略 $\phi \in \mathcal{M}(S, \Phi)$ 必须满足下列条件.

$$V_u^*(\phi) = V_0^*(\phi) + \sum_{i=0}^{u-1} \phi_i \cdot (S_{i+1}^* - S_i^*),$$

其中,

$$V_u^* = \phi_u \cdot S_u^*.$$

证明： 只须验证

$$V_{t+1}^*(\phi) - V_t^*(\phi) = \phi_t \cdot (S_{t+1}^* - S_t^*).$$

这从下面的计算中可以得到：

$$\begin{aligned} V_{t+1}^*(\phi) - V_t^*(\phi) &= \phi_{t+1} \cdot S_{t+1} B_{t+1}^{-1} - \phi_t \cdot S_t B_t^{-1} \\ &= \phi_t \cdot S_{t+1} B_{t+1}^{-1} - \phi_t \cdot S_t B_t^{-1} \\ &= \phi_t \cdot \left(S_{t+1} B_{t+1}^{-1} - S_t B_t^{-1}\right) \\ &= \phi_t \cdot (S_{t+1}^* - S_t^*). \end{aligned}$$

故而有结论. 证毕

定理 7.7 如果 S 已经是个标准化模型,

$$S_t^* = (1, S_t^2, \cdots, S_t^n).$$

它有套利当且仅当存在自融资策略 ψ, 使得

$$P\big(V_T(\psi) \geqslant V_0(\psi)\big) = 1 \quad 且 \quad P\big(V_T(\psi) > V_0(\psi)\big) > 0. \tag{7.9}$$

证明： 假设标准化市场模型 S^* 有一个套利的自融资策略 ϕ, 我们就会有

$$V_0(\phi) = 0, \quad P\big(V_T(\phi) \geqslant 0\big) = 1, \quad P\big(V_T(\phi) > 0\big) > 0.$$

所以我们可以简单地令 $\psi = \phi$, 那么条件 (7.9) 自然满足. 另一方面, 如果我们有自融资策略 ψ 满足条件 (7.9), 令

$$\phi_u^1 = \psi_u^1 - V_0(\psi),$$

并且对 $1 < i \leqslant n$, 令

$$\phi_u^i = \psi_u^i.$$

显然 ϕ 也是一个自融资策略. 因为 $S^1 \equiv 1$, 所以 $V_u(\phi) = V_u(\psi) - V_0(\psi)$. 另外, $V_0(\phi) = 0$ 且

$$V_T(\phi) = V_T(\psi) - V_0(\psi),$$

所以

$$P\big(V_T(\phi) \geqslant 0\big) = 1, \quad P\big(V_T(\phi) > 0\big) > 0.$$

即市场模型 S^* 有一个套利的自融资策略 ϕ. 证毕

定理 7.8 原市场模型 S 是无套利的等价于对它的标准化模型 S^* 不存在一个自融资策略 $\phi \in \mathcal{M}(S^*, \Phi)$, 使得

$$P\left(V_T^*(\psi) \geqslant V_0^*(\psi)\right) = 1, \quad \text{并且} \quad P\left(V_T^*(\psi) > V_0^*(\psi)\right) > 0;$$

其中, $V_t^*(\phi) = \phi_t \cdot S_t^*$.

证明: 容易知道市场模型 S 没有套利就等价于其标准化了的模型 S^* 没有套利, 又因为我们证明过的定理 7.7, 得知其等价于条件 (7.8). 证毕

定义 7.8 概率空间 $(\Omega, \mathscr{F}_T, P)$ 上的等价于 P 的概率测度 P^* 被称为 S^* 的鞅测度 (Martingale Measure), 如果相对价格 S^* 是一个对应于域流 $\mathscr{F}$ 的 P^* 鞅.

定理 7.9 设 ϕ 是市场 S 上的自融资策略. 如果概率测度 P^* 是 S^* 的一个鞅测度, 则相对财富 $V^*(\phi)$ 服从对应于域流 $\mathscr{F}$ 的 P^* 鞅.

证明: 在定理假设下, 我们有

$$E\left(S_{t+1}B_{t+1}^{-1} \mid \mathscr{F}_t\right) = S_t B_t^{-1},$$

从而用我们的新记号, 有

$$E\left(S_{t+1}^* \mid \mathscr{F}_t\right) = S_t^*.$$

所以,

$$\begin{aligned} E(V_{t+1}^* - V_t^* \mid \mathscr{F}_t) &= E\left(\phi_t \cdot (S_{t+1}^* - S_t^*) \mid \mathscr{F}_t\right) \\ &= \phi_t \cdot E\left(S_{t+1}^* - S_t^* \mid \mathscr{F}_t\right) \\ &= 0. \end{aligned}$$

这样,

$$E(V_{t+1}^* \mid \mathscr{F}_t) = V_t^*.$$

所以, $V^*(\phi)$ 是一个服从于 P^* 的鞅. 证毕

因为这个定理，我们也经常把市场 S^* 的鞅测度称为所有交易策略 $\phi \in \mathcal{M}(S,\Phi)$ 的鞅测度，并记为 $\mathcal{P}(\mathcal{M})$. 请注意这个容易被误解的称呼. 交易策略 $\phi \in \mathcal{M}(S,\Phi)$ 的鞅测度并不是使得财富过程 $V(\phi)$ 成为鞅过程，而是使得相对财富过程 $V^*(\phi)$ 成为鞅过程.

定理 7.10 假设集合 $\mathcal{P}(\mathcal{M})$ 非空，则现货市场 $\mathcal{M}$ 是无套利的. 更进一步，任意交割时间为 T 的可得到未定权益 X 的套利价格过程，可以用风险中性估价公式给出：

$$\pi_t(X) = B_t E_{P^*}\left(XB_T^{-1} \mid \mathscr{F}_t\right), \tag{7.10}$$

特别地，

$$\pi_0(X) = B_0 E_{P^*}(XB_T^{-1});$$

其中，P^* 是市场模型的任意一个鞅测度 $\mathcal{M}$ (与计价单位 B 的选择有关).

证明：假设 ϕ 是一个自融资套利策略. 根据定义，我们有

$$V_0(\phi) = 0, \quad V_T(\phi) \geqslant 0, \quad P\big(V_T(\phi) > 0\big) > 0,$$

于是我们有

$$E_P(V_T(\phi)) > 0.$$

因为 $B_T > 0$，同理我们有

$$E_P\big(B_T^{-1} V_T(\phi)\big) > 0.$$

但是，由于 P^* 是一个等价于 P 的鞅测度，故而有

$$B_0^{-1} V_0(\phi) = E_P\big(B_T^{-1} V_T(\phi)\big) > 0,$$

但是这与假设 $V_0(\phi) = 0$ 矛盾. 这证明了 $\mathcal{M}$ 是无套利的. 更进一步，对于任何交割时间为 T 的未定权益 X 和任意策略 $\phi \in \Phi_X$，我们有

$$\pi_t(X) = V_t(\phi) = B_t E_{P^*}(V_T^*(\phi) \mid \mathscr{F}_t) = B_t E_{P^*}(X_T B_T^{-1} \mid \mathscr{F}_t).$$

这就证明了等式 (7.10). 证毕

至此, 本节证明了若等价鞅测度存在, 则无套利条件成立. 下面我们试图在无套利条件下证明等价鞅测度的存在性. 为了阐明基本的想法和理论, 我们先研究单期市场的情形. 我们只观察两个时间点 $t=0$ 和 $t=T$ 上的资产价格. 为了进一步简化分析, 我们先来看看市场中只有两只证券的情形. 假定市场上的证券都是标准化了的:

$$S_0=(1,a) \quad 且 \quad S_T=(1,Y);$$

其中, Y 是概率空间 $(\Omega,\mathscr{F},P)$ 上期望有限的随机变量. 下面给出一个自融资策略:

$$\phi=(\theta_0,\theta_1).$$

在单期市场模型中, θ_0 和 θ_1 都是常数, 它们是在零点就被设定好了的. 资产组合在 0 时刻和 T 时刻的价值分别是

$$V_0(\phi)=\theta_0+\theta_1 a \quad 且 \quad V_T(\phi)=\theta_0+\theta_1 Y.$$

现在, 如果 $Y\geqslant a$ 并且 $P(Y>a)>0$, 我们可以令 $\theta_0=0$ 和 $\theta_1=1$, 因为

$$P\big(V_T(\phi)>V_0(\phi)\big)>0.$$

这样就可以套利了. 如果 $Y\leqslant a$ 并且 $P(Y<a)>0$, 我们可以令 $\theta_0=0$ 和 $\theta_1=-1$, 这时也可以产生套利. 唯一可以防止套利的情形就是

$$P(Y>a)>0, \quad 并且 \quad P(Y<a)<0, \tag{7.11}$$

用金融术语说就是: 证券 Y 可能落到高于或低于起始点 a 的价位, 但不能肯定 Y 一定会高于或低于 a 点. 但是, 此时我们得不到如下性质:

$$E_P(Y)=a.$$

另一方面, 我们想证明, 可以找到 P 的一个等价测度 Q, 使得

$$E_Q(Y)=a.$$

要构建 Q, 可以构造一个在 Ω 上恒为正的函数 $f>0$, 使得 $dQ=fdP$. 为此设

$$f=\begin{cases} f_1, & 如果 \quad Y>a, \\ f_2, & 如果 \quad Y<a. \end{cases}$$

f_1 和 f_2 都将是正常数. 我们定义下列变量:

$$P(Y > a) = p_1,$$
$$P(Y < a) = p_2,$$
$$\int_{Y>a} (Y - a)dP = e_1,$$
$$\int_{Y<a} (a - Y)dP = e_2.$$

由条件 (7.11), 我们有

$$p_1, p_2, e_1, e_2 > 0,$$

则

$$\begin{aligned}
E^Q(Y) &= \int_{Y>a} Yf_1 dP + \int_{Y<a} Yf_2 dP \\
&= \int_{Y>a} f_1(Y - a)dP + af_1 \int_{Y>a} dP \\
&\quad - \int_{Y<a} f_2(a - Y)dP + af_2 \int_{Y<a} dP \\
&= f_1e_1 + af_1p_1 - f_2e_2 + af_2p_2 \\
&= f(e_1 + ap_1) - f_2(e_2 - ap_2).
\end{aligned}$$

另一方面, 我们要求 Q 下的总测度为 1, 所以我们有

$$\begin{aligned}
\int_\Omega dQ &= \int_{Y>a} f_1 dP + \int_{Y<a} f_2 dP \\
&= f_1p_1 + f_2p_2.
\end{aligned}$$

然后我们求解方程组

$$\begin{cases} f_1p_1 + f_2p_2 = 1, \\ f_1(e_1 + ap_1) - f_2(e_2 - ap_2) = a. \end{cases}$$

解为

$$f_1 = \frac{e_2}{p_1e_2 + p_2e_1},$$
$$f_2 = \frac{e_1}{p_1e_2 + p_2e_1}.$$

由于 p_1, p_2, e_1, e_2 全为正, 故而 f_1, f_2 的解也是正的. 这证明了我们的假设: 的确存在一个等价测度, 使得 Y 是一个鞅.

证明了单期市场在只有两只证券的情形下鞅测度存在性之后, 我们在有多只证券的情形下证明同样的结果.

定理 7.11 市场上的证券为 $(1, X_1(t), X_2(t), \cdots, X_n(t))$, $t \in \{0, T\}$, 它们在概率空间 $(\Omega, \mathscr{F}, P)$ 下有有限期望和方差, 则市场无套利当且仅当存在一个等价于 P 的测度 Q, 使得

$$E_Q(X_i(T)) = X_i(0).$$

证明: 我们可以放心假设

$$X_1(0) = 0, X_2(0) = 0, \cdots, X_n(0) = 0,$$

并去证明存在测度 Q, 使得

$$E_Q(X_i(T)) = 0, \quad i = 1, 2, \cdots, n.$$

否则, 我们可以用 $X(t)$ 减去 $X(0)$ 而不影响无套利假定和套利的存在性. 我们将利用泛函分析来证明这个结果. 考虑希尔伯特空间

$$H = L^2(\Omega, P) = \left\{ f \;\middle|\; \int_\Omega |f(\omega)|^2 \, dP(\omega) < \infty \right\}, \tag{7.12}$$

其内积定义为

$$(f, g) = \int_\Omega f(\omega) \cdot g(\omega) \, dP(\omega).$$

现在我们来看 H 的下列子集:

$$H_1 = \left\{ f \in H \;\middle|\; f \geqslant 0 \text{ 且 } \int_\Omega f(\omega) \, dP(\omega) > 0 \right\},$$

$$H_2 = \left\{ f \in H \;\middle|\; f = \sum_{i=1}^n a_i X_i, a_i \text{ 为常数} \right\}.$$

我们注意到 H_1 是有内点的凸集, 而 H_2 是 H 的线性子空间. 无套利假定蕴含 $H_1 \cap H_2 = \varnothing$. 因为如果存在

$$f = \sum_{i=1}^n \theta_i X_i \in H_1 \cap H_2,$$

那么 f 本身就是个自融资策略. 因为 $f \in H_1$, 我们有 $f(\omega) \geqslant 0$ 对几乎所有的 $\omega \in \Omega$ 并且 $P(f > 0) > 0$ 成立, 这与无套利假定矛盾. 现在由于 $H_1 \cap H_2 = \varnothing$, 我们可以利用 Hahn-Banach 定理来分离子空间和凸集. 由 Rieze 表示定理, 每一个希尔伯特空间上的线性函数都可以用它与这个空间中元素的内积来表示, 所以我们可以找到

$$g \in H, \quad g \neq 0,$$

使得对每个 $f \in H_1$,

$$\int_\Omega f(\omega)g(\omega)dP(\omega) \geqslant 0,$$

而且对每个 $h \in H_2$,

$$\int_\Omega h(\omega)g(\omega)dP(\omega) = 0.$$

函数 g 必须满足在 Ω 中几乎处处 $g > 0$, 否则我们可以构造函数

$$f = \begin{cases} 1, & \text{当 } g \leqslant 0, \\ 0, & \text{其他}. \end{cases}$$

显然 $f \geqslant 0$ 且

$$\int_\Omega f(\omega)d\,P(\omega) = P(g \leqslant 0) > 0,$$

所以 $f \in H_1$, 但

$$\int_\Omega f(\omega)g(\omega)d\,P(\omega) = \int_{g\leqslant 0} g(\omega)d\,P(\omega) < 0.$$

这就产生了矛盾. 为了达到目的, 我们应该将函数标准化, 使得

$$\int_\Omega g(\omega)d\,P(\omega) = 1,$$

这只要用 g 除以它的期望就可以得到. 假设 g 已经被标准化了, 我们定义一个新测度 Q, 使对于 $A \in \mathscr{F}$ 有

$$Q(A) = \int_A g(\omega)d\,P(\omega).$$

显然, 这个测度 Q 与原测度 P 等价. 在这个等价的新测度之下, 我们有

$$\begin{aligned} E_Q(X_i(T)) &= \int_\Omega X_i(T)\,dQ(\omega) \\ &= \int_\Omega X_i(T)g(\omega)\,dP(\omega) \\ &= E_P(X_i(T)g) \\ &= 0. \end{aligned}$$

故得到我们的结论. 证毕

我们在单期市场的假设下证明了无套利原则蕴含鞅测度的存在性. 为了推广到一般情形, 我们需要下面的定义.

定义 7.9 设 $\mathcal{X}$ 是由未定权益构成的空间, 这些未定权益作为随机变量是平方可积的. 显然这是一个线性希尔伯特空间.

定义 7.10 一个价格系统 (Price System) 是一个严格为正的线性泛函

$$\hat{\pi}:\mathcal{X}\to\mathbb{R}, \tag{7.13}$$

当对所有 $\mathcal{M}$ 中可得到的未定权益 X 都成立 $\hat{\pi}(X)=\pi_0(X)$ 时, 称价格系统与市场模型 $\mathcal{M}$ 是相容的.

定理 7.12 在由所有 $\mathcal{M}$ 中鞅测度构成的集合 $\mathcal{P}(\mathcal{M})$ 和由所有与 $\mathcal{M}$ 相容的价格系统组成的集合之间存在一个一一对应. 它由下面公式给出：对所有 $X\in\mathcal{X}$,

$$\hat{\pi}(X)=B_0E_{P^*}(XB_T^{-1}),$$

而且对所有 $A\in\mathscr{F}_T$,

$$P^*(A)=B_0^{-1}\hat{\pi}(I_AB_T). \tag{7.14}$$

证明: 首先假设若 $\mathcal{P}^*$ 是 $\mathcal{M}$ 的一个鞅测度, 则对所有可得到的权益 X 和它的自融资策略 ϕ, 我们有

$$\hat{\pi}\left(V_T(\phi)\right)=V_0(\phi)=B_0E_{P^*}\left(V_T(\phi)B_T^{-1}\right).$$

另一方面, 假设 $\hat{\pi}$ 是任意一个与 $\mathcal{M}$ 相容的价格系统, 且 P^* 是由 (7.14) 定义的概率测度. 我们需要证明相对价格 S^* 服从一个 P^* 鞅. 设 τ 是 $\mathscr{F}$ 下的任

意一个停时. 对任意 i, 我们考虑交易策略 $\phi \in \Phi$ 定义如下:

$$\phi_t^j = \begin{cases} 0, & \text{如果} \quad j \neq 1, j \neq i, \\ I_{[0,\tau)}(t), & \text{如果} \quad j = i, \\ S_\tau^i B_\tau^{-1} I_{[\tau,T]}(t), & \text{如果} \quad j = 1. \end{cases}$$

下面我们证明 ϕ 是自融资的策略, 即

$$\phi_u \cdot S_u = \phi_{u-1} \cdot S_u.$$

当 $\tau > u$ 时, 根据定义, 我们有

$$\phi_u \cdot S_u = S_u^i,$$

但是我们也有

$$\phi_{u-1} \cdot S_u = S_u^i.$$

当 $\tau \leqslant u-1$ 时, 我们有

$$\phi_u \cdot S_u = S_\tau^i B_\tau^{-1},$$

但是我们也有

$$\phi_{u-1} \cdot S_u = S_\tau^i B_\tau^{-1}.$$

当 $\tau = u$ 时, 我们有

$$\phi_u \cdot S_u = S_u^i B_u^{-1} S_u^1 = S_u^i,$$

(我们用到了事实 $S^1 = B$), 但是

$$\phi_{u-1} \cdot S_u = S_\tau^i B_\tau^{-1} = S_u^i,$$

故而 ϕ 是自融资的. 由于 ϕ 是自融资的, 而且系统 $\hat{\pi}$ 被假定为是与 $\mathcal{M}$ 相容的, 我们有

$$\hat{\pi}(V_T(\phi)) = V_0(\phi).$$

因为 $V_0(\phi) = S_0^i$ 且 $V_T(\phi) = S_\tau^i B_\tau^{-1} B_T$, 等价地,

$$\hat{\pi}(S_\tau^i B_\tau^{-1} B_T) = S_0^i.$$

因为 P^* 的定义, 考虑概率 P^* 下的期望, 我们得到

$$E_{P^*}(S^i_\tau B^{-1}_\tau) = B^{-1}_0 \hat{\pi}(B_T S^i_\tau B^{-1}_\tau) = B^{-1}_0 S^i_0.$$

首先设 $\tau \equiv T$, 我们有

$$E_{P^*}(S^i_T B^{-1}_T) = B^{-1}_0 S^i_0. \tag{7.15}$$

然后对任意 $A \in \mathscr{F}_t$, 停时 τ 定义为

$$\tau = tI_A + TI_{A^c}.$$

显然, $\{\tau(\omega) \leqslant t\} = \{\omega \in A\} \in \mathscr{F}_t$. 利用停时 τ 的定义,

$$\begin{aligned} B^{-1}_0 S^i_0 &= E_{P^*}(S^i_\tau B^{-1}_\tau) \\ &= \int_A S^i_t B^{-1}_t \, dP^* + \int_{A^c} S^i_T B^{-1}_T \, dP^*, \end{aligned}$$

另一方面, 由于 (7.15), 我们有

$$\begin{aligned} B^{-1}_0 S^i_0 &= E_{P^*}(S^i_t B^{-1}_t) \\ &= \int_A S^i_t B^{-1}_t \, dP^* + \int_{A^c} S^i_t B^{-1}_t \, dP^*, \end{aligned}$$

所以

$$\int_{A^c} S^i_T B^{-1}_T \, dP^* = \int_{A^c} S^i_t B^{-1}_t \, dP^*.$$

由于 A 是 $\mathscr{F}_t$ 中的任意元素, 我们得到

$$E_{P^*}(S^i_T B^{-1}_T \mid \mathscr{F}_t) = S^i_t B^{-1}_t.$$

这就证明了 P^* 是 $\mathcal{M}$ 的一个鞅测度. 证毕

定理 7.13 假设现货市场模型 $\mathcal{M}$ 是无套利的, 则集合 $\mathcal{P}(\mathcal{M})$ 非空.

证明: 由定理 7.12, 我们只要证明如果现货市场模型 $\mathcal{M}$ 是无套利的, 则存在与 $\mathcal{M}$ 相容的价格系统. 根据在证明定理 7.11 中的经验, 我们知道应该用到泛函分析, 为此我们考虑下面的空间:

$$C = \{X \in \mathscr{F}_T, E_P(|X|) < \infty\}.$$

这是一个巴拿赫空间，其范数为

$$\|X\| = \int_{\Omega} \mid X(\omega) \mid \, dP(\omega).$$

考虑下面两个子集：

$$H_1 = \{X \geqslant 0, E_P(X) > 0\},$$
$$H_2 = \{X = V_T(\phi), \phi \text{ 是自融资策略且} V_0(\phi) = 0\}.$$

显然 H_1 是全空间中的凸集，而 H_2 是一个子空间．由无套利假定，我们有 $H_1 \cap H_2 = \varnothing$．利用 Hann-Banach 定理，我们可以构造线性泛函 L，使得对任意元素 $X \in H_1$，我们有 $L(X) \geqslant 0$；而且对任意元素 $Y \in H_2$，我们有 $L(Y) = 0$．任取自融资策略 ψ，我们定义策略 ϕ 如下：

$$\phi_t^1 = \psi_t^1 - \frac{V_0(\psi)}{B_0},$$
$$\phi_t^2 = \psi_t^2,$$
$$\cdots$$
$$\phi_t^n = \psi_t^n.$$

显然，ϕ 是自融资策略且 $V_0(\phi) = 0$，所以

$$L(V_T(\psi)) = \frac{V_0(\psi)}{B_0} L(B_T).$$

现在对于任意可得到的权益 X 和相应的策略 ϕ，$V_T(\phi) = X$，我们可以定义

$$\pi(X) = B_0 \frac{L(X)}{L(B_T)},$$

而且这个价格系统一定与 $\mathcal{M}$ 相容．根据定理 7.12，我们知道鞅测度是存在的． 证毕

最后，我们可以把鞅测度的唯一性与市场完备性联系起来．

定理 7.14 一个无套利现货市场 $\mathcal{M}$ 是完备的，当且仅当 $\mathcal{M}$ 中存在唯一的鞅测度 P．

证明： 如果市场是完备的, 则每个权益 X 会与一个自融资策略 ϕ 和一个唯一的价格系统相对应：

$$X = V_T(\phi), \quad \pi(X) = V_0(\phi).$$

在定理 7.13 中, 我们已经证明 $\mathcal{P}(\mathcal{M})$ 非空, 所以存在概率测度 P,

$$B_0 E_P(XB_T^{-1}) = B_0 E_P(V_T(\phi)B_T^{-1}) = V_0(\phi).$$

假设存在两个不同的测度 P 和 Q, 对所有的随机变量 X 成立：

$$E_P(XB_T^{-1}) = E_Q(XB_T^{-1}),$$

但这会导致 $P = Q$. 相反地, 如果 $\mathcal{P}(\mathcal{M})$ 中存在唯一的鞅测度 P, 记其相应的价格系统为 π. 相应地,

$$\pi_0(X) = B_0 E_P(XB_T^{-1}).$$

显然市场 $\mathcal{M}$ 是无套利的. 下面只须证明其完备性. 假设完备性不成立, 则 $\mathcal{M}$ 中存在一个不可得到的未定权益 X^0. 由于由所有可得到的未定权益组成的集合 $\mathcal{A}$ 是一个线性子空间, 我们肯定可以构造一个价格系统, 定义如下：

$$\pi_c(X + aX^0) = \pi_0(X) + ac,$$

其中, c 是一个正常数. 由 Hahn-Banach 定理, π_c 可以扩张成为整个 $\mathcal{X}$ 上的价格系统, 并与 $\mathcal{M}$ 相容. 所以存在不止一个价格系统, 也就是说存在不止一个鞅测度, 而这与假设矛盾. 证毕

在继续下面的内容之前, 让我们想一想到目前为止所得到的结论. 对初学者来说, 一个奇怪的问题是为什么相对资产价格, 即 S^i/S^1 （用 S^1 作为计价单位）存在等价鞅测度? 为什么我们不直接对资产价格 S^i 证明鞅测度的存在呢? 原因是在无套利条件下, 这个结论对某些特定资产不成立, 比如银行存款. 构造一个只有银行存款 D 的市场模型. 银行存款以固定利率 $r > 0$ 增长. 这个经济体系肯定是无套利的, 因为任何开始为 0 的投资最终还是为 0. 但是我们并不能得到等价鞅测度的存在性, 否则我们有

$$E_P(De^{rT}) = D.$$

但是 De^{rT} 是一个常数，而且我们知道它肯定大于 D，这就提供了一个反例. 但是，我们能做什么才能使得对于价格本身而不是相对价格存在等价鞅测度呢?

为了避免出现与银行存款相似的现象，我们修改无套利的条件：在由 $S^1, S^2, \cdots, S^n$ 组成的金融系统中，如果不存在自融资策略 ϕ,

$$P\big(V_T(\phi) \geqslant V_0(\phi)\big) = 1, \quad P\big(V_T(\phi) > V_0(\phi)\big) > 0. \tag{7.16}$$

我们试图作出结论：绝对价格 S^i 的等价鞅测度存在. 我们希望在这个新的定义下，无套利蕴含着绝对价格等价鞅测度的存在. 但是可惜，这并不正确. 我们举个反例. 假设只有一种资产即股票 S. 考虑时刻 1 和时刻 2 的离散市场，其中 S_0 为初始值，S_1 为时刻 1 的值，S_2 为时刻 2 的值. 时刻 0 点 S_0 为已知常数，时刻 1 价格定义为

$$S_1 = 3S_0, \quad \text{或} \quad S_1 = \frac{1}{3}S_0,$$

其概率各为二分之一. 在时刻 2 的值定义为 $S_2 = 2S_1$. 因为只有一种资产，易知任何关于 S 的自融资策略都只能是一个常数. 根据定义,

$$S_2 = 6S_0, \quad S_2 = \frac{2}{3}S_0.$$

所以，我们永远不可能有

$$P(S_2 \geqslant S_0) = 1, \quad \text{或} \quad P(S_2 \leqslant S_0) = 1.$$

我们的条件 (7.16) 满足了. 另一方面，显然，S 的等价鞅测度不可能存在，否则,

$$E(S_2 \mid \mathscr{F}_1) = S_1,$$

但这是不可能的. 我们构造了一个市场模型，其中没有套利（在修改后的定义下）的机会，但是找不到等价鞅测度. 所以我们的猜想不成立.

现在，我们在 S 的基础上加上一个常数，表示没有利息的现金. 由于在这个新的市场模型中，等价鞅测度还是不存在，但是我们能构造一个套利的自融资策略吗? 的确，由 1 跟 S 组成的系统中存在着满足条件 (7.16) 的自融资策略. 初始时，选择 S_0 不加任何现金. 在下一时刻，我们的资产值是 S_1.

此时, 我们将资产组合调整为

$$S_1 = 4S_1 - 3S_1,$$

其中, $-3S_1$ 代表现金. 在时刻 2, 我们的资产总值为

$$8S_1 - 3S1 = 5S_1.$$

但是, 关于S_1的定义保证了 $5S_1 > S_0$ 永远是成立的. 这个例子说明了, 如果在我们的系统中有现金资产, 那么, 满足条件 (7.16) 很可能导致绝对价格等价鞅测度的存在.

定理 7.15 在由 $1, S^1, S^2, \cdots, S^n$ 组成的市场模型下, 如果不存在自融资策略 ϕ, 使得

$$P\big(V_T(\phi) \geqslant V_0(\phi)\big) = 1, \quad P\big(V_T(\phi) > V_0(\phi)\big) > 0. \tag{7.17}$$

那么绝对价格 S^i 的等价鞅测度存在.

证明: 根据定理 7.7, 我们知道, 条件 (7.17) 等价于无套利条件, 故而根据定理 7.13 可知, 存在相对价格的等价鞅测度. 当我们用现金资产作为单位资产时, 任何其他的资产都没有变化, 所以, 相对价格的等价鞅测度就是绝对价格 S^i 的等价鞅测度. 证毕

7.3 连续的情形

在前几章, 我们学习了在离散时间点上的完备市场模型. 这一节, 我们将其推广到一般的情形. 但是在连续的情形下会用到很多比较专业的随机过程知识. 这和金融的关系不是很大, 我们不在此涉及过多. 在下一节, 我们还会在 Black-Scholes 的框架下重新论述这个问题. 所以, 这里只陈述概念而不给出证明. 感兴趣的读者可以自行参考有关的书籍或文献.

我们假设有了一个概率空间和 σ 代数 $\mathscr{F}_t$ 组成的域流集合, 满足对任意 $t < t'$, $\mathscr{F}_t \subset \mathscr{F}_{t'}$. 我们还是用 $\mathscr{F}$ 适应的, n 维的非负随机变量来模拟市场:

$$S = (S^1, S^2, \cdots, S^n). \tag{7.18}$$

一个交易策略是 n 维适应于 $\mathscr{F}$ 的过程

$$\phi = (\phi^1, \phi^2, \cdots, \phi^n). \tag{7.19}$$

在任意时间 t , 分量 ϕ_t^i 代表了拥有资产 S^i 的数量.

定义 7.11 交易策略 ϕ 的财富过程 $V(\phi)$ 由下面等式定义:

$$V_t(\phi) = \phi_t \cdot S_t = \sum_{i=1}^{n} \phi_t^i S_t^i, \quad t \leqslant T. \tag{7.20}$$

自融资的定义有所改变. 因为在连续情形, 我们应该用积分取代求和:

定义 7.12 交易策略 ϕ 被称为自融资的, 如果它满足对所有 $0 \leqslant t \leqslant T$,

$$V_t(\phi) = V_0(\phi) + \int_0^t \phi_u \cdot S_u \, du,$$

这里 u 将不再代表正整数, 而是任何区间 $[0, T]$ 中的实数.

市场及其自融资策略的组合记为 $\mathcal{M} = (S, \Phi)$. 同样地, 我们有下述定义:

定义 7.13 一个自融资交易策略 ϕ 被称为一个套利机会, 如果

$$P(V_0(\phi) = 0) = 1,$$

但 ϕ 的最终财富价值满足

$$P(V_T(\phi) \geqslant 0) = 1 \quad 且 \quad P(V_T(\phi) > 0) > 0. \tag{7.21}$$

我们说市场 $\mathcal{M} = (S, \Phi)$ 是无套利的, 如果在自融资交易策略集合 Φ 中不存在任何套利机会.

定义 7.14 任意一个 $\mathscr{F}_T$ 可测的随机变量又被称为交割时间为 T 的欧式未定权益 X.

定义 7.15 一个关于交割时间为 T 的未定权益 X 的复制策略是一个自融资交易策略 ϕ, 使得 $V_T(\phi) = X$.

给定一个权益 X, 我们记 Π_X 为由 X 的所有复制策略组成的集合. 在 Π_X 中的任何一个策略 ϕ 的财富过程 $V_t(\phi), t \leqslant T$ 被称为 $\mathcal{M}$ 中 X 的复制过程. 最后, 我们说权益 X 在 $\mathcal{M}$ 中是可得到的, 如果它至少有一个复制过程.

定义 7.16 市场 $\mathcal{M}$ 被称为完备的, 如果每个权益 X 在 $\mathcal{M}$ 中都可得到; 或者等价地说, 如果对每个 $\mathscr{F}_T$ 可测的随机变量 X 存在至少一个交易策略 $\phi \in \Phi$ 使得 $V_T(\phi) = X$.

像在离散情形中一样, 我们记 $B_t = S_t^1$, 或者省略时间下标, 而表示为 $B = S^1$. 相对价格过程 S^* 定义为对所有的 $t \leqslant T$,

$$S_t^* = S_t B_t^{-1} = (S_t^1 B_t^{-1}, \cdots, S_t^n B_t^{-1}) = (1, S_t^2 B_t^{-1}, \cdots, S_t^n B_t^{-1}).$$

相对价格又被称为标准化价格.

定义 7.17 $(\Omega, \mathscr{F}_T)$ 上的等价于 P 的概率测度 P^* 被称为 S^* 的鞅测度, 如果相对价格 S^* 服从对应于域流 $\mathscr{F}$ 的 P^* 鞅. 也就是说对于所有 $t' < t$,

$$S_{t'}^* = E\left(S_t^* \mid \mathscr{F}_{t'}\right).$$

我们当然希望像在离散时间市场条件下一样建立无套利和鞅测度存在的等价性. 然而, 我们有下面这个反例: 抛普通的硬币, 如果正面朝上, 你赢 1 元钱; 如果正面朝下, 你输 1 元钱. 你在每一次的赌博的期望收益都是 0, 所以鞅测度是隐含在这游戏里的. 另一方面, 这样的游戏应该不存在套利. 但是考虑下面的策略: 如果第一次你输了 1 元, 第二次你就赌 2 元钱, 如果你又输了, 第三次你就赌 4 元钱. 依此类推, 每次输了你就加倍, 直到你第一次赢了为止. 那么你赢的可能性是多少? 根据初等概率论, 每次都输的概率应该是

$$\lim_{n\to\infty} \frac{1}{2^n} = 0.$$

所以第一次赢的概率应该是百分之百. 一旦第一次赢得时间点是 k, 那么你的收益将是

$$-2^0 - 2^1 - \cdots - 2^{k-1} + 2^k = 1.$$

这样你从 0 开始, 经过了自融资的过程以百分之百的概率取得了 1 元钱的结果, 这本身符合套利的原理. 如果这么简单的情况下都存在套利, 我们不可能在一般的情形下幻想建立无套利和鞅测度的等价性了. 有的读者可能会说这个过程中的时间可能是无限的. 但是我们可以修改游戏规则以避免时间的无限性. 比如, 我们规定第 n 次赌博需要的时间是 $1/2^n$ 秒, 那么整个游戏应该在 2 秒之内结束. 时间点将是无限的, 可是整个事件的时间区间有限. 事

实上，这个游戏中，和离散情形不同的是，参与游戏的你若想套利，需要有能力从银行借到无限的资金. 这在现实中是做不到的. 如果我们规定自融资过程中的价值是有下限的，那么，我们有可能建立等价性理论. 事实上，在所谓“没有免费午餐及风险趋于零”的假设下，等价性理论是正确的，但是这要牵扯到许多数学理论(主要是泛函分析中的弱拓扑概念)，我们在此不再过多涉及，感兴趣的读者请参考文献[6].

7.4 Black-Scholes 模型

在这一节，我们将把鞅表示定理、Girsanov 定理和资产定价的基本定理紧密联系起来. 另外，我们也将在新的理论中重新证明上一节的一些性质. 同样假设有概率空间 $(\Omega, \mathscr{F}_t, P)$ 和布朗运动 W_t. 设资产价格 S 适应于域流 $\mathscr{F}_t$ 并且服从下列随机微分方程：

$$dS_t = \alpha(t)S_t dt + \sigma(t)S_t dW_t, \quad 0 \leqslant t \leqslant T.$$

平均收益率 $\alpha(t)$ 和波动率 $\sigma(t)$ 都可以被看作适应于域流的随机过程. 我们假设对所有的 $t \in [0,T]$，$\sigma(t)$ 几乎处处不为 0. 这个股票价格是一个一般化的几何布朗运动，而且它可以等价地记为

$$S_t = S_0 \exp\left(\int_0^t \sigma(s)dW_s + \int_0^t (\alpha(s) - \frac{1}{2}\sigma^2(s))\,ds\right).$$

另外，假设有一个适应的利率过程 $r(t)$. 我们定义贴现过程为

$$D(t) = e^{-\int_0^t r(s)\,ds},$$

所以我们有

$$dD(t) = -r(t)D(t)dt.$$

请注意，$D(t)$ 是一个贴现过程，而

$$1/D(t) = e^{\int_0^t r(s)\,ds}$$

是银行账户价值，是一项可交易的资产.

定义 7.18　风险中性概率测度 (Risk Neutral Measure) 是一个等价于 P 的概率测度 Q, 在这个测度下 $D(t)S_t$ 是一个鞅.

由资产定价基本定理, 我们知道在完备无套利市场模型中存在这样的等价测度. 但是这里我们利用 Girsanov 定理来证明这个事实.

$$\begin{aligned} d(D(t)S_t) &= -r(t)D(t)S_t dt + D(t)dS_t \\ &= (\alpha(t) - r(t))D(t)S_t dt + \sigma(t)S_t D(t)dW_t \\ &= \sigma(t)D(t)S_t\,(\theta(t)dt + dW_t); \end{aligned}$$

其中,

$$\theta(t) = \frac{\alpha(t) - r(t)}{\sigma(t)}.$$

如果定义

$$d\widetilde{W}_t = \theta(t)dt + dW_t,$$

我们有

$$d(D(t)S_t) = \sigma(t)D(t)S_t\, d\widetilde{W}_t. \tag{7.22}$$

现在我们利用 Girsanov 定理. 在测度变换

$$\begin{cases} \dfrac{dQ}{dP} = Z_T \\ Z_t = \exp\left(-\displaystyle\int_0^t \theta(u)\, dW_u - \frac{1}{2}\int_0^t \theta^2(u)\, du\right) \end{cases}$$

下, $\widetilde{W}_t$ 成为一个布朗运动, 而且由 (7.22), $D(t)S_t$ 是一个鞅过程. 利用 Girsanov 定理, 我们显然已经构造了一个等价鞅测度. 在此测度下有

$$dS_t = r(t)S_t dt + \sigma(t)S_t d\widetilde{W}_t.$$

现在考虑一个自融资资产组合 X_t, 包括 $\Delta(t)$ 股 S_t 和 $X_t - \Delta(t)S_t$ 的银行存款, 我们有

$$X_t = \Delta(t)S_t + (X_t D(t) - \Delta(t)S_t D(t))\frac{1}{D(t)}.$$

这个资产组合是自融资的, 而且 S_t 和 $1/D(t)$ 是可交易资产, 我们有

$$dX_t = \Delta(t)dS_t + (X_t D(t) - \Delta(t)S_t D(t))d\left(\frac{1}{D(t)}\right).$$

由于

$$d\left(\frac{1}{D(t)}\right) = -\frac{1}{D^2(t)}dD(t) = \frac{r(t)}{D(t)}dt,$$

我们有

$$\begin{aligned} dX_t &= \Delta(t)dS_t - (X_t D(t) - \Delta(t)S_t D(t))\frac{1}{D^2(t)}dD(t) \\ &= \Delta(t)dS_t + (X_t D(t) - \Delta(t)S_t D(t))\frac{r(t)}{D(t)}dt. \end{aligned}$$

经计算可得:

$$\begin{aligned} dX_t &= r(t)X_t dt + \Delta(t)\sigma(t)S_t\,(\theta(t)dt + dW_t) \\ &= r(t)X_t dt + \Delta(t)\sigma(t)S_t d\widetilde{W}_t, \end{aligned}$$

所以,

$$d(D(t)X_t) = \Delta(t)\sigma(t)D(t)S_t d\widetilde{W}_t. \tag{7.23}$$

这证明了 $D(t)X_t$ 也是一个鞅. 这实际上证明了一个自融资的组合在等价鞅测度下还是一个鞅. 接下来我们证明: 在这个测度下, 市场模型也是完备的. 设 X 是关于 S 的未定权益, 则 X 是 $\mathscr{F}_T$ 可测的. 我们构造鞅

$$D(t)X_t = E(D(T)X \mid \mathscr{F}_t).$$

根据鞅表示定理, 我们有适应过程 $\Gamma(t)$, 使得

$$D(t)X_t = \int_0^t \Gamma(t)\,d\widetilde{W}_t.$$

与方程 (7.23) 比较, 我们设

$$\Delta(t) = \frac{\Gamma(t)}{\sigma(t)D(t)S_t},$$

然后我们可以构造一个自融资资产组合

$$X_t = \Delta(t)S_t + (X_t D(t) - \Delta(t)S_t D(t))\left(\frac{1}{D(t)}\right),$$

其最终价值为 $X(T) = X$. 这就证明了任何未定权益 X 都是可以得到的.

一般地, 当我们持有不止一项资产时, 也有相应的 Girsanov 定理和鞅表示定理. 考虑 $S^1, S^2, \cdots, S^m$ 和它们的随机微分方程:

$$dS_t^i = \mu^i S_t^i dt + \sum_{j=1}^{d} S_t^i \sigma_{ij} dW_t^j. \tag{7.24}$$

这里 $W^j, j = 1, \cdots, d$ 是一列独立的标准布朗运动. 同时假设 μ^i 和 σ_{ij} 都为常数. 所以我们有对 $j \neq j$,

$$dW_t^j dW_t^j = dt, \quad dW_t^i dW_t^i = 0.$$

如果定义

$$B_t^i = \sum_{j=1}^{d} \sigma_{ij} W_t^j,$$

则我们可以将方程 (7.24) 改写为

$$dS_t^i = \mu^i S_t^i dt + \widetilde{\sigma}_i S_t^i dB_t^i; \tag{7.25}$$

其中,

$$\widetilde{\sigma}_i = \sqrt{\sum_{j=1}^{d} \sigma_{ij}^2}.$$

但是在这种情形下, 所有的布朗运动 B_t^j 不再是相互独立的. 事实上,

$$dB_t^k dB_t^l = \left(\sum_{j=1}^{d} \sigma_{kj} \sigma_{lj} \right) dt.$$

若我们设

$$\rho_{kj} = \sum_{j=1}^{d} \sigma_{kj} \sigma_{lj},$$

则 ρ_{kj} 是布朗运动之间的相关系数. 现在我们试图变换测度, 使得在这个测度之下 S_t^i 服从风险中性过程. 若我们定义

$$d\widetilde{W}_t^j = \theta_j dt + dW_t^j,$$

则

$$dS_t^i = S_t^i\Big(\mu_i - \sum_{j=1}^{d}\sigma_{ij}\theta_j\Big)dt + \sum_{j=1}^{d} S_t^i\sigma_{ij}\,d\widetilde{W}_t^j. \tag{7.26}$$

在风险中性测度下, 我们有对 $i = 1, 2, \cdots, m$,

$$\mu_i - \sum_{j=1}^{d}\sigma_{ij}\theta_j = r, \tag{7.27}$$

由线性代数, 我们知道如果 $m = d$ 且

$$\begin{vmatrix} \sigma_{11} & \sigma_{12} & \cdots & \sigma_{1m} \\ \sigma_{21} & \sigma_{22} & \cdots & \sigma_{2m} \\ \vdots & \vdots & \ddots & \vdots \\ \sigma_{m1} & \sigma_{m2} & \cdots & \sigma_{mm} \end{vmatrix} \neq 0, \tag{7.28}$$

方程 (7.27) 有唯一解. 另一方面, 对任意交割时间为 T 的未定权益 X, 我们定义

$$X_t = E\left(e^{-\int_t^T r(s)\,ds} X \mid \mathscr{F}_t\right), \tag{7.29}$$

则 X_t 肯定服从风险中性过程. 由鞅表示定理, 我们有适应过程 Γ_j, 使得

$$dX_t = r(t)X_t dt + \sum_{j=1}^{d}\Gamma_j\,d\widetilde{W}_t^j.$$

这等价于

$$d(D_tX_t) = \sum_{j=1}^{d}\Gamma_j D_t\,d\widetilde{W}_t^j.$$

为了用给定资产 S^i 构造自融资资产组合, 需要设

$$d(D_tX_t) = \sum_{i=1}^{m} y_i\,d(D_tS_t^i). \tag{7.30}$$

考虑到

$$d(D_tS_t^i) = \sum_{j=1}^{d}\sigma_{ij}(D_tS_t^i)\,d\widetilde{W}_t^j,$$

这个等式成立当且仅当

$$\sum_{i=1}^{m} \sigma_{ij} y_i = \frac{\Gamma_j}{S^j} \tag{7.31}$$

有解 $y_1, y_2, \cdots, y_m$.

定理 7.16 市场模型是完备的, 当且仅当风险中性概率测度是唯一的.

证明: 首先, 如果市场模型是完备的, 则对每一个风险中性概率测度 P 都有

$$E_P(XD_T) = X_0.$$

由于这对所有未定权益 X 都成立, 测度 P 已经是唯一定义的了. 逆命题基本上是线性代数的结论. 我们都知道在线性代数中, 对一个 $m \times d$ 矩阵 A, x 是个 d 维向量, 如果

$$Ax = 0$$

只有零解, 对每一个 $c \in \mathbb{R}^d, y \in \mathbb{R}^m$,

$$A^{\mathrm{T}} y = c$$

至少有一解. 现在由风险中性测度的唯一性可推出, 方程

$$\sum_{j=1}^{d} \sigma_{ij} \theta_j = 0, \quad i = 1, \cdots, m \tag{7.32}$$

只有零解. 由这个线性代数的结论知

$$\sum_{i=1}^{m} \sigma_{ij} y_i = \frac{\Gamma_j}{S^j} \quad j = 1, 2, \cdots, d \tag{7.33}$$

至少有一个解. 所以任意的未定权益都可以被复制. 证毕

比较这一节和上一节的方法可以看到, 这一节中我们应用了具体的银行账户作为单价, 以布朗运动的概率测度作为出发点, 以 Girsanov 定理作为工具推导了风险中性概率测度的存在性. 对于未定权益的可复制性, 我们则用了鞅表示定理, 而不是上一节中的泛函分析的办法.

7.5　计价单位变换

在市场完备且无套利的假定下，给定任意可交易资产 Y，存在唯一的测度，使得对于任意的资产 X，有 X_t/Y_t 服从鞅过程. 为了表示这个测度对资产 Y 的依赖性，我们记这个测度为 P_Y. 但是如果我们选择另一可交易资产 X，相应地会有另一个测度 P_X. 这两个测度之间有什么关系? 从一个测度可以变换到另一个么? 下面的定理回答了这个问题.

定理 7.17　如果 $(\Omega, \mathscr{F}_t, P), 0 \leqslant t \leqslant T$ 为一个概率空间，P_Y 为相应于 Y 的等价鞅测度，我们有测度变换：

$$\frac{d P_X}{d P_Y} = \frac{X_T}{Y_T} \frac{Y_0}{X_0}.$$

证明：　首先易得

$$\begin{aligned} P_X(\Omega) &= \int_\Omega \frac{X_T}{Y_T} \frac{Y_0}{X_0} \, d P_Y \\ &= E_{P_Y} \left(\frac{X_T}{Y_T} \frac{Y_0}{X_0} \right) \\ &= \frac{X_0}{Y_0} \frac{Y_0}{X_0} \\ &= 1; \end{aligned}$$

其中，我们用到了 X/Y 在 P_X 是个鞅的事实. 所以 P_X 确实是一个概率测度. 然后，我们需要验证对任意的随机过程 Z_t，如果 Z_t/Y_t 是测度 P_Y 下的一个鞅，则 Z_t/X_t 一定是测度 P_X 下的一个鞅. 为此，我们进行以下计算：

$$\begin{aligned} E_{P_X} \left(\frac{Z_t}{X_t} \middle| \mathscr{F}_s \right) &= E_{P_Y} \left(\frac{Z_t}{X_t} \frac{X_T}{T_T} \frac{Y_0}{X_0} \middle| \mathscr{F}_s \right) \frac{Y_s}{X_s} \frac{X_0}{Y_0} \\ &= E_{P_Y} \left(\frac{Z_t}{Y_t} \middle| \mathscr{F}_s \right) \frac{Y_s}{X_s} \\ &= \frac{Z_s}{X_s}, \end{aligned}$$

其中我们用到了 Z/Y 是测度 P_Y 下的鞅这个事实. 从而我们证明了 Z/X 是测度 P_X 下的鞅.　　证毕

7.6 在看涨、看跌期权上的应用

现在我们把风险中性定价方法应用到看涨、看跌期权价格的闭形式公式上. 在风险中性测度下, 资产价格 S 满足以下随机微分方程:

$$dS = rSdt + \sigma(t)SdW.$$

我们在这里假设 r 是个常数. 为了使模型相对于常数情形更具一般性, 我们假定 $\sigma(t)$ 是关于 t 的确定函数. 我们知道 S 的解是一个几何布朗运动:

$$S_t = S_0 \exp\left(rt - \frac{1}{2}\int_0^t \sigma^2(\tau)\,d\tau + \int_0^t \sigma(\tau)dW_\tau\right).$$

为简化记号, 我们设

$$\sigma^2 = \frac{1}{T}\int_0^T \sigma^2(\tau)\,d\tau,$$

所以我们有

$$S_T = S_0 \exp\left(rT - \frac{1}{2}\sigma^2 T + \sigma W_T\right),$$

其中, W_T 是个均值为 0、方差为 T 的正态分布随机变量. 对于看涨期权, 用风险中性定价方法,

$$\begin{aligned}
C(K,T;S) &= e^{-rT}E\left(\max(S_T-K,0)\right)\\
&= \frac{e^{-rT}}{\sqrt{2\pi}}\int_{S_T>K} S\exp\left(rT-\frac{1}{2}\sigma^2T+\sigma\sqrt{T}x\right)\exp\left(-\frac{x^2}{2}\right)dx\\
&\quad -\int_{S_T>K} K\exp\left(-\frac{x^2}{2}\right)dx\\
&= S\mathrm{N}(d_1) - e^{-rT}K\mathrm{N}(d_2),
\end{aligned}$$

其中,

$$d_1 = \frac{\log(S/K) + rT + \frac{1}{2}\sigma^2 T}{\sigma\sqrt{T}},$$

$$d_1 = \frac{\log(S/K) + rT - \frac{1}{2}\sigma^2 T}{\sigma\sqrt{T}}.$$

用类似方法我们可以得到看跌期权的解. 值得注意的是, 我们的方法可以在 σ 不是常数的情况下得到解. 这个解表明当 σ 是关于 t 的确定的函数时, 隐含波动率就是 $\sigma^2(t)$ 连续均值的平方根.

7.7 Feynman-Kac 方程

在这一节，我们将把偏微分方程、鞅测度方法和衍生品定价方法，利用马尔科夫过程理论联系在一起.

定义 7.19 给定概率空间 $(\Omega, \mathscr{F}_t, P)$，设 X_u 为适应于域流 $\mathscr{F}_u$ 的随机过程. 如果对所有 $0 \leqslant t \leqslant T$ 和所有 Borel 可测函数 $h(y)$，若 $h(X_T)$ 可积，则存在另一个Borel可测函数 $g(t,x)$，使得

$$E\left(h(X_T) \mid \mathscr{F}_t\right) = g(t, X_t), \tag{7.34}$$

则我们称 X_u，$u \geqslant 0$ 具有马氏性 (Markovian).

我们考虑其随机微分方程

$$dX_u = \alpha(u, X_u)du + \beta(u, X_u)dW_u, \tag{7.35}$$

其中，$\alpha(u,x)$ 和 $\beta(u,x)$ 是已知函数. 这两个函数在随机过程理论中分别被称为漂移 (Drift) 和 扩散 (Diffusion). 除了这个方程，当 $t \geqslant 0$，$x \in \mathbb{R}$ 时，初始条件 $X_t = x$ 是给定的. 下面的问题是要找到一个在 $T \geqslant t$ 上定义的随机过程 X_t，使得

$$\begin{cases} X_T = X_t + \int_t^T \alpha(u, X_u)du + \int_t^T \beta(u, X_u)\, dW_u, \\ X_t = x. \end{cases} \tag{7.36}$$

在一定的条件下(并不苛刻)，对函数 $\alpha(u,x)$ 和 $\beta(u,x)$ 和方程 (7.36)，存在唯一的过程 $X_T, T \geqslant 0$ 满足 (7.36). 但是，这个过程可能很难用显式表达. 之前我们已经知道一些这样的例子，比如方程

$$dS_t = \mu S_t dt + \sigma S_t dW_t \tag{7.37}$$

有解

$$S_T = S_t \exp\left((r - \frac{1}{2}\sigma^2)(T-t) + \sigma(W_T - W_t)\right),$$

所以

$$S_T = x \exp\left((r - \frac{1}{2}\sigma^2)(T-t) + \sigma(W_T - W_t)\right).$$

利用初始条件 $S_t = x$, 过程 S_T 仅依赖布朗运动在时间 t 和 T 之间经过的路径. 另一个我们考虑过的方程为

$$dr_t = (\alpha - \beta r)dt + \sigma dW_t,$$

其解可以写为

$$r_T = e^{-\beta(T-t)}r_t + \frac{\alpha}{\beta}(1 - e^{-\beta(T-t)}) + \int_0^t \sigma e^{\beta(s-T)} dW_s.$$

在初始条件 $r_t = x$ 下, 我们也有

$$r_T = e^{-\beta(T-t)}x + \frac{\alpha}{\beta}(1 - e^{-\beta(T-t)}) + \int_0^t \sigma e^{\beta(s-T)} dW_s.$$

这又是一个仅依赖时间 t 和 T 之间的布朗运动的过程. 一般地, 我们有如下定理:

定理 7.18 设 $X_u, u \geqslant 0$ 是随机微分方程 (7.35) 在给定 0 时刻初始条件的解. 则对 $0 \leqslant t \leqslant T$,

$$E\left(h(X_T) \mid \mathscr{F}_t\right) = g(t, X_t); \tag{7.38}$$

其中, 函数 g 定义为

$$g(t, x) = E^{t,x}\left(h(X_T) \mid \mathscr{F}_t\right), \tag{7.39}$$

即 $h(X_T)$ 的期望, X_T 为方程 (7.35) 在初始条件 $X_t = x$ 下的解. 请注意 $g(t, x)$ 不是随机的, 它只是关于两个自变量 t 和 x 的普通方程.

这个定理主要指出方程 (7.35) 的每一个解都是马尔科夫过程. 由定义, 过程 $g(t, X_t)$ 是一个鞅. 我们可以利用 Itô 引理求导:

$$\begin{aligned} dg(t, X_t) &= g_t dt + g_x dX + \frac{1}{2} g_{xx} dX\, dX \\ &= g_t dt + \alpha g_x dt + \beta g_x dW + \frac{1}{2}\beta^2 g_{xx} dt \\ &= \left(g_t + \alpha g_x + \frac{1}{2}\beta^2 g_{xx}\right)dt + \beta g_x dW. \end{aligned}$$

由于 $g(t, X_t)$ 是一个鞅, dt 项应该为0. 我们得到

$$g(t, X_t) + \alpha(t, X_t) g_x(t, X_t) + \frac{1}{2}\beta^2(t, X_t) g_{xx}(t, X_t) = 0,$$

所以

$$g_t(t,x)+\alpha(t,x)g_x(t,x)+\frac{1}{2}\beta^2(t,x)g_{xx}(t,x)=0. \tag{7.40}$$

这就是下面的定理:

定理 7.19 (Feynman-Kac 定理) 考虑随机微分方程

$$dX_u=\alpha(u,X_u)du+\beta(u,X_u)dW_u. \tag{7.41}$$

设 $h(y)$ 是 Borel 可测函数. 固定 $T>0$ 并给定 $t\in[0,T]$. 定义函数

$$g(t,x)=E^{t,x}h(X_T), \tag{7.42}$$

则 $g(t,x)$ 满足偏微分方程

$$g_t(t,x)+\alpha(t,x)g_x(t,x)+\frac{1}{2}\beta^2(t,x)g_{xx}(t,x)=0. \tag{7.43}$$

而终点条件为

$$g(T,x)=h(x). \tag{7.44}$$

回到资产价格过程

$$dS=\mu Sdt+\sigma SdW.$$

衍生品价格 V 具有鞅的形式:

$$V(t,X)=E\left(e^{-r(T-t)}V_T\right).$$

所以 $e^{-rt}V_t$ 一定是鞅. 设

$$g(t,x)=e^{-rt}V(t,x),$$

由 Feynman-Kac 定理, 我们有

$$g_t(t,x)+rxg_x(t,x)+\frac{1}{2}\sigma^2x^2g_{xx}(t,x)=0. \tag{7.45}$$

但是,

$$\begin{aligned}
g_t&=-re^{-rt}V+e^{-rt}V_t,\\
g_x&=e^{-rt}V_x,\\
g_{xx}&=e^{-rt}V_{xx}.
\end{aligned}$$

代入方程, 我们有

$$V_t(t,x) + rxV_x(t,x) + \frac{1}{2}\sigma^2 x^2 V_{xx}(t,x) = rV(t,x). \tag{7.46}$$

而这正是 Black-Scholes 方程.

第八章 新型期权定价

这一章，我们将把前几章的理论应用到新型期权 (Exotic Option) 的定价中. 如前面第一章所述，新型期权有些不依赖路径，有些依赖路径. 这些新型期权的定价往往比较困难，所以我们有时候需要作更多的假设或者逼近以便能够得到定价公式或者方法.

在阅读本章的时候请读者务必注意，这些假设在现实中并不总是成立的，任何时候我们都不能简单地将学过的公式一成不变地用于现实的交易决策，否则将会出错. 我们必须认真考虑到每种情形，准备好修改我们的公式以符合市场的条件. 我们还将介绍一些在实际工作中的应用，通过这些实际的例子使读者加深对理论的理解.

8.1 计价单位变换及应用

讨论风险中性定价的绝大多数专业文章或书籍都从下面的随机微分方程开始：

$$dS_t = rS_t dt + \sigma S_t dW_t. \tag{8.1}$$

对任意衍生品的价格函数 V，可以用鞅的表示

$$V_0 = E\left(e^{-\int_0^T r(s)\,ds} V_T\right). \tag{8.2}$$

来计算其价格. 特别地，在利率为常数的情况下，对看涨、看跌期权，我们有：

$$C(K,T;S) = E\left(e^{-rT}\max(S-K,0)\right) = e^{-rT}E\left(\max(S-K,0)\right),$$
$$P(K,T;S) = E\left(e^{-rT}\max(K-S,0)\right) = e^{-rT}E\left(\max(K-S,0)\right).$$

然后得到下面的著名公式:

$$C(K,T;S) = S\mathrm{N}(d_1) - e^{-rT}K\mathrm{N}(d_2),$$
$$P(K,T;S) = e^{-rT}K\mathrm{N}(-d_2) - S\mathrm{N}(-d_1);$$

其中,

$$d_1 = \frac{\log(S/K) + rT + \frac{1}{2}\sigma^2 T}{\sigma\sqrt{T}}, \tag{8.3}$$

$$d_2 = \frac{\log(S/K) + rT - \frac{1}{2}\sigma^2 T}{\sigma\sqrt{T}}. \tag{8.4}$$

在推导这些公式的时候, 我们其实都隐含了一个假设, 即我们使用银行存款

$$D(t) = \exp\Big(\int_0^t r(s)\,ds\Big)$$

作为计价单位. 然而, 这样做的缺点是: 利率常常不是确定的, 更不用说是常数. 在随机利率的情况下, 这个看涨看跌期权公式并不是一直都正确的. 在讨论股票衍生品情形下, 我们仍然可以说利率的灵敏性是次要的, 但是如果想要处理利率衍生品, 我们就没有任何借口了. 幸运的是, 我们现在有很多其他的选择. 实质上, 根据资产定价基本定理, 我们可以选择任何资产作为计价单位.

第一个例子就是用无息债券作为计价单位. 到期时间为 T 的无息债券在时间 t 的价格记作

$$B(t,T) \quad \text{或} \quad B_t(T).$$

当利率是确定的时候, 我们可以把无息债券价格表示为

$$B(t,T) = e^{-\int_t^T r(s)\,ds}.$$

当利率是随机的时候, 我们可以把无息债券价格表示为

$$B(t,T) = E\left(e^{-\int_t^T r(s)\,ds}\right).$$

我们使用期望是因为短期利率是随机的. 但无论如何, 无息债券到期日的价值就是本金

$$B(T,T) = 1.$$

请注意无息债券和银行存款之间的不同：银行存款在时间起点有价值 1，而无息债券在时间终点有价值 1. 如果使用无息债券，我们有鞅测度 P，使得

$$B^{-1}(0,T)V_0 = E_P(B^{-1}(T,T)V_T) = E_P(V_T). \tag{8.5}$$

相应地，我们有

$$V_0 = B(0,T)E_P(V_T). \tag{8.6}$$

如果把这个等式与 (8.2) 进行比较，将会注意到我们在没有假定利率是确定的情况下从期望算子中成功地得到了贴现因子. 这在利率是随机的情况下仍然成立. 当然，必须强调，银行存款下的鞅测度一般与无息债券下的鞅测度不同.

用无息债券作为计价单位测度，也称为远期测度，因为在这个鞅测度下，由等式(8.6)，我们有

$$S_0 = B(0,T)E_P(S_T),$$

于是

$$\frac{S_0}{B(0,T)} = E_P(S_T). \tag{8.7}$$

这表明在远期测度下，远期价格与未来股票市值的期望是一样的. 回忆我们在第四 章讲到的，远期价格不是简单的期望值，而应当是使套利不存在的一个唯一价格. 现在我们看到，远期价格可以作为某种概率测度下的期望，那个测度就是远期测度. 这个结果在理论上、计算上和应用中非常方便. 现在我们只须直接模拟远期价格. 我们把时间 t 时的远期价格表示为 F_t. 因为等式 (8.7)，远期价格成为远期测度下的一个鞅. 我们想模拟远期价格，就可以用随机微分方程

$$dF_t = \sigma F_t dW_t, \tag{8.8}$$

其中，σ 为远期波动率. 这个波动率一般与方程 (8.1) 中的波动率不同. 考虑到远期为股票市值除以无息债券价格，这个远期的波动率也是股票市值和无息债券的复合波动率，其中，无息债券的波动率是由和其相关的利率波动率衍生出的. 如果假定远期波动率是已知的只依赖时间 t 的函数 $\sigma(t)$，我们有远期随机微分方程 (8.8) 的解：

$$F_t = e^{-\frac{1}{2}\int_t^T \sigma(s)^2 ds + \int_t^T \sigma(s) dW_s}.$$

令

$$\sigma^2 = \frac{1}{T-t}\int_t^T \sigma^2(s)\,ds,$$

则我们可以重新表示解:

$$F_t = F_0 e^{-\frac{1}{2}\sigma^2(T-t)+\sigma\sqrt{T-t}x},$$

这里 x 是个标准正态分布. 由远期测度定价公式 (8.6), 有

$$\begin{aligned}
C(K,T;S) &= B(0,T)E(\max(S_T-K,0)) \\
&= B(0,T)E(\max(F_T-K,0)) \\
&= B(0,T)\frac{1}{\sqrt{2\pi}}\int_{F_T>K} F_0 e^{-\frac{1}{2}\sigma^2(T-t)+\sigma\sqrt{T-t}x} e^{-\frac{x^2}{2}}\,dx \\
&= B(0,T)F_0\mathrm{N}(d_1) - B(0,T)K\mathrm{N}(d_2) \\
&= S_0\mathrm{N}(d_1) - B(0,T)K\mathrm{N}(d_2);
\end{aligned}$$

其中,

$$d_1 = \frac{\log(F/K)+\frac{1}{2}\sigma^2(T-t)}{\sigma\sqrt{(T-t)}}, \tag{8.9}$$

$$d_2 = \frac{\log(F/K)-\frac{1}{2}\sigma^2(T-t)}{\sigma\sqrt{(T-t)}}, \tag{8.10}$$

$$\sigma = \sqrt{\frac{1}{T-t}\int_t^T \sigma^2(s)\,ds}. \tag{8.11}$$

如前面几章中所讲, 如果我们使用银行存款作为计价单位来给衍生品定价, 为了复制衍生品, 自融资投资组合需要包含股票和银行存款. 结果就是: 无论我们什么时候需要借钱或是有多余的资金, 都应该向银行借钱或者将剩余资金存入银行, 因此我们的借贷费用或利润将会是银行短期利率, 例如银行提供的隔夜拆借利率.

然而, 考虑使用远期测度去给期权定价的情况, 当我们需要资金的时候, 应该卖出到期时为 T 的无息债券以筹集资金. 当我们有多余资金的时候, 应该买入到期时为 T 的无息债券. 举个例子, 对于看涨期权的情形, 我们知道:

$$C(K,T;S) = S\mathrm{N}(d_1) - B(t,T)K\mathrm{N}(d_2),$$

还有事实:

$$\frac{\partial C}{\partial S} = \mathrm{N}(d_1).$$

这意味着，为了复制这个期权，我们应该始终购买 $\mathrm{N}(d_1)$ 份股票，以债券的形式借入资金，卖出 $\mathrm{N}(d_2)$ 份本金为 K 的债券. 在这个复制策略下，我们一定会成功地复制出看涨期权的收益. 我们不能再假设在银行存钱或借钱，因为银行的贴现利率不是确定的. 如果使用以上的公式，也就是说使用了远期概率测度定价并计算 Delta，但是试图用银行短期利率来筹资或存钱，那么，我们无法成功复制或对冲看涨期权的收益. 这一点很重要，但很多定量工作者却还不甚明白.

我们也可以用其他资产作为计价单位. 来看下面的例子. 我们都知道对应于风险中性测度的计价单位是

$$D(t) = e^{\int_0^t r(s)\,ds},$$

或在利率 $r(s)$ 为常数 r 的情况，我们有计价单位 $D(t) = e^{rt}$. 现在我们想把股票 S 作为计价单位. 由定理 7.17，我们知道测度变换由下式给定:

$$\frac{dQ}{dP} = \frac{S_T}{e^{rT}} \frac{1}{S_0}.$$

另一方面，由 Girsanov 定理，我们知道测度变换应该满足条件

$$\frac{dQ}{dP} = Z_T,$$

其中,

$$dZ_t = -a(t) Z_t dW_t.$$

回到我们的情形，我们有

$$Z_t = \frac{S_t}{e^{rt}} \frac{1}{S_0}.$$

由于

$$dS_t = rS_t dt + \sigma S_t dW_t,$$

我们可以很容易计算

$$dZ_t = \sigma Z_t dW_t,$$

因此

$$a(t) = -\sigma(t).$$

这意味着在计价单位的变换下，我们不需要用 dW_t，应该用

$$d\widetilde{W}_t = dW_t - \sigma(t)dt$$

作为新布朗运动. 实际上在这个变换下，我们将证明新的相对价格 e^{rt}/S_t 实际上是一个鞅. 这是因为我们可以利用 Itô 引理：

$$\begin{aligned} d\left(\frac{e^{rt}}{S_t}\right) &= r\frac{e^{rt}}{S_t}dt - \frac{e^{rt}}{S_t^2}dS_t + \frac{e^{rt}}{S_t^3}dS_t dS_t \\ &= r\frac{e^{rt}}{S_t}dt - r\frac{e^{rt}}{S_t}dt + \frac{e^{rt}}{S_t^3}S_t^2\sigma^2 dt - \frac{e^{rt}}{S_t}\sigma dW_t \\ &= -\sigma\frac{e^{rt}}{S_t}(dW_t - \sigma dt) \\ &= -\sigma\frac{e^{rt}}{S_t}d\widetilde{W}_t, \end{aligned}$$

注意到 $-\widetilde{W}_t$ 也是一个布朗运动，因此我们把以上计算简化为

$$d\left(\frac{e^{rt}}{S_t}\right) = \sigma\left(\frac{e^{rt}}{S_t}\right)d\widetilde{W}_t.$$

因此 e^{rt}/S_t 确实是一个鞅. 我们可以利用这个新的计价单位去给衍生品定价. 实际上，看涨期权的收益函数可以写为

$$\max(S-K,0) = S\max\left(1-\frac{K}{S},0\right).$$

把看涨期权价值写为 V，那么由资产定价公式，我们应该有

$$V_0 = S_0 E\left(\frac{V_T}{S_T}\right) = S_0 E\left(\max(1-\frac{K}{S},0)\right).$$

我们的目标是在使得相对价格 e^{rt}/S_t 为鞅过程的测度下计算期望. 我们已经知道

$$d\left(\frac{e^{rt}}{S_t}\right) = \sigma\frac{e^{rt}}{S_t}d\widetilde{W}_t,$$

因此

$$d\left(\frac{K}{S_t}\right) = -r\frac{K}{S_t}dt + \sigma\frac{K}{S_t}d\widetilde{W}_t.$$

解为

$$\frac{K}{S_t} = \frac{K}{S_0}\exp(-rt - \frac{1}{2}\sigma^2 t + \sigma\widetilde{W}_t).$$

我们有

$$\frac{K}{S_T} < 1 \quad 等价于 \quad \widetilde{W}_T < \frac{\log(S_0/K) + rT + \frac{1}{2}\sigma^2 T}{\sigma}.$$

现在我们计算最后一步:

$$\begin{aligned}
V_0 &= S_0 E\left(\max(1 - \frac{K}{S_T}, 0)\right) \\
&= S_0 E\left((1 - \frac{K}{S_T})1_{1>\frac{K}{S_T}}\right) \\
&= S_0 E\left(1_{1>\frac{K}{S_T}}\right) - E\left(\frac{K}{S_T}1_{1>\frac{K}{S_T}}\right) \\
&= S_0 P(S_T > K) - KE\left(\frac{1}{S_T}1_{1>\frac{K}{S}}\right) \\
&= S_0\mathrm{N}(d_1) - Ke^{-rT}\mathrm{N}(d_2).
\end{aligned}$$

在这里, d_1, d_2 是由熟知的公式给出来.

8.2 二元期权定价

考虑收益函数

$$V(S,T) = \begin{cases} 1, 若 & S > K, \\ 0, 若 & S \leqslant K. \end{cases}$$

为了给二元期权定价, 我们使用随机微分方程

$$dS_t = rS_t dt + \sigma S_t dW_t.$$

在这个随机方程下解 S 如下:

$$S_T = S_0 e^{(r-\frac{1}{2}\sigma^2)T + \sigma W_T} = F_0 e^{-\frac{1}{2}\sigma^2 T + \sigma W_T}.$$

于是,

$$
\begin{aligned}
V(S,0) &= e^{-rT} E\left(I_{S_T>K}\right) \\
&= e^{-rT} P\left(W_T > \frac{\log(K/F_0) + 1/2\sigma^2 T}{\sigma}\right) \\
&= e^{-rT} N\left(-\frac{\log(K/F_0) + \frac{1}{2}\sigma^2 T}{\sigma\sqrt{T}}\right) \\
&= e^{-rT} N(d_2),
\end{aligned}
$$

其中, d_2 是作为看涨期权价格的显式解给出. 还有一种方法可对同样的二元期权定价. 注意到二元期权的收益函数可以被看作是看涨期权的收益函数对执行价格求一阶导:

$$
\frac{\partial \max(S-K,0)}{\partial K} = \begin{cases} 0, & 若 \quad S > K; \\ -1, & 若 \quad S \leqslant K. \end{cases}
$$

于是, 二元期权的价格就可写为

$$
\begin{aligned}
V(S,0) &= -\frac{\partial C(K,T;S)}{\partial K} \\
&= -\frac{\partial\left(S\mathrm{N}(d_1) - e^{-rT}K\mathrm{N}(d_2)\right)}{\partial K} \\
&= e^{-rT} N(d_2).
\end{aligned}
$$

二元期权的价值及其收益函数可以在图 8.1 中看出. 对冲二元期权的难点在于, 当时间接近到期日期时, 如果资产的现价远远超过执行价, 那么 Delta 接近 0; 如果资产的现价远远小于执行价, 那么 Delta 也接近 0. 但是如果资产的现价徘徊于执行价周围, 那么 Delta 的摇摆度非常大, 对冲的效果将会很糟糕. 事实上我们可以计算出二元期权的 Delta:

$$
\begin{aligned}
\text{Delta} &= \frac{\partial(e^{-r(T)}N(d_2))}{\partial S} \\
&= e^{-rT} e^{-d_2^2/2} \frac{1}{S\sigma\sqrt{T}}.
\end{aligned}
$$

既然如此, 我们如何对冲二元期权呢? 一个办法就是用两个看涨期权来对冲. 如前所述, 我们可以用

$$
V(S,0) = -\frac{\partial C(K,T;S)}{\partial K}
$$

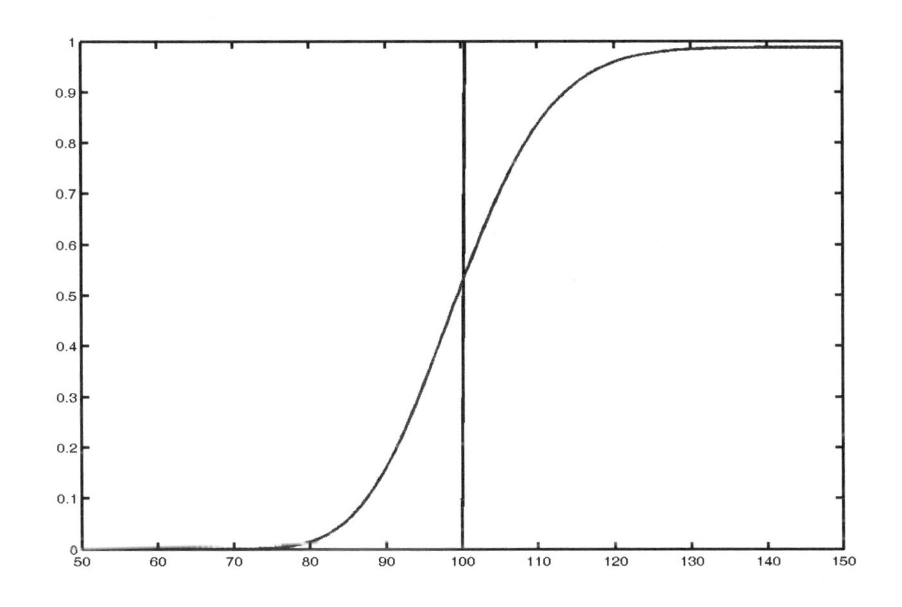

图 8.1 二元期权的价值及其收益函数

来计算二元期权的价格. 如果近似地逼近这个导数, 我们有

$$V(S,0) \approx \frac{-C(K,T;S)+C(K-\Delta K,T;S)}{\Delta K}.$$

比如, 一个 $K=100$ 的二元期权, 我们可以选取 $\Delta K=0.1$, 就有

$$\begin{aligned} V(S,0) &\approx \frac{-C(100,T;S)+C(99.9,T;S)}{0.1} \\ &= 10\big(C(99.9,T;S)-C(100,T;S)\big). \end{aligned}$$

这就是说我们应该用 10 倍的看涨期权来对冲. 如果我们选取 $\Delta K=0.01$, 虽然差分逼近的效果好些, 但是我们将要用 100 倍的看涨期权来对冲. 比如二元期权的交易可能有面值 1,000,000 元, 对冲则要用 100,000,000 元为面值的看涨期权, 而这可是个不小的数目. 由此可见, 即使是简单的二元期权, 对冲其收益函数也不是那么容易的一件事, 哪怕是有了风险中性测度, 也并不表明一切都有了保证.

8.3 亚式期权定价

对两个独立正态分布的随机变量 X 和 Y, $X+Y$ 必为另一个正态分布的随机变量. 但是, 如果 X 和 Y 是两个服从对数正态分布的随机变量, $X+Y$ 却不再是一个服从对数正态分布的随机变量. 然而 $X\cdot Y$ 却呈对数正态分布. 由此可知几何平均期权的定价要比算术平均期权容易得多.

特别地, 给定一个时间序列 $t_1,t_2,\cdots,t_n$, 相关资产在这些时刻的价格记为 $S_1,S_2,\cdots,S_n$. 期权在 T 时刻收益为

$$V(K,T;S)=\max(G-K,0);$$

其中, G 的定义为

$$G=S_1^{a_1}S_2^{a_2}\cdots S_n^{a_n}.$$

显然, 如果我们有

$$a_1+a_2+\cdots+a_n=1,$$

G 就是 $S_1,S_2,\cdots,S_n$ 的某种加权几何平均值. 为了计算期权的值, 不去直接计算 G, 我们先计算 $\log G$:

$$\begin{aligned}
\log G &= \sum_{i=1}^{n} a_i \log S_i \\
&= \sum_{i=1}^{n} a_i\Big(\log S_0+(r-\frac{1}{2}\sigma^2)t_i+\sigma W_{t_i}\Big) \\
&= \Big(\sum_{i=1}^{n} a_i\Big)\log S_0+(r-\frac{1}{2}\sigma^2)\sum_{i=1}^{n} a_i t_i+\sigma\sum_{i=1}^{n} a_i W_{t_i} \\
&= \Big(\sum_{i=1}^{n} a_i\Big)\log S_0+(r-\frac{1}{2}\sigma^2)\sum_{i=1}^{n} a_i t_i+\sigma\sum_{i=1}^{n}(\sum_{j=i}^{n} a_j)(W_{t_i}-W_{t_{i-1}}).
\end{aligned}$$

由于 $W_{t_i}-W_{t_{i-1}}$ 服从正态分布, 均值为零, 方差为 t_i-t_{i-1}. 随机变量 G 必服从对数正态分布且其均值为

$$E(\log G)=\Big(\sum_{i=1}^{n} a_i\Big)\log S_0+(r-\frac{1}{2}\sigma^2)\sum_{i=1}^{n} a_i t_i,$$

方差为

$$V(\log G) = \sum_{i=1}^{n}\Big(\sum_{j=i}^{n} a_j\Big)^2 (t_i - t_{i-1}).$$

知道了 G 的均值和方差, 不难给期权估价. 事实上,

$$\begin{aligned} V(K,0;S) &= e^{-rT} E(\max(G-K,0)) \\ &= e^{a+v/2-rT}\mathrm{N}(d_1) - e^{-rT} K\mathrm{N}(d_2). \end{aligned}$$

其中,

$$\begin{aligned} d_1 &= \frac{a-\log K}{\sqrt{v}}, \\ d_2 &= \frac{a-\log K}{\sqrt{v}} - \sqrt{v}, \\ a &= E(\log G), \\ v &= \sqrt{V(\log G)}. \end{aligned}$$

但是, 我们必须强调: 这种计算方法基于资产价格服从对数正态分布且波动率为常值的假定, 这个假定在现实中尤其是在有波动率偏态的情况下并不满足. 读者要知道它的局限性.

几何平均期权并不难被对冲, 因为收益函数用的是一些点上的平均值, 所以它的 Delta 也是某种普通欧式期权的平均. 尤其是当时间靠近到期日期时, 由于 $S_1, S_2, \cdots, S_n$ 中的大部分值都已经知道, Delta 会变得越来越稳定, 其 Gamma 会变得较小.

与几何平均期权相反, 算术平均期权不容易计算. 算术平均期权有很多种形式, 它们在到期日的收益函数不尽相同, 但总是要牵扯到资产在不同日期的价格的算术平均. 为了研究它的定价问题, 我们先从一个更学术的观点来看这个问题: 研究样本的连续平均值. 我们定义下面的变量:

$$I_t = \frac{1}{t}\int_0^t S_\tau \, d\tau.$$

这显然就是股票价格在时段 $(0,t)$ 的连续平均值, 考虑收益函数依赖于这个量的衍生品. 我们暂时不论这个衍生品的具体收益函数, 而研究这个衍生品的价格应该遵从什么样的微分方程. 为了这个目的, 我们利用 Itô 积分, 有

$$dI = S_t dt. \tag{8.12}$$

把 I 仅视为另一个变量，对衍生品的价格，类似推导 Black-Scholes 方程，我们有如下的方程：

$$\frac{\partial V}{\partial t} + S\frac{\partial V}{\partial I} + \frac{1}{2}\sigma^2 S^2 \frac{\partial^2 V}{\partial S^2} + rS\frac{\partial V}{\partial S} - rV = 0. \tag{8.13}$$

如果一个期权并不依赖 I，那么在上面的方程中 $\partial V/\partial I$ 项为 0，方程 (8.13) 自然就简化成普通的 Black-Scholes 方程. 但是如果期权是与 I 有关的，那么方程 (8.13) 要有初值条件： $V(S,I,T) = h(S,I)$，即其收益函数要依赖平均值 I. 但是解这个偏微分方程要比解一般期权的 Black-Scholes 方程复杂很多，因为变元多了一个.

在实际应用中，市场都是用离散的算术平均值. 先选一些时间点

$$t_1, t_2, \cdots, t_n,$$

对应的资产价格为 $S_1, S_2, \cdots, S_n$. 其平均值定义为：

$$A = \frac{S_1 + S_2 + \cdots + S_n}{n}. \tag{8.14}$$

考虑收益函数如下定义的未定权益：

$$V(T) = \max(A - K, 0). \tag{8.15}$$

不同于几何期权，这里的变量 A 不再服从对数正态分布. 尽管如此，我们仍可以用一个对数分布来逼近 A，再试着使用与求解几何平均期权相同的技巧. 首先我们可以简单地计算出 A 的远期. 事实上在风险中性测度下，

$$E(A) = S_0 \frac{e^{rt_1} + e^{rt_2} + \cdots + e^{rt_n}}{n}.$$

我们再计算 A 的方差：

$$V(A) = \frac{\sum\limits_{i,j} \mathrm{Cov}(S_i, S_j)}{n^2}.$$

其中，对 $i < j$，我们有

$$\begin{aligned}
\mathrm{Cov}(S_i, S_j) &= E(S_i S_j) - E(S_i)E(S_j) \\
&= E(S_i^2 e^{(r-\frac{1}{2}\sigma^2)(t_j - t_i) + \sigma\sqrt{t_j - t_i}x}) - S_0^2 e^{r(t_i + t_j)} \\
&= E(S_i^2) e^{r(t_j - t_i)} - S_0^2 e^{r(t_i + t_j)} \\
&= S_0^2 e^{r(t_i + t_j)} e^{\frac{1}{2}\sigma^2 t_i} - S_0^2 e^{r(t_i + t_j)}.
\end{aligned}$$

有了 A 的期望和方差以后，我们假设 A 是个对数正态分布，然后应用类似几何平均期权的公式，得出算术平均期权的相应的公式. 这种近似的计算在精确度要求不是特别高的时候可以使用，在精确度的要求较高时，应该考虑误差项，具体过程可以参考有关文献[10].

还有一种可以统一处理离散型亚式期权的方法，就是应用偏微分方程的方法. 如果收益函数是一个一般的函数 $h(S,I)$，其中，

$$I=\frac{S_{t_1}+S_{t_2}+\cdots+S_{t_n}}{n}.$$

我们可以从上面对连续平均值的推导过程中得到启发. 如果平均值定义为连续平均，那么在全区间 $(0,T)$ 上就有方程 (8.13). 在平均值定义为离散的情况下，我们试定义

$$I_t=\frac{S_{t_1}+S_{t_2}+\cdots+S_{t_k}}{k},$$

其中，

$$t_k\leqslant t<t_{k+1}.$$

这样 I_t 表面上是连续依赖时间 t，实际上 I_t 是分段常数函数. 在区间 (t_i,t_{i+1}) 上，I_t 就是个常数：

$$I_t=\frac{S_{t_1}+S_{t_2}+\cdots+S_{t_i}}{i}.$$

由于这个原因，在区间 (t_i,t_{i+1}) 上，我们有 $dI_t=0$. 所以方程 (8.13) 就应该退化成

$$\frac{\partial V}{\partial t}+\frac{1}{2}\sigma^2S^2\frac{\partial^2 V}{\partial S^2}+rS\frac{\partial V}{\partial S}-rV=0. \tag{8.16}$$

即普通的 Black-Scholes 方程. 但是这个方程在全区间 $(0,T)$ 上并不能成立，因为在 t_i 点上，I_t 的定义发生了变化. 由于这个讨论，我们可以这样解算术平均期权的衍生品价格. 我们用 $V(S,I,t)$ 来表示期权在 t 时刻资产价格为 S，算术平均值 $I_t=I$ 的价格. 那么我们先确定终值条件为

$$V(S,I,T)=h\left(S,\frac{(n-1)I+S}{n}\right),$$

我们对每一对 (S,I) 赋值, 然后从 t_{n-1} 到 t_n 点求解方程

$$\begin{cases}\dfrac{\partial V}{\partial t}+\dfrac{1}{2}\sigma^2S^2\dfrac{\partial^2 V}{\partial S^2}+rS\dfrac{\partial V}{\partial S}-rV=0,\\ \\ V(S,I,T)=h\left(S,\dfrac{(n-1)I+S}{n}\right).\end{cases}$$

方程在时刻 t_{n-1} 的解我们记为 $V(S,I,t_{n-1})$, 其表示期权在 t_{n-1} 时刻, 资产现价为 S、算术平均值 $I_{t_{n-1}}=I$ 的价格. 现在我们对时刻 t_{n-1} 重新定义终值条件为

$$h_{n-1}(S,I)=V\left(S,I,t_{n-1}\right).$$

在区间 (t_{n-2},t_{n-1}) 上再次解方程

$$\begin{cases}\dfrac{\partial V}{\partial t}+\dfrac{1}{2}\sigma^2S^2\dfrac{\partial^2 V}{\partial S^2}+rS\dfrac{\partial V}{\partial S}-rV=0,\\ \\ V(S,I,t_{n-1})=h_{n-1}\left(S,\dfrac{(n-2)I+S}{n-1}\right).\end{cases}$$

方程在时刻 t_{n-2} 的解我们记为 $V(S,T,t_{n-2})$. 我们现在重新定义终值条件为

$$h_{n-2}(S,I)=V(S,I,t_{n-2}).$$

依此类推, 我们一直解到初始时 0 点. 那么此刻函数 $V(S,S,0)$ 就给出了期权在 0 点的价格. 数值求解偏微分方程的方法我们将在第十章介绍.

8.4 回望期权定价

第一章介绍了, 回望期权是另外一种常见的期权. 它的收益函数常常要含有股价在过去的路径中取到的最大值. 比如我们可以构造这样一个期权: 从 0 点到 T 点的股票路径为 S_t, $0\leqslant t\leqslant T$. 取

$$M=\max_{0\leqslant t\leqslant T}S_t$$

为最大值. 在 T 点的收益函数是 $h(S,I)$. 回望期权比较难以求出来解析解是因为其标的价格最大值的分布比较复杂. 一般利用 Monte Carlo 方法进行

模拟求解. 在实际中, 多数情况下, 我们不可能像这样定义连续最大值, 而只能在离散的时间点上定义. 比如选一些时间点

$$t_1, t_2, \cdots, t_n,$$

对应的资产价格为 $S_1, S_2, \cdots, S_n$, 其中, $t_n = T$. 定义

$$I = \max(S_{t_1}, S_{t_2}, \cdots, S_{t_n}).$$

而收益函数是一个一般的函数 $h(S, I)$.

为了构造一般的方法求解回望期权的价格, 我们像在亚式期权一节中一样, 首先构造

$$I_t = \max(S_{t_1}, S_{t_2}, \cdots, S_{t_k}),$$

其中, $t_k \leqslant t < t_{k+1}$. 我们定义函数 $V(S, I, t)$ 为回望期权在时刻 t、资产价格为 S、最高价格 $I_t = I$ 的价格. 由于 I_t 是分段常数函数, 我们知道作为 S 和 I 的函数, $V(S, I, t)$ 应该在每一个区间段 (t_i, t_{i+1}) 上满足方程

$$\frac{\partial V}{\partial t} + \frac{1}{2}\sigma^2 S^2 \frac{\partial^2 V}{\partial S^2} + rS\frac{\partial V}{\partial S} - rV = 0. \tag{8.17}$$

但是在 t_i 点上我们需要重新定义边界值条件. 具体步骤是: 首先在 (t_{n-1}, t_n) 上求解方程

$$\begin{cases} \dfrac{\partial V}{\partial t} + \dfrac{1}{2}\sigma^2 S^2 \dfrac{\partial^2 V}{\partial S^2} + rS\dfrac{\partial V}{\partial S} - rV = 0, \\ V(S, I, t_n) = h\big(S, \max(S, I)\big). \end{cases}$$

当我们对每一对 (S, I) 都有解以后, 我们在 t_{n-1} 点重新定义边界条件:

$$h_{n-1}(S, I) = V(S, I, t_{n-1}),$$

然后我们在区间 (t_{n-2}, t_{n-1}) 上求解方程

$$\begin{cases} \dfrac{\partial V}{\partial t} + \dfrac{1}{2}\sigma^2 S^2 \dfrac{\partial^2 V}{\partial S^2} + rS\dfrac{\partial V}{\partial S} - rV = 0, \\ V(S, I, t_{n-1}) = h_{n-1}(S, \max(S, I)). \end{cases}$$

依此类推, 我们一直解到初始时 0 点. 此时 $V(S, S, 0)$ 就给出了期权在 0 点的价格.

8.5 障碍期权定价

障碍期权是经典的路径依赖期权. 购买障碍期权的投资者往往对基础资产的走向有很明确的看法, 或是为了对冲相似的现金流. 障碍期权可以分成两类: 触及生效和触及失效. 触及生效期权是指期权只有当基础资产值触及某个价位时才会生效. 触及失效期权是指期权原先有效, 但是当基础资产值触及某个价位时就会失效. 无论是触及生效还是触及失效期权, 它们的价值都要比其相应的非障碍期权的价格低.

我们现在举两个例子来说明障碍的定价方法.

(1) 向下触及失效看涨期权. 首先, 这是个看涨期权. 它的执行价是 K, 它的收益函数是 $\max(S_T - K, 0)$, 触及的水平是 X, 初始水平 $S_0 > X$. 但是如果在任何时候 t, 只要我们有 $S_t \leqslant X$, 收益函数将是零. 我们作如下的假定: $K > X$. 为了计算这个期权的值, 使用通常的几何布朗运动的假设:

$$dS_t = rS_t dt + \sigma S_t dW_t.$$

在这个假设下, 期权的价值满足 Black-Scholes 方程. 初值及边界值如下确定:

$$\begin{cases} \dfrac{\partial V}{\partial t} + \dfrac{1}{2}\sigma^2 S^2 \dfrac{\partial^2 V}{\partial S^2} + rS\dfrac{\partial V}{\partial S} = rV, \\ V(S,T) = \max(S-K,0), \\ V(X,t) = 0, \quad 0 \leqslant t \leqslant T. \end{cases}$$

为了解这个方程, 现在引用 6.2 小节中的结果, 特别地, 我们用第二种换元方法:

$$V(S,t) = e^{\alpha \log S + \beta (T-t)\frac{\sigma^2}{2}} u\left(\log S, (T-t)\frac{\sigma^2}{2}\right).$$

其中, $u(x,\tau)$ 满足热传导方程. 那么, 在新的方程中初值条件及边界条件将成为

$$\begin{cases} u_t = u_{xx}, \\ u(x,0) = e^{\frac{k-1}{2}x}\max(e^x - K, 0), x \leqslant \log K, \\ u(\log X, t) = 0, \quad 0 \leqslant t \leqslant T. \end{cases}$$

其中，$k=2r/\sigma^2$. 我们解这个方程的方法称为对称法. 我们假定 $u_0(x,\tau)$ 是方程及初值条件

$$\begin{cases}u_t=u_{xx},\\u(x,0)=e^{\frac{k-1}{2}x}\max(e^x-K,0)\end{cases}$$

的解. 令

$$u(x,\tau)=u_0(x,\tau)-u_0(2\log X-x,\tau).$$

容易看到 $u(x,\tau)$ 就满足原方程加上初值条件以及边值条件. 首先 $u_0(x,\tau)$ 和 $u_0(2\log X-x,\tau)$ 都满足线性的热传导方程, 所以 $u(x,\tau)$ 也满足热传导方程. 其次因为 $X<K$, $X<e^x$, 我们有 $e^{2\log X-x}<K$, 这样

$$u_0(2\log X-x,0)=0.$$

所以

$$u(x,0)=u_0(x,0)=e^{\frac{k-1}{2}x}\max(e^x-K,0).$$

最后我们有边界值条件

$$u(\log X,t)=u_0(\log X,t)-u_0(\log X,t)=0.$$

这就表明 $u(x,\tau)$ 的确是我们需要的解. 向下触及失效的期权的价格因此是:

$$\begin{aligned}V(S,t)&=e^{\alpha\log S+\beta(T-t)\frac{\sigma^2}{2}}u_0\left(\log S,(T-t)\frac{\sigma^2}{2}\right)\\&\quad-e^{\alpha\log S+\beta(T-t)\frac{\sigma^2}{2}}u_0\left(2\log X-\log S,(T-t)\frac{\sigma^2}{2}\right)\\&=C(K,T;S)-e^{2\alpha(S/X)}e^{\alpha\log(X^2/S)+\beta(T-t)\frac{\sigma^2}{2}}\\&\quad\times u_0\left(2\log X-\log S,(T-t)\frac{\sigma^2}{2}\right)\\&=C(K,T;S)-\left(\frac{S}{X}\right)^{-(k-1)}C\left(K,T;\frac{X^2}{S}\right).\end{aligned}$$

其中，$C(K,T;S)$ 就是执行价格为 K、到期日为 T、今天的资产值为 S 的普通欧式看涨期权的价格. 图 8.2 是普通的欧式看涨期权与向下触及失效看

涨期权的价格比较. 我们假设触及的价格是 90 元, 执行价是 95 元. 可以看到, 普通的欧式看涨期权值在向下触及失效看涨期权值的上边. 当现价趋向于触及价格时, 向下触及失效看涨期权的价格趋向于 0. 现价越高, 触及价格和现价的距离越远, 所以触及的可能性越小, 我们看到两种价格相对越接近. 我们还可以研究普通的欧式看涨期权值和向下触及失效看涨期权对波动率的依赖性. 图 8.3 显示了这种关系. 很明显, 当波动率增加时, 触及失效水平的可能性在增加, 所以向下触及失效看涨期权的价格和普通的欧式看涨期权价格相差加大.

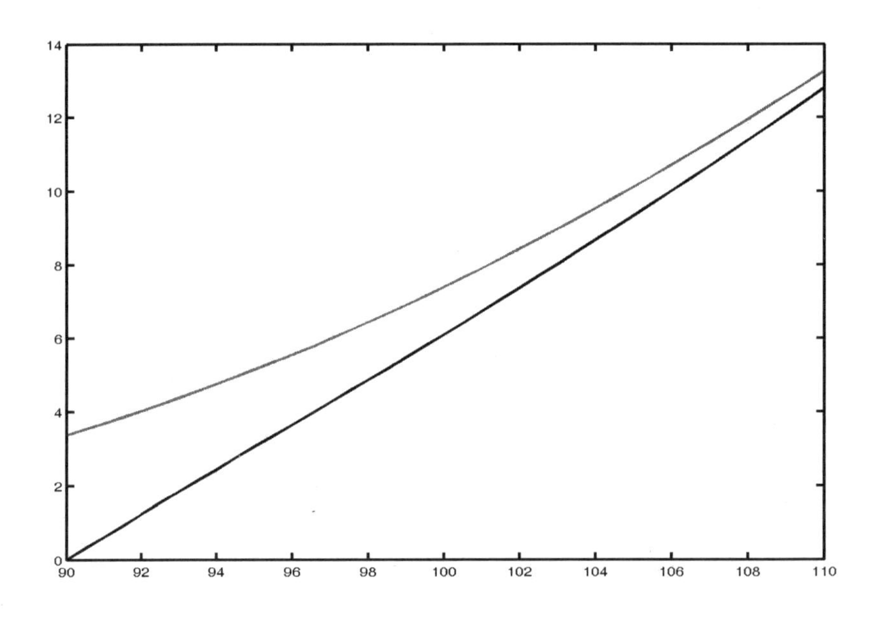

图 8.2 欧式看涨期权与向下触及失效看涨期权随现价变化

(2) 向下触及生效看涨期权. 我们考虑一个向下触及生效看涨期权的例子. 这种情况下, 向下触及生效的水平在 X, 同时 $X < S, X < K$. 期权开始时无效, 只有当 $S_t \leqslant X$ 时才生效, 否则在到期日期权的收益为零. 为了计算这个期权的值, 我们只需要注意下面的关系: 向下触及生效看涨期权加上向下触及失效看涨期权就等于普通欧式期权. 根据这个关系, 向下触及生效看

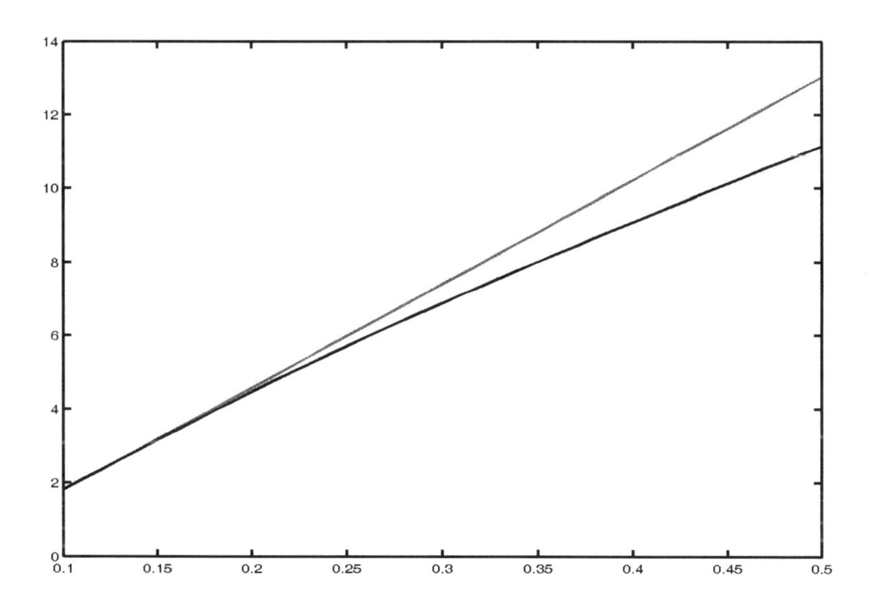

图 8.3 看涨期权值和向下触及失效看涨期权对波动率的依赖性

涨期权的价格就应该是

$$C(K,T;S)-\left(C(K,T;S)+\left(\frac{S}{X}\right)^{-(k-1)}C\left(K,T;\frac{X^2}{S}\right)\right)$$
$$=\left(\frac{S}{X}\right)^{-(k-1)}C\left(K,T;\frac{X^2}{S}\right).$$

这两个例子表明，在经典的 Black-Scholes 的模型下，障碍期权一般可以用带边值条件的 Black-Scholes 方程求解得到. 我们这里介绍另一个特别有意思的方法处理向下触及失效看涨期权. 首先我们要注意看涨期权和看跌期权的一个性质. 假设 F 是远期的价格，如果

$$KK'=F^2,$$

根据我们熟知的看涨看跌期权公式,

$$C(K,T;S)=S\mathrm{N}(d_1)-e^{-rT}K\mathrm{N}(d_2),$$
$$P(K',T;S)=e^{-rT}K'\mathrm{N}(-d_2')-S\mathrm{N}(-d_1').$$

因为

$$d_1 = \frac{\log(F/K) + \frac{1}{2}\sigma^2 T}{\sigma\sqrt{T}},$$

从而

$$-d_1 = \frac{\log(K/F) - \frac{1}{2}\sigma^2 T}{\sigma\sqrt{T}} = \frac{\log(F/K') - \frac{1}{2}\sigma^2 T}{\sigma\sqrt{T}} = d_2'.$$

同理我们有

$$-d_2 = d_1'.$$

容易验证对任何 S，我们都有

$$\frac{C(K,T;S)}{P(K',T;S)} = \frac{F}{K'} = \frac{K}{F} = \frac{\sqrt{K}}{\sqrt{K'}}.$$

这就表明当 $KK' = F^2$ 时，我们应该有

$$C(K,T;S) = \frac{\sqrt{K}}{\sqrt{K'}} P(K',T;S). \tag{8.18}$$

如何应用这个关系呢？当现价永远等于远期价格，又没有波动率偏态时，我们构造一个组合：买执行价是 K 的看涨期权，卖执行价是 $K' = X^2/K$ 的看跌期权，那么我们的组合的值在时刻 0 点是

$$C(K,T;S) - \frac{\sqrt{K}}{\sqrt{K'}} P(K',T;S).$$

当股价触及 X 时，由于等式 (8.18)，我们的组合的值成为

$$C(K,T;X) - \frac{\sqrt{K}}{\sqrt{K'}} P(K',T;X) = 0.$$

如果股价从没有触及 X，在终点的收益是

$$\max(S-K,0) - \frac{\sqrt{K}}{\sqrt{K'}} \max(K'-S,0).$$

因为 $K > X$，所以 $K' < X$. 既然股价没有触及 X，我们必有 $K' < X < S$，所以

$$\max(S-K,0) - \frac{\sqrt{K}}{\sqrt{K'}} \max(K'-S,0) = \max(S-K,0).$$

这就是说，我们的组合的收益函数和普通看涨期权的收益函数一样．故而，我们不仅找到了计算这个障碍期权价格的方法，还找到了如何简单复制这个障碍期权的方法．读者必须注意，这个方法只有当满足了以下两个条件时才有效：(1) 现价永远等于远期价格，比如利率为 0 时；(2) 没有波动率偏态．读者在应用时必须谨慎检验这些条件．

8.6 差价期权定价

考虑下面的问题：我们有两个资产 S 和 U，考虑欧式未定权益，其在到期时间 T 的收益函数为

$$V(T) = \max(S_T - U_T, 0). \tag{8.19}$$

在这一节中，我们希望用前几章介绍过的方法来对这个未定权益定价．再检查一下收益函数，我们有

$$V(T) = U_T \max\left(\frac{S_T}{U_T} - 1, 0\right).$$

这样，如果使用 U 作为计价单位，由鞅公式，我们将有

$$V(0) = U_0 E\left(\max(\frac{S_T}{U_T} - 1, 0)\right).$$

这样，我们把注意力集中到 S/U 上．再次使用鞅表示：

$$E\left(\frac{S_T}{U_T}\right) = \frac{S_0}{U_0}.$$

在证券价格是几何布朗运动假设下，我们会期望 S/U 也是一个几何布朗运动．我们只须知道它的波动率．为此假定

$$dS = rSdt + \sigma_1 S dW^1,$$
$$dU = rUdt + \sigma_2 U dW^2.$$

在风险中性测度下，有关系 $\rho = dW^1 dW^2$．现在为了计算 S/U 的波动率，

我们利用 Itô 引理:

$$d\left(\frac{S}{U}\right)=\frac{dS}{U}-\frac{S}{U^2}dU+\frac{S}{U^2}dUdU-\frac{1}{U^2}dSdU$$
$$=\frac{S}{U}(\sigma_2^2-\rho\sigma_1\sigma_2)dt+\frac{S}{U}(\sigma_1dW^1-\sigma_2dW^2).$$

我们知道, 由 Girsanov 定理, 测度变换只会改变漂移, 不改变波动率, 这样 S/U 的对数正态波动率为

$$\sigma=\sqrt{\sigma_1^2+\sigma_2^2-2\rho\sigma_1\sigma_2},$$

并且 S/U 在我们的新的概率测度下必然满足随机微分方程:

$$d\left(\frac{S}{U}\right)=\sigma\left(\frac{S}{U}\right)dW_t,$$

其中, W_t 是在使用 U 作为计价单位下的等价鞅概率测度下的布朗运动. 最后, 我们可以算出

$$V(0)=S_0\mathrm{N}(d_1)-U_0\mathrm{N}(d_2), \tag{8.20}$$

其中,

$$d_1=\frac{\log(S_0/U_0)+\frac{1}{2}\sigma^2T}{\sigma\sqrt{T}}$$
$$d_2=\frac{\log(U_0/S_0)-\frac{1}{2}\sigma^2T}{\sigma\sqrt{T}}.$$

容易验证, 当 U 为银行存款账户时, 以上的分析和公式就与我们熟知的 Black-Scholes 公式完全一致.

8.7 货币期权

货币期权 (Currency Option) 也称外汇期权, 它的定价理论是把计价单位变换理论应用于衍生品定价的一个好例子.

我们先介绍交叉货币衍生品中的一些基本概念. 先作一些记号. 假设有两种货币, 一种是国内货币, 另一种是国外货币. 国内利率记为 r_d, 或者简单地记为 r, 国外利率记为 r_f. 国内无息债券记为 $B^d(t,T)$, 或者简单地记

为 $B(t,T)$, 国外无息债券记为 $B^f(t,T)$. 时刻 t 的汇率将记为 $y^{d|f}(t)$, 它是每单位外币在时刻 t 兑换成本国货币的数量. 把每个汇率都这样表示将是最佳的, 但现实中并不总是这样的. 例如: 美国市场中, 欧元、澳元、英镑的汇率报价就是这样表示的. 另一方面, 日元、加元、人民币的汇率是采用一单位本国货币换成外国单位货币的数量. 但这不过是一个习惯记法, 不应该在实际操作中给我们带来麻烦, 当然更不会影响理论上的讨论. 当我们有多种货币时, 它们的汇率关系可用一个表格来表示. 举个例子, 图 8.4 的数据是从 Bloomberg 终端中采集的 2006 年 11 月 16 日的汇率矩阵.

KEY CROSS CURRENCY RATES

	USD	EUR	JPY	GBP	CHF	CAD	AUD	NZD	HKD	NOK	SEK
SEK	7.0702	9.0480	5.9818	13.355	5.6665	6.1916	5.4210	4.7038	.90807	1.0957	....
NOK	6.4528	8.2579	5.4594	12.189	5.1717	5.6509	4.9476	4.2930	.82877	....	.91268
HKD	7.7860	9.9641	6.5874	14.707	6.2402	6.8184	5.9699	5.1800	....	1.2066	1.1012
NZD	1.5031	1.9236	1.2717	2.8392	1.2047	1.3163	1.1525	....	.19305	.23294	.21260
AUD	1.3042	1.6691	1.1034	2.4635	1.0453	1.1421	....	.86769	.16751	.20212	.18447
CAD	1.1419	1.4613	.96612	2.1569	.91520	....	.87555	.75971	.14666	.17696	.16151
CHF	1.2477	1.5967	1.0556	2.3568	....	1.0927	.95667	.83009	.16025	.19336	.17647
GBP	.52941	.67751	.44791	....	.42431	.46362	.40592	.35222	.06800	.08204	.07488
JPY	118.19	151.26	....	223.26	94.730	103.51	90.626	78.635	15.181	18.317	16.717
EUR	.78140	....	.66111	1.4760	.62627	.60130	.59914	.51987	.10036	.12110	.11052
USD	....	1.2798	.84606	1.8889	.80147	.87573	.76675	.66530	.12844	.15497	.14144

图 8.4 汇率矩阵

很容易理解, 这个矩阵如果是汇率矩阵, 必须满足下面的条件: 对 3 种货币 a, b, c,

$$y^{a|b}(t) = \frac{1}{y^{b|a}(t)},$$

$$y^{a|b}(t)y^{b|c}(t)y^{c|a}(t) = 1.$$

关于货币最常见的衍生品是远期和期权. 远期汇率 (Currency Forward

Rate) 是双方协定在未来某天用一种货币换另一种货币的汇率. 现在我们来推导远期汇率. 首先我们得弄清楚这里的可交易资产的概念是什么. 汇率本身不是可交易资产, 因为一个单位的外国货币是有时间价值的. 但是另一方面, 国外发行的无息债券 $B^f(t,T)$ 却是可交易资产. 当我们从本国经济的立场看时, 国外无息债券的价值为

$$y^{d|f}(t)B^f(t,T),$$

因为这就是外国发行的无息债券兑换成本国货币时的价值. 当我们使用本国的无息债券作为计价单位时, 根据资产定价基本定理, 存在一个鞅测度, 在此测度下我们有

$$\frac{y^{d|f}(0)B^f(0,T)}{B(0,T)} = E\left(\frac{y^{d|f}(t)B^f(T,T)}{B(T,T)}\right),$$

这就等价于

$$y^{d|f}(0) = \frac{B(0,T)}{B^f(0,T)}E\left(y^{d|f}(t)\right). \tag{8.21}$$

把这个等式改写为

$$E\left(y^{d|f}(t)\right) = \frac{y^{d|f}(0)B^f(0,T)}{B(0,T)}. \tag{8.22}$$

至此我们已经证明, 远期汇率可以这样计算: 用汇率的现价乘以外国货币的贴现因子, 然后再除以本国货币的贴现因子.

$$\text{远期汇率} = \frac{y^{d|f}(0)B^f(0,T)}{B(0,T)}. \tag{8.23}$$

如果我们以银行存款作为计价单位, 应可得到非常相似的结论. 国内银行存款可以如下计算:

$$D^d(t) = D(t) = \exp\left(\int_0^t r(s)\,ds\right),$$

而国外银行存款可以这样记:

$$D^f(t) = \exp\left(\int_0^t r^f(s)\,ds\right).$$

使用 $D(t)$ 作为计价单位，我们有

$$\frac{y^{d|f}(0)D^f(0)}{D(0)} = E\left(\frac{y^{d|f}(t)D^f(t)}{D(t)}\right).$$

因为 $D(0)=1$ 和 $D^f(0)=1$，这样有

$$y^{d|f}(0) = E\left(\frac{y^{d|f}(t)D^f(t)}{D(t)}\right) = E\left(e^{\int_0^t r^f(s) - r(s)\,ds}\, y^{d|f}(t)\right). \tag{8.24}$$

在两种经济的短期利率都为常数的情况下，我们可以得到与 (8.22) 完全一致的公式.

我们现在推导 $y^{d|f}(t)$ 在风险中性测度下满足的随机微分方程. 由方程 (8.24)，我们也可以类似推导出

$$y^{d|f}(t) = E\left(e^{\int_t^T r^f(s) - r(s)\,ds}\, y^{d|f}(T) \,\middle|\, \mathscr{F}_t\right). \tag{8.25}$$

从而有

$$e^{\int_0^t r^f(s)-r(s)\,ds}\, y^{d|f}(t) = E\left(e^{\int_0^T r^f(s) - r(s)\,ds}\, y^{d|f}(T) \,\middle|\, \mathscr{F}_t\right), \tag{8.26}$$

因此

$$e^{\int_0^t r^f(s)-r(s)\,ds}\, y^{d|f}(t)$$

是一个鞅. 我们有

$$d\left(e^{\int_0^t r^f(s)-r(s)\,ds}\, y^{d|f}(t)\right) = \sigma e^{\int_0^t r^f(s)-r(s)\,ds}\, y^{d|f}(t)dW,$$

并可以简化成

$$dy^{d|f}(t) = \left(r^d(t) - r^f(t)\right)y^{d|f}(t)dt + \sigma y^{d|f}(t)dW. \tag{8.27}$$

可以看到 $y^{d|f}(t)$ 在风险中性测度下满足的随机微分方程与有 $r^f(t)$ 为红利的股票所满足的微分方程完全一致.

当然，如果从外币的角度来看汇率，我们可能需要修改这个随机过程.

我们可以用 Girsanov 定理，或者也可使用下面的技巧：

$$\begin{aligned}
dy^{f|d}(t) &= d\left(\frac{1}{y^{d|f}(t)}\right) \\
&= -\frac{1}{(y^{d|f})^2}dy^{d|f}(t) + \frac{dy^{d|f}dy^{d|f}}{(y^{d|f})^3} \\
&= \frac{(r_f - r_d)}{y^{d|f}}dt + \frac{\sigma^2}{y^{d|f}}dt - \frac{\sigma}{y^{d|f}}dW_t \\
&= (r_f - r_d)y^{f|d}dt + \sigma y^{f|d}(-dW(t) + \sigma dt) \\
&= (r_f - r_d)y^{f|d}dt + \sigma y^{f|d}dW_t^f,
\end{aligned}$$

可见 dW 到 dW^f 的变换为

$$dW_t^f = -dW_t + \sigma dt.$$

变换之后，可见关于汇率的随机过程在国内经济和国外经济下是完全对称的.

有了这些准备工作，我们现在讨论在汇率下的期权. 考虑下面的例子：我们买进货币 f 的看涨期权，其执行价格为 K，到期时间是 T. 这个期权给了我们以 K 美元的价格购买一个单位外国货币 f 的权利. 当然，我们是否执行这个期权取决于在时刻 T 的即期汇率 $y^{d|f}(T)$. 如果即期汇率 $y^{d|f}(T) > K$，我们将会执行期权合约，买进外币再把它卖到市场上，从而获利. 于是单位本国货币的收益为

$$\text{汇率看涨期权收益} = \max(y^{d|f}(T) - K, 0). \tag{8.28}$$

现在我们给这个期权定价.

我们可以在远期测度下讨论. 用 $\widetilde{y}^{d|f}(t)$ 来表示远期汇率. 在远期测度下讨论，应该有随机微分方程

$$d\widetilde{y}^{d|f}(t) = \sigma\widetilde{y}^{d|f}(t)dW_t$$

和初始值

$$\widetilde{y}^{d|f}(0) = \frac{y^{d|f}(0)B^f(0,T)}{B(0,T)}.$$

期权的收益公式就是

$$\max(\widetilde{y}^{d|f}(T)-K,0)=\max(y^{d|f}(T)-K,0).$$

我们用类似欧式期权的推导方法, 就可得下面的期权公式:

$$\begin{aligned}\text{看涨期权价值}&=B^d(0,T)\left(y^{d|f}(0)\frac{B^f(0,T)}{B^d(0,T)}\mathrm{N}(d_1)-K\mathrm{N}(d_2)\right)\\&=y^{d|f}(0)B^f(0,T)\mathrm{N}(d_1)-B^d(0,T)K\mathrm{N}(d_2).\end{aligned}\tag{8.29}$$

其中,

$$d_1=\frac{\log\left(\frac{y^{d|f}(0)}{K}\frac{B^f(0,T)}{B^d(0,T)}\right)+\frac{1}{2}\sigma^2T}{\sigma\sqrt{T}},$$

$$d_2=\frac{\log\left(\frac{y^{d|f}(0)}{K}\frac{B^f(0,T)}{B^d(0,T)}\right)-\frac{1}{2}\sigma^2T}{\sigma\sqrt{T}}.$$

相应地, 我们也有看跌期权的公式:

$$\text{看跌期权价值}=B^d(0,T)K\mathrm{N}(-d_2)-y^{d|f}(0)B^f(0,T)\mathrm{N}(-d_1).\tag{8.30}$$

一个有意思的问题是, 作为国外卖期权的一方, 期权的收益是

$$\begin{aligned}&-y^{f|d}(T)\max(y^{d|f}(T)-K,0)\\&=-\max(1-Ky^{f|d}(T),0)\\&=-K\max(\frac{1}{K}-y^{f|d}(T),0).\end{aligned}$$

所以对外国的卖方来讲, 我们买入的看涨期权实际上成为卖方的看跌期权. 这个事实在股票的欧式期权中是不存在的. 读者应该用我们刚刚推导的看跌期权的公式来计算卖方看跌期权的价格, 在今天换算成本国货币以后, 其数值正好和我们的看涨期权的价格完全一样. 不过请读者注意, 在推导过程中要站在他国经济的角度应用我们的看涨看跌期权和远期的公式.

再来计算期权的 Delta. 由定义, Delta 是期权价格关于汇率的一阶导数, 于是我们有

$$\frac{\partial V}{\partial y^{d|f}}=B^f(0,T)\mathrm{N}(d_1).\tag{8.31}$$

看涨期权的对冲就是买进本金为 $\mathrm{N}(d_1)$ 的国外无息债券，再卖空本金为 $K\mathrm{N}(d_2)$ 的国内无息债券.

下面的问题是在华尔街面试中出现过的：我们已知汇率看涨期权的 Delta，同时知道看涨期权的卖方相当于卖掉了一个汇率看跌期权，请问看涨期权卖方相应的 Delta 是多少？我们当然可以用汇率看跌期权的公式来对 $y^{f|d}(0)$ 求导，也可以用下面的简单方法. 我们用 V 来表示看涨期权的价格. 那么对于卖方，看跌期权的价格就将是

$$\frac{V}{y^{d|f}(0)} = Vy^{f|d}(0).$$

其 Delta 就是其关于汇率 $y^{f|d}(0)$ 的一阶导数. 我们有

$$\begin{aligned}\frac{\partial(Vy^{f|d})}{\partial y^{f|d}} &= V + \frac{\partial V}{\partial y^{f|d}} y^{f|d} \\ &= V + \frac{\partial V}{\partial y^{d|f}} \left(-\frac{1}{(y^{d|f})^2}\right) y^{f|d} \\ &= V - B^f(0,T)\mathrm{N}(d_1)\frac{1}{(y^{d|f})^3}.\end{aligned}$$

其中，我们用到了等式 (8.31).

8.8 汇率联动

我们现在考虑汇率联动 (Quanto) 这种衍生品. 它是衍生品定价理论中经常让初学者头痛的一种期权. 如果我们签订了某个合约，决定在时间 T 购买现货价格为 S_0 的国外资产，届时我们用本国货币支付 F 元，问 F 应该为多大？这是个简单的问题. 在远期测度下，因为 $S_t y^{d|f}(t)$ 是外国资产换算成本国货币的价格，应该是个可以交易的资产，所以满足鞅过程：

$$E(S_T y^{d|f}(T)) = \frac{S_0 y^{d|f}(0)}{B(0,T)}.$$

这个等式说明

$$F = \frac{S_0 y^{d|f}(0)}{B(0,T)}.$$

从另外的观点来看，我们可以借贷或者卖出价格为 $S_0y^{d|f}(0)$ 的本国货币，筹集资金，买入资产 S. 根据熟知的无套利原理，我们也可以得到上面的公式.

这个合约还不是汇率联动，如果合约规定，届时合约的对方不是交付外国的资产 S，也不是按照当时的汇率 $y^{d|f}(T)$ 来交付 $S_Ty^{d|f}(T)$ 现金，而只是交付 S_T 的本国货币，汇率联动就产生了. 举个例子，在时间 T，S_T 的价值是 100 英镑，但是合约的对方不是按照美元英镑的时间 T 的兑换率兑换成美元，而是直接交付 100 美元，英镑的量纲被完全忽略不计了. 汇率联动是新型期权的一种. 读者这里可能会猜想答案是不是就是如同我们在第一章中介绍的那样，由于资产今天的市场值为 S_0，而且外国资产的风险中性的增长率为 r^f，所以合约中的买方应付的款为 $S_0/B^f(0,T)$. 答案不是这样的. 在这里，我们应该计算的不是 $E(S_Ty^{d|f}(T))$，而是 $E(S_T)$. 其中，期望值是在本国的风险中性概率测度下进行的计算. 为了这个目的，我们在风险中性概率测度下计算：

$$dS_t = r^f S_t dt + \sigma_S S_t dW_t^1, \tag{8.32}$$

这个过程是外国的风险中性概率测度下的，这里无风险利率也是 r^f 因为 S_t 是在国外交易的. 我们仍然考虑汇率的随机微分方程：

$$dy^{d|f} = (r^d - r^f)y^{d|f}dt + \sigma_y y^{d|f}dW_t^2,$$

这个方程是在本国货币下表示的. 如果我们要换到外国货币，则应该有

$$dy^{f|d} = (r^f - r^d)y^{f|d}dt + \sigma_y y^{f|d}dW_t^3.$$

这里我们用到了变换

$$dW_t^3 = \sigma_y dt - dW_t^2.$$

假设

$$dW^1dW^3 = \rho dt,$$

为了方便计算，假设 ρ 是个常数. 我们有

$$\begin{aligned}
dS_t &= r^f S_t dt + \sigma_S S_t d(\rho W^3 + \sqrt{1-\rho^2}W^4) \\
&= r^f S_t dt + \sigma_S \rho S_t dW^3 + \sigma_S S_t \sqrt{1-\rho^2}dW^4 \\
&= r^f S_t dt + \sigma_S \rho S_t \sigma_y dt - \sigma_S \rho S_t dW^2 + \sigma_S S_t \sqrt{1-\rho^2}dW^4.
\end{aligned}$$

在这里 W^2, W^4 是相互独立的布朗运动. 最终我们在本国的风险中性概率测度下取期望, 得到

$$E(S_T) = S_0 e^{r^f T + \rho\sigma_S\sigma_y T}.$$

这就是说, 我们的远期中的价格应当是

$$F = \frac{S_0}{B^f(0,T)} e^{\rho\sigma_S\sigma_y T}.$$

我们看到, 如果这个外国的资产的变化是完全独立于货币兑换的话, 仍旧有

$$F = \frac{S_0}{B^f(0,T)}.$$

但是若资产 S 与货币兑换率 $y^{f|d}$ 成正相关, 或等价地, S 与货币兑换率 $y^{d|f}$ 成负相关, 就是说, S 增值的话, $y^{d|f}$ 也会增值, S 贬值的话, $y^{d|f}$ 也会贬值, 在这种情况下, F 会比普通的远期价格 $S_0/B^f(0,T)$ 低. 但是若资产 S 与货币兑换率 $y^{f|d}$ 成负相关, 或等价地, S 与货币兑换率 $y^{d|f}$ 成正相关, 就是说, S 增值的话, $y^{d|f}$ 会贬值, S 贬值的话, $y^{d|f}$ 会增值, 在这种情况下, F 会比普通的远期价格 $S_0/B^f(0,T)$ 高. 请读者想一想, 怎样直观地解释这一现象呢?

汇率联动还有其他的形式, 但是基本的解决办法都是差不多的, 都会引入相关系数, 这里就不再详述了.

第九章 局部波动率模型

前面几章的讨论都是在传统的 Black-Scholes 模型之下进行的. 但是我们已经看到市场中交易的衍生品是有波动率微笑和波动率偏态的, 这是传统的 Black-Scholes 模型无法解释的. 在 Black-Scholes 方程下面, 波动率是标的资产的一个变量, 是和行权价以及到期时间没有关系的. 问题的本质是, 几何布朗运动未必准确刻画了证券市场的价格过程. 既然如此, 寻求一个模型能够完全计算出市场上的所有的期权价格就很重要. 因为如果一个模型能够完全计算出市场所有期权的价格, 我们有理由相信这个模型更为精准地刻画了股价过程.

在这一章, 我们的出发点不再是去求解期权的价格, 而是假设市场上期权的价格都是给出来的, 我们寻找一个模型去拟合这些期权的市场价格. 由 Bruno Dupire 等人发现的局部波动率模型就是其中之一, 这个方法能够完全拟合出市场上的简单看涨看跌期权的价格.

9.1 看涨期权价格和股价分布

先看一下具体问题, 比如令 $f(s)$ 是光滑函数. 我们想给下面的未定权益定价, 其在时刻 T 的收益就是

$$V(T) - f(S_T).$$

如果 $f(x) = (x-k)^+$, 那它就只是一个看涨期权. 如果 $f(x) = (k-x)^+$, 它就只是一个看跌期权. 但是在一般的收益函数情况下, 怎样给这个衍生品定

价呢? 一个方法是列出带边界条件的 Black-Scholes 方程

$$
\begin{cases}
\dfrac{\partial V}{\partial t} + \dfrac{1}{2}\sigma^2 S^2 \dfrac{\partial^2 V}{\partial S^2} + rS\dfrac{\partial V}{\partial S} = rV(S,t), \\
V(T,x) = f(x).
\end{cases}
$$

但是这个方法的缺点是使用了常数波动率, 显然没有考虑市场的真实情况. 在有波动率偏态时, 用 Black-Scholes 方程的结果很不理想, 哪怕是能够得出来闭形式解.

为了解决类似的问题, 我们很希望有个更一般的描述股价的随机过程, 使得在这个随机过程下面, 看涨期权的价格中隐含波动率等于市场中的隐含波动率. 实现这个想法的一个路径就是局部波动率模型. 我们首先看一个纯粹数学问题.

定理 9.1 对光滑函数 f, 以及任何一点 F_0, 我们有下面的等式:

$$
f(x) = f(F_0) + (x - F_0)f'(F_0) + \int_0^{F_0} f''(k)(k-x)^+\,dk + \int_{F_0}^{\infty} f''(k)(x-k)^+\,dk. \tag{9.1}
$$

证明: 我们用分部积分计算: 当 $x < F_0$ 时, 我们知道

$$
\int_{F_0}^{\infty} f''(k)(x-k)^+\,dk = 0,
$$

所以

$$
\begin{aligned}
\int_0^{F_0} f''(k)(k-x)^+\,dk &= \int_x^{F_0} f''(k)(k-x)\,dk \\
&= f'(k)(k-x)\Big|_x^{F_0} - \int_x^{F_0} f'(k)\,dk \\
&= f'(F_0)(F_0-x) - f(F_0) + f(x),
\end{aligned}
$$

所以等式 (9.1) 成立. 当 $x \geqslant F_0$ 时, 我们知道

$$
\int_0^{F_0} f''(k)(k-x)^+\,dk = 0,
$$

但

$$\begin{aligned}\int_{F_0}^{\infty} f''(k)(x-k)^+\,dk &= \int_{F_0}^{x} f''(k)(x-k)\,dk \\ &= f'(k)(x-k)\Big|_{F_0}^{x} + \int_{F_0}^{x} f'(k)\,dk \\ &= f'(F_0)(F_0-x) + f(x) - f(F_0).\end{aligned}$$

所以等式 (9.1) 也成立. 证毕

把等式 (9.1) 写成我们熟悉的形式就是:

$$\begin{aligned}f(S) = f(F_0) + (S-F_0)f'(F_0) + \int_0^{\infty} f''(S)(K-S)^+\,dK \\ + \int_{F_0}^{\infty} f''(S)(S-K)^+\,dK. \quad (9.2)\end{aligned}$$

注意到 $(K-S)^+$ 是执行价为 K 的看跌期权的收益函数, $(S-K)^+$ 是执行价为 K 的看涨期权的收益函数. 这个公式说明任何一个收益函数都可以分解成为现金、期货、一系列看涨和看跌期权的收益函数之和. 我们对 S 取期望, 并且取 $F_0 = E(S)$,

$$\begin{aligned}E(e^{-rT}f(S)) = e^{-rT}f(F_0) + \int_0^{F_0} f''(K)P(K,T;S)\,dK \\ + \int_{F_0}^{\infty} f''(K)C(K,T;S)\,dK. \quad (9.3)\end{aligned}$$

这个方法就给出来了上述收益函数的衍生品的风险中性定价. 利用这种方法就可以避免使用 Black-Scholes 方程解边界值问题带来的复杂, 同时也把波动率偏态的信息都带到定价中. 同时公式 (9.3) 说明, 为了复制 $F(S)$ 的收益, 我们只要买 $f''(K)dK$ 的执行价为 K 的看跌期权 ($K \leqslant F_0$) 和 $f''(K)dK$ 的执行价为 K 的看涨期权 ($K \geqslant F_0$).

从公式 (9.3) 还可以看到所谓凸性调整 (Convexity Adjustment). 当 $f(x)$ 是一个线性函数时, $f''(x)$ 恒为 0, 所以

$$E\big(f(S)\big) = f\big(E(S)\big).$$

当 $f(x)$ 是一个凸函数时，$f''(x)$ 恒为正，所以

$$E\big(f(S)\big) > f\big(E(S)\big).$$

当 $f(x)$ 是一个凹函数时，$f''(x)$ 恒为负，所以

$$E\big(f(S)\big) < f\big(E(S)\big).$$

在数学中，这又被称为 Jensen 不等式.

我们在这里简要地探讨一下为什么会有公式 (9.3) 这样的结果，以增加读者的直觉. 这是因为有以下这个重要的结果.

定理 9.2 我们假定短期利率为 0，所以中性概率测度与远期测度是一致的. 记 $C(K,T;S)$ 为到期时间为 T、执行价为 K 的看涨期权的价格函数. 那么，股票 S 在 T 点的分布函数 p 可以由 $C(K,T;S)$ 对 K 的二阶导数给出：

$$p(K) = \frac{\partial^2 C(K,T;S)}{\partial K^2}. \tag{9.4}$$

证明： 记 S 的累积分布函数为

$$P(K) = P(1_{S\leqslant K}) = \int_0^K p(t)\,dt,$$

所以 $P'(K) = p(K)$. 我们计算看涨期权作为执行价的函数的一阶导数为

$$\begin{aligned}\frac{\partial C(K,T;S)}{\partial K} &= \frac{\partial E\big(\max(S-K,0)\big)}{\partial K}\\ &= E\,\frac{\partial(\max(S-K,0))}{\partial K}\\ &= -E(I_{S>K})\\ &= P(K)-1,\end{aligned}$$

所以

$$\frac{\partial^2 C(K,T;S)}{\partial K^2} = P'(K) = p(K).$$

即等式 (9.4). 证毕

所以看涨和看跌期权的价格一旦给定，作为行权价的函数，可以看到对于行权价的二阶导数就是在风险中性测度下未来股价的分布函数. 因为这个

分布函数如此简单，所以在这个测度下面，所有的收益的期望就容易求得. 理论上，

$$\begin{aligned} E(f(S)) &= \int_0^{\infty} f(k)p(k)\,dk \\ &= \int_0^{\infty} f(k)\frac{\partial^2 C(k,T;S)}{\partial k^2}\,dk \\ &= \int_0^{\infty} f(k)\frac{\partial^2 P(k,T;S)}{\partial k^2}\,dk. \end{aligned}$$

作为应用，我们给下面两个衍生品定价. 第一个衍生品的收益函数是 $f(S)=S^2$. 因为

$$f''(S)=2,$$

所以有

$$E(e^{-rT}S^2)=S_0^2+\int_0^{F_0}2P(K,T;S)\,dK+\int_{F_0}^{\infty}2C(K,T;S)\,dK.$$

第二个衍生品的收益函数是 $f(S)=\log S$，可以计算

$$f''(S)=-\frac{1}{S^2},$$

所以有

$$E(e^{-rT}\log S)=\log S_0+\int_0^{F_0}\frac{1}{K^2}P(K,T;S)\,dK+\int_{F_0}^{\infty}\frac{1}{K^2}C(K,T;S)\,dK.$$

9.2 Kolmogorov 方程

利用上一节推导的风险中性测度下面的分布函数，我们可以推出 Kolmogorov 方程. 我们的分析建立在下面的扩散过程基础之上：

$$dS_t=\mu(S,t)dt+\sigma(S,t)dW_t, \tag{9.5}$$

其中，$\mu(S,t)$ 和 $\sigma(S,t)$ 依赖时间和市场价格，我们有时称其为局部波动率模型. 根据标准的随机方程理论，方程 (9.5) 的解是一个马尔科夫过程. 我们记

$$P(S_T\in dy \mid S_t=x)=p(y,T,x,t). \tag{9.6}$$

给定任何一个仅依赖 S_T 的分布的随机变量，沿路径取条件期望，我们可以构造一个鞅过程. 令随机变量为 $v(S,T)$，值 $v(x,t)$ 定义为

$$v(x,t)=\int_0^{\infty} v(y,T)p(y,T,x,t)\,dy, \tag{9.7}$$

这等价于说

$$v(x,t)=E\big(v(y,T)|\mathscr{F}_t\big). \tag{9.8}$$

现在我们对过程 $v(x,t)$ 用 Itô 引理:

$$dv(x,t)=\frac{\partial v}{\partial t}(x,t)dt+\frac{\partial v}{\partial x}(x,t)dx+\frac{1}{2}\frac{\partial^2 v}{\partial x^2}(x,t)\sigma^2(x,t)dt.$$

整理一下，我们有

$$dv(x,t)=\Big(\frac{\partial v}{\partial t}+\mu(x,t)\frac{\partial v}{\partial x}+\frac{1}{2}\sigma^2(x,t)\frac{\partial^2 v}{\partial x^2}\Big)dt+r\frac{\partial v}{\partial x}dW. \tag{9.9}$$

由定义，在 (9.7) 中的过程 $v(x,t)$ 为鞅. 因此方程 (9.9) 中的漂移项必然为零. 于是有下面的二阶偏微分方程:

$$\frac{\partial v}{\partial t}(x,t)+\mu(x,t)\frac{\partial v}{\partial x}(x,t)+\frac{1}{2}\sigma^2(x,t)\frac{\partial^2 v}{\partial x^2}(x,t)=0. \tag{9.10}$$

为方便起见，我们有时把上面方程中的对 x 的线性偏微分算子记为 $\mathcal{A}$,

$$\mathcal{A}v(x,t)=\mu(x,t)\frac{\partial v}{\partial x}(x,t)+\frac{1}{2}\sigma^2(x,t)\frac{\partial^2 v}{\partial x^2}(x,t), \tag{9.11}$$

这样，Black-Scholes 类型的方程 (9.10) 可写为

$$\frac{\partial v}{\partial t}=-\mathcal{A}v(x,t). \tag{9.12}$$

现在回到分布密度表示公式 (9.7)，我们有

$$\begin{aligned}
\frac{\partial v}{\partial t}(x,t)&=\int_0^{\infty} v(y,T)p_t(y,T,x,t)\,dy,\\
\frac{\partial v}{\partial x}(x,t)&=\int_0^{\infty} v(y,T)p_x(y,T,x,t)\,dy,\\
\frac{\partial^2 v}{\partial x^2}(x,t)&=\int_0^{\infty} v(y,T)p_{xx}(y,T,x,t)\,dy.
\end{aligned}$$

因此

$$\mathcal{A}v(x,t) = \int_0^\infty v(y,t)\mathcal{A}_x p(y,T,x,t)\,dy; \tag{9.13}$$

其中，$\mathcal{A}_x$ 表示我们对 x 变量求导. 因此 Black-Scholes 类型的方程 (9.10) 等价于密度函数 $p(t,x,y)$ 的积分方程

$$0 = \int_0^\infty v(y,T)\big(\frac{\partial p}{\partial t}(y,T,x,t) + \mathcal{A}_x p(y,T,x,t)\big)\,dy. \tag{9.14}$$

由于这对任何终端收益函数 $v(y,T)$ 都是对的，括号中的函数必须为零：

$$\frac{\partial p}{\partial t}(t,y,x) + \mu(x,t)\frac{\partial p}{\partial x}(t,y,x) + \frac{1}{2}\sigma^2(x,t)\frac{\partial^2 p}{\partial x^2}(t,y,x) = 0. \tag{9.15}$$

这就是 Kolmogorov 方程. 它被变量 y 参数化，对固定的 y，转移函数的初值条件为

$$p(y,T,x,T) = \delta_y(x), \tag{9.16}$$

这里 $\delta(x)$ 就是在分布意义下的 Dirac 函数. Kolmogorov 方程展示了密度转移函数的初始条件中的参数 x,t 应该满足鞅过程所应该满足的二阶偏微分方程. 这个方程因为给定最终时刻的条件，所以还是负向的方程.

9.3 Fokker-Planck 方程

在 Kolmogorov 偏微分方程的推导中，我们用了 Itô 引理和鞅的性质. 为了推出 Fokker-Planck 方程，我们将再次利用这些性质，不过是从另外一个角度. 在推导之前，我们先看一个积分性质. 对两个函数 $f(x)$ 和 $g(x)$，它们在 $(-\infty,+\infty)$ 上有紧支集，应用分部积分我们有

$$\int_{-\infty}^{+\infty} \frac{\partial^n f(x)}{\partial x^n} g(x)\,dx = (-1)^n \int_{-\infty}^{+\infty} \frac{\partial^n g(x)}{\partial x^n} f(x)\,dx. \tag{9.17}$$

现在，对一个定义在方程 (9.7) 中的函数 $v(x,t)$，因为鞅过程的性质，所以有

$$v(x,0) = \int_0^\infty v(y,t)p(y,t,x,0)\,dy, \quad \text{对任意 } t>0. \tag{9.18}$$

对 t 求导，我们有

$$\int_0^\infty v_t(y,t)p(y,t,x,0)\,dy + \int_0^\infty v(y,t)p_t(y,t,x,0)\,dy = 0. \tag{9.19}$$

另一方面，利用公式 (9.17)，我们有

$$\int_0^\infty \mu(y,t)v_y(y,t)p(y,t,x,0)\,dy = -\int_0^\infty v(y,t)\frac{\partial}{\partial y}\left(\mu(y,t)p(y,t,x,0)\right)dy, \tag{9.20}$$

以及

$$\int_0^\infty \frac{1}{2}\sigma(y,t)^2 v_{yy}p(y,t,x,0)\,dy = \int_0^\infty v(y,t)\frac{\partial^2}{\partial y^2}\left(\frac{1}{2}\sigma^2(y,t)p(y,t,x,0)\right)dy. \tag{9.21}$$

加起来，有

$$\begin{aligned}&\int_0^\infty \left(v_t + \mu v_y + \frac{1}{2}\sigma(y,t)^2 v_{yy}\right)p(t,y,x)\,dy\\ &\qquad = \int_0^\infty v(y,t)\Big(p_t - \frac{\partial}{\partial y}(\mu p) + \frac{1}{2}\frac{\partial^2}{\partial y^2}(\sigma^2(y,t)p)\Big)dy.\end{aligned}$$

我们已知函数 v 满足 Kolmogorov 方程，所以有

$$\int_0^\infty v(y,t)\Big(p_t - \frac{\partial}{\partial y}(\mu p) + \frac{1}{2}\frac{\partial^2}{\partial y^2}(\sigma^2(y,t)p)\Big)dy = 0 \tag{9.22}$$

恒成立. 再考虑到 $v(y,t)$ 作为一个一般的函数，就应该有

$$\frac{\partial p}{\partial t}(y,t,x,0) = \frac{\partial^2}{\partial y^2}\Big(\frac{1}{2}\sigma^2(y,t)p(y,t,x,0)\Big) - \frac{\partial}{\partial y}\big(\mu(y,t)p(y,t,x,0)\big).$$

再考虑到时间的一般性，我们可以重新写上面的方程为

$$\frac{\partial p}{\partial T}(y,T,x,t) = \frac{\partial^2}{\partial y^2}\Big(\frac{1}{2}\sigma^2(y,T)p(y,T,x,T)\Big) - \frac{\partial}{\partial y}\big(\mu(y,T)p(y,T,x,T)\big). \tag{9.23}$$

这个方程被称为 Fokker-Planck 方程. 它也是一个抛物型偏微分方程，初始条件为

$$p(y,t,x,t) = \delta_x(y). \tag{9.24}$$

因为这个抛物型偏微分方程是给出了初始条件的，所以这个方程是正向的偏微分方程. 这和 Kolmogorov 方程的方向正好相反.

9.4 局部波动率

利用正向的 Fokker-Planck 方程就可以推导出令人惊讶的局部波动率模型. 其实不失一般性, 我们假设利率是零, 股价在风险中性概率测度下面满足

$$dS = \sigma(S,t)dW, \tag{9.25}$$

这里的波动率 $\sigma(S,t)$ 依赖时间和现价. 同时在风险中性概率测度下面, 今天时刻是 t、现价是 x、未来时刻 T 的股价 y 的分布是

$$p(y,T,x,t),$$

那么看涨期权价格可写为

$$C(K,T) = \int_0^\infty (y-K)^+ p(y,T,x,t)\,dy. \tag{9.26}$$

对 T 求导, 我们有

$$\frac{\partial C}{\partial T}(K,T) = \int (x-K)^+ p_T(y,T,x,t)\,dy;$$

然而, 由方程 (9.23), 我们有

$$\frac{\partial C}{\partial T}(K,T) = \int (x-K)^+ \mathcal{A}_x^* p(y,T,x,t)\,dy; \tag{9.27}$$

其中,

$$\mathcal{A}_x^* p(y,T,x,t) = \frac{\partial^2}{\partial x^2}\Big(\frac{1}{2}\sigma^2(x,T)p(y,T,x,t)\Big).$$

开始使用分部积分, 并且注意到

$$\frac{\partial^2}{\partial x^2}(x-K)^+ = \delta_K(x),$$
$$\frac{\partial}{\partial x}(x-K)^+ = -\frac{\partial}{\partial K}(x-K)^+,$$

我们有

$$\frac{\partial C}{\partial T}(K,T) = \frac{1}{2}\sigma^2(K,T)p(K,T,x,t).$$

另一方面，我们知道看涨期权价格关于执行价格的二阶导数可以给出密度函数

$$p(K,T,x,t)=\frac{\partial^2 C}{\partial K^2}(K,T),$$

代入 (9.4)，有

$$\frac{\partial C}{\partial T}(K,T)=\frac{1}{2}\sigma^2(K,T)\frac{\partial^2 C}{\partial K^2}(K,T). \tag{9.28}$$

这就得到了 Dupire 公式. 这个公式告诉我们，如果我们让

$$\sigma^2(K,T)=2\frac{\dfrac{\partial C}{\partial T}(K,T)}{\dfrac{\partial^2 C}{\partial K^2}(K,T)},$$

那么在这个过程下，我们就可以得到市场所有看涨和看跌期权的价格.

得到市场上所有的看涨看跌期权的价格的模型有什么用处呢？既然这些期权都在市场上有交易，而我们的模型也可以复制这些价格，岂不是对于这些产品的再定价没有丝毫用处呢？毕竟我们定价的原则也为了使得模型价格等同于市场价格.

回答这个问题需要这样思考. 一个好的标的资产的随机过程模型的独特之处在于可以为衍生品定价和衍生品对冲风险提供理论基础. 如果一个模型不能给市场上已经有的简单期权做正确定价的话，怎么可能为一些更为复杂的衍生品定价呢？也就无法为衍生品做对冲. 当我们使用局部波动率模型为衍生品定价的时候，我们就更有信心认为这个模型可能在为其他衍生品定价的时候起到作用. 所以简单看涨看跌期权定价的目的是为了校准模型的参数，以便为更复杂的衍生品定价.

现在简单讨论一下局部波动率模型中的瞬时波动率和隐含波动率之间的关系. 考虑

$$dS=\sigma(t,S)dW.$$

在这个方程下，假设一个期限是 T，行权价是 K 的看涨期权隐含波动率为 $\varphi(K,T)$. 我们可以证明下面的定理：

定理 9.3 在一定条件下，我们有

$$\lim_{t\to 0}\varphi(K,t)=\begin{cases}\dfrac{\log K-\log S}{\int_S^K \frac{dx}{\sigma(x,0)}}, & K>S,\\[2ex] \dfrac{\log S-\log K}{\int_K^S \frac{dx}{\sigma(x,0)}}, & K<S,\\[2ex] \sigma(K,0), & K=S.\end{cases} \tag{9.29}$$

这个定理就是说隐含波动率在平值时候，当时间非常短的时候趋向于瞬时波动率本身.

9.5 期权对冲方法及损益来源

前面几章讲过期权的定价问题，而且也了解到期权定价的核心是对冲，而期权的价格就是对冲过程中产生的成本. 在一个市场中，如果我们做到了合理的 Delta 对冲，在理论上似乎就屏蔽了标的资产造成的风险. 那么在实际期权交易中，定价正确了以后是否就没有风险呢？在这一节中，我们就阐述期权交易的核心风险和损益来源.

假设你是一个交易员，刚刚卖出了一个执行价是 K 的看涨期权. 股票的现价是 S，到期时间是 T. 卖出了这个期权以后，一般你要马上买进一个相同的期权来对冲. 如果买进一个相同的期权在当前是不可能的，那么你就应当试图去动态地对冲这个看涨期权. 理论上，我们应该在每个时刻买进或者卖出股票，使得我们拥有的股票的数量正好等于在 Black-Scholes 的公式中的 Delta 这么多. 但是说起来容易，做起来难. 为了计算 Delta，我们要计算期权的价值，但是期权的价值又要依赖几个关键的数据——到期的时间、无风险利率等. 其中最重要的数据是波动率. 可以说当我们卖出去一个看涨期权的时候，我们和买方打了个赌. 作为卖方，我们赌将来的波动率不会比我们用来计算看涨期权的值的波动率更高. 理论上，如果未来的波动率和我们计算中的隐含波动率一样，我们将既不赔钱，也不赚钱；如果将来的波动率小于隐含波动率，我们将赚到钱；如果将来的波动率高于隐含波动率，我们

将赔钱. 这个事实是每一期权交易员都知道的. 但是我们如何将这个事实数量化呢? 下面我们将讲解这个问题.

假定我们卖出的期权的隐含波动率为 σ_1, 但是从现在到截止日期的实际波动率为 σ_2. 这样股价所满足的几何布朗运动为

$$dS = rSdt + \sigma_2 SdW_t. \tag{9.30}$$

对于看涨期权, 我们运用 Itô 引理有

$$dC = \frac{\partial C}{\partial t}dt + \frac{\partial C}{\partial S}dS + \frac{1}{2}\sigma_2^2 S^2 dt. \tag{9.31}$$

在换成积分表示后,

$$C(T) - C(0) = \int_0^T \left(\frac{\partial C}{\partial t} + \frac{1}{2}\sigma_2^2 S^2\right) dt + \int_0^T \frac{\partial C}{\partial S}\, dS.$$

从另一个方面说, 我们将要借款购买 $\partial C/\partial S$ 多的股票, 这个购买过程也会使得我们积累起银行的短期利息为成本. 如果用 H 表示我们对冲的资产总值的话, 将有

$$dH = \frac{\partial C}{\partial S}dS - \frac{\partial C}{\partial S}rSdt + Hrdt, \tag{9.32}$$

其中, 第一项表示来自期权的价值的变化, 第二项表示贷款的利息, 第三项表示原先资产值的无风险的增长. 这样, 积分表示有

$$H(T) - H(0) = \int_0^T \frac{\partial C}{\partial S}dS - \int_0^T \frac{\partial C}{\partial S}rSdt + \int_0^T Hrdt. \tag{9.33}$$

但是在时刻零点 $H(0) = 0$, 我们有

$$H(T) = \int_0^T \frac{\partial C}{\partial S}dS - \int_0^T \frac{\partial C}{\partial S}rSdt + \int_0^T Hrdt. \tag{9.34}$$

用这个方程来比较看涨期权值 C 所满足的方程, 有

$$C(T) - C(0) - H(T) = \int_0^T \left(\frac{\partial C}{\partial t} + \frac{1}{2}\sigma_2^2 S^2 \frac{\partial^2 C}{\partial^2 S} + \frac{\partial C}{\partial S}rS\right) dt - \int_0^T Hrdt. \tag{9.35}$$

我们看到, 如果 $\sigma_1 = \sigma_2$, 根据 Black-Scholes 方程可知, 期权的价格 C 将满足

$$\frac{\partial C}{\partial t} + \frac{1}{2}\sigma_2^2 S^2 + \frac{\partial C}{\partial S}rS = rC.$$

应用这个方程到 (9.35) 中去，有

$$C(T)-H(T)=C(0)+\int_0^T r\big(C(t)-H(t)\big)\,dt.$$

如果我们两边求导的话，

$$\frac{d}{dt}\big(C(t)-H(t)\big)=r\big(C(t)-H(t)\big).$$

根据标准的常微分方程理论，

$$C(T)-H(T)=\big(C(0)-H(0)\big)e^{rT}.$$

考虑到 $H(0)=0$，我们有解

$$C(T)-H(T)=C(0)e^{rT}. \tag{9.36}$$

作为卖方，我们的收益显然是

$$H(T)-C(T)-C(0)e^{rT}=0. \tag{9.37}$$

方程 (9.37) 用文字表述就是，作为交易员，当我们卖出期权以后，收到了期权的初始值．从这以后，我们将要不断地通过市场来对冲头寸．在期权的截止日，我们应该兑现承诺．如果 $\sigma_1=\sigma_2$ 的话，我们不会赚钱，但也不会亏钱．如果 $\sigma_1\neq\sigma_2$ 的话，就有问题了．此时，期权值满足方程

$$\frac{\partial C}{\partial t}+\frac{1}{2}\sigma_1^2S^2\frac{\partial^2 C}{\partial^2 S}+\frac{\partial C}{\partial S}rS=rC.$$

我们的账户价值成为

$$C(T)-H(T)=C(0)+\int_0^T r(C(t)-H(t))\,dt+\int_0^T\left(\frac{1}{2}\sigma_2^2S^2-\frac{1}{2}\sigma_1^2S^2\right)\frac{\partial^2 C}{\partial S^2}dt.$$

这次我们应用常微分方程的工具，有

$$C(T)-H(T)=e^{rT}C(0)+e^{rT}\int_0^T e^{-rs}\left(\frac{1}{2}\sigma_2^2S^2-\frac{1}{2}\sigma_1^2S^2\right)\frac{\partial^2 C}{\partial^2 S}dt. \tag{9.38}$$

作为卖方，我们的收益显然是

$$H(T)-C(T)+e^{rT}C(0)=e^{rT}\int_0^T e^{-rs}\left(\frac{1}{2}\sigma_1^2S^2-\frac{1}{2}\sigma_2^2S^2\right)\frac{\partial^2 C}{\partial^2 S}dt. \tag{9.39}$$

如果 $\sigma_2 > \sigma_1$，我们的收益是负的；如果 $\sigma_1 < \sigma_2$，我们的收益是正的，我们将赚到一笔钱. 从这个观点来看，交易期权就相当于交易未来波动率. 而且这个交易的净收益可以用以下的等式来描述：

$$\Delta = \int_0^T e^{-rs}\left(\frac{1}{2}\sigma_1^2 S^2 - \frac{1}{2}\sigma_2^2 S^2\right)\frac{\partial^2 C}{\partial^2 S}dt, \tag{9.40}$$

这也等价于

$$\frac{\Delta}{\sigma_1^2 - \sigma_2^2} = \int_0^T e^{-rs}\left(\frac{1}{2}\frac{\partial^2 C}{\partial S^2}S^2\right)dt. \tag{9.41}$$

据此我们得到一个结论，期权的 Vega 等价于 Gamma 的加权平均值.

每个刚开始在期权定价方面工作的人员都曾经问过以下的问题：为什么我们不能够用其他方法来对冲期权呢？比如用如下的方法：当股价高于执行价，我们就全额买进；当股价低于执行价，我们就全额卖出. 在截止日，若股价高于执行价，我们将拥有股票，我们可以把股票以执行价卖给期权的买方；如果股价低于执行价，期权作废，但是我们也不会拥有股票. 而这正是我们希望得到的结果. 这是个乍看起来还不错的对冲方法. 为了用数学的办法来描述这个对冲过程，我们假定利率为零. 因为利率为零，我们有

$$dH = I_K dS,$$

所以

$$H(T) = \int_0^T I_K dS.$$

其中，

$$I_K = \frac{\partial}{\partial S}\max(S-K,0) = \begin{cases} 1, & \text{若} \quad S \geqslant K, \\ 0, & \text{若} \quad S < K. \end{cases}$$

这个对冲的过程会不会成功呢？为此我们用

$$G(t) = \max(S_t - K, 0)$$

来“计算”看涨期权的值，而不是通常的用 Black-Scholes 公式.

$$dG = \frac{\partial G}{\partial t}dt + \frac{\partial G}{\partial S}dS + \frac{1}{2}\sigma^2 S^2 dSdS.$$

因为

$$\frac{\partial G}{\partial t}=0,$$

我们有

$$G(T)-G(0)=\int_0^T\left(\frac{1}{2}\sigma^2 S^2\frac{\partial^2 G}{\partial^2 S}\right)dt+\int_0^T\frac{\partial G}{\partial S}\,dS.$$

相似地,

$$G(T)-G(0)-H(T)=\int_0^T\left(\frac{1}{2}\sigma^2 S^2\frac{\partial^2 G}{\partial^2 S}\right)dt. \tag{9.42}$$

但是等式 (9.42) 右边的值到底是多少呢? 这个值实际上是随机的. 我们倒是可以计算它对于 S 的期望值, 等式 (9.42) 左边为

$$E(G(T)-G(0)-H(T))=E(G(T))=C(K,T;S,0)-G(0),$$

共中, $C(K,T;S,0)$ 是标准的期权的 Black Scholes 在零点的价格. 等式 (9.42) 右边取期望值成为

$$\begin{aligned}C(K,T;S,0)-G(0)&=E\left(\int_0^T\left(\frac{1}{2}\sigma^2S^2\frac{\partial^2 G}{\partial^2 S}\right)dt\right)\\&=\int_0^\infty\int_0^T\frac{1}{2}\sigma^2S^2\frac{\partial^2 G}{\partial^2 S}p(S)\,dt\,dS\\&=\int_0^T\int_0^\infty\frac{1}{2}\sigma^2S^2\delta_K p(S)\,dS\,dt\\&=\int_0^T\frac{1}{2}\sigma^2(K,t)K^2p(K)\,dt.\end{aligned}$$

这里我们用了以下的事实:

$$\frac{d^2}{dK^2}\max(S-K,0)=\delta_K=\begin{cases}1, & S=K,\\0, & S\neq K.\end{cases}$$

并且我们假定波动率 σ 只依赖股价和时间. 从这个假定出发,

$$\frac{\partial C}{\partial T}=\frac{1}{2}\sigma^2(K,T)K^2p(K),$$

结果

$$\sigma^2(K,T)=\frac{2\dfrac{\partial C}{\partial T}}{K^2p(K)}.$$

回忆

$$p(K) = \frac{\partial^2 C}{\partial K^2},$$

我们终于有了方程

$$K^2\sigma^2(K,T) = 2\frac{\frac{\partial C}{\partial T}}{\frac{\partial^2 C}{\partial K^2}}.$$

我们又一次得到了局部波动率模型.

我们看到求得一个能够拟合出所有看涨、看跌期权价格的过程是存在的, 局部波动率模型就是其中之一. 交易期权的核心风险是标的波动率, 所以合理的对冲不仅要关注 Delta 还要关注 Gamma 和 Vega 风险. 理想的期权组合具有 Delta 和 Gamma 以及 Vega 中性的特点. 否则期权虽然被 Delta 对冲, 以后仍然有其他的风险敞口.

第十章 数值实现方法

有了理论基础，还要有高效的实现方法才行. 数值实现衍生品定价的方法因此非常重要，特别是对于实际工作者来说. 常用的数值方法包括下列 4 个：解析闭形式公式，二叉树 (Binary Tree)，有限差分方法 (Finite Difference Method) 和蒙特卡罗模拟 (Monte Carlo Simulation). 能够用解析闭形式公式给出来的期权价格并不多见，即使能够做到，也要作许多不切实际的假设. 我们不再单独介绍. 另外，傅立叶快速变换也逐渐成为主流的方法.

10.1 二叉树

二叉树定价模型由 Sharpe 最先提出，然后由 Cox，Ross 和 Rubinstein 等完善. 实际上它最先被用于美式期权定价，现在仍然如此. 由于对无红利的美式看涨期权来说，提前执行并不是最优的，它们可以用 Black-Scholes 公式来估价. 但是，对有红利的美式看涨和看跌期权，提前执行却有可能是最优的，这取决于基础资产的价格. 这些美式期权的价格并没有闭形式的解，所以必须用数值方法解 Black-Scholes 偏微分方程. 二叉树模型给出了美式期权定价估价的一个简单而直观的数值方法. 推广之后，它也可用于更复杂的期权定价.

二叉树是对股票价格的连续几何布朗运动过程的有限离散化. 从一个现有价格为 $S_0 = S$ 的资产开始，我们考虑时间 T 时可能的价格. 由一般假设：资产价格的变化服从一个几何布朗运动，我们期望价格分布是连续的. 然而，为了应用二叉树，需要把价格的连续分布离散化. 我们假设时间 T 时只有两

种可能:

$$S \to Su \quad 或 \quad S \to Sd.$$

其中, $u > 1$, $0 < d < 1$. 我们记可交易资产为 S, 银行存储利率为 r, 而且

$$P(S_T = Su) = p, \quad P(S_T = Sd) = 1 - p.$$

就是说 $S_T = Su$ 的概率为 p, 相应 $S_T = Sd$ 的概率为 $1 - p$, 见图 10.1.

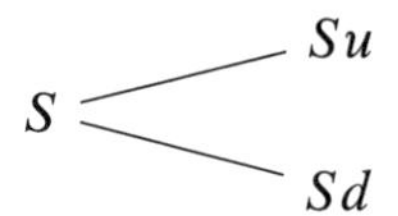

图 10.1　单个时间段二叉图

考虑衍生品 V, 时间 T 时其收益为

$$V_T = \begin{cases} V^u, & 若 \quad S_T = Su, \\ V^d, & 若 \quad S_T = Sd. \end{cases}$$

现在我们试着计算它的价格. 简单的想法是, 先算出其收益的期望, 然后以利率 r 来贴现. 因此就有

$$V_0 = e^{-rT}\left(pV^u + (1-p)V^d\right). \tag{10.1}$$

然而, 在定价公式中, 概率 p 是自由参数. 这样我们的期权价格随着不同的概率 p 而变化. 另一个方法是构造一个复制: 一个收益与 V 完全相同且自融资的投资组合. 考虑包括 Δ_1 股股票 S 和 Δ_2 银行存款投资组合. Δ_1 和 Δ_2 都可为正或为负. 这个投资组合在时间 T 的收益为

$$V_T = \begin{cases} \Delta_1 Su + \Delta_2 e^{rT}, & 若 \quad S_T = Su, \\ \Delta_1 Sd + \Delta_2 e^{rT}, & 若 \quad S_T = Sd. \end{cases}$$

为了与未定权益的收益函数相一致, 我们应有下列方程:

$$\Delta_1 Su + \Delta_2 e^{rT} = V^u,$$
$$\Delta_1 Sd + \Delta_2 e^{rT} = V^d.$$

容易得到解:

$$\Delta_1 = \frac{V^u - V^d}{S(u-d)},$$
$$\Delta_2 = \frac{uV^d - dV^u}{(u-d)e^{rT}}.$$

此复制的投资组合初始价值当然是

$$V_0 = \frac{V^u - V^d}{S(u-d)}S + \frac{uV^d - dV^u}{(u-d)e^{rT}} \tag{10.2}$$
$$= e^{-rT}\left(\frac{e^{rT}-d}{u-d}V^u + \frac{u-e^{rT}}{u-d}V^d\right). \tag{10.3}$$

比较方程 (10.1) 和 (10.2), 我们发现如果取期望的方法确实是正确的, 应有

$$\frac{e^{rT}-d}{u-d}V^u + \frac{u-e^{rT}}{u-d}V^d = pV^u + (1-p)V^d,$$

即

$$p = \frac{e^{rT}-d}{u-d}, \quad 1-p = \frac{u-e^{rT}}{u-d}. \tag{10.4}$$

很奇怪, 在所有可能的二项式概率分布中, 为什么独独这一个会鹤立鸡群呢? 答案很简单: 这个二项式分布是风险中性的. 因为如果用这个分布去贴现时间 T 的资产价格, 我们有

$$e^{-rT}(pSu + (1-p)Sd) = S.$$

在这种简单情况下, 我们又一次知道衍生定价可以由构造一个风险中性的概率分布得到. 并且可以构造投资组合, 完全复制衍生的收益函数.

下面的任务是构建一棵符合风险中性概率的二叉树. 当我们有未定权益需要计算其今天的值时, 只是需要用风险中性概率和无风险利率去折现它. 为构建一棵树, 在每一步, 我们都需要从资产价格 S 开始, 然后指定 Δt 时间之后价格 S 的二项式分布. 用同样的符号, 我们令 Su 和 Sd 表示 Δt 之后的实际价格. S 升至 Su 的概率为 p. 因此对 u, d 和 p 的限制为

$$\begin{cases} pu + (1-p)d = e^{r\Delta t}, \\ pu^2 + (1-p)d^2 = e^{(2r+\sigma^2)\Delta t}, \\ u \cdot d = 1. \end{cases} \tag{10.5}$$

第一个方程为风险中性的要求; 第二个是在我们的假设下, 为了满足波动率为 σ 的几何布朗运动的方差; 最后一个假设是纯粹技巧性的. 通过令 $ud = 1$, 我们的树不会有向上或者向下的偏斜. 由第一个方程, 我们可以很容易用 u 和 d 来表示 p. 事实上,

$$p = \frac{e^{r\Delta t} - d}{u-d}, \quad 1-p = \frac{u - e^{r\Delta t}}{u-d}.$$

为了解出 u 和 d, 我们注意到

$$p = \frac{e^{r\Delta t} - d}{u-d} = \frac{e^{(2r+\sigma^2)\Delta t} - d^2}{u^2-d^2}$$

等价于

$$e^{r\Delta t} - d = \frac{e^{(2r+\sigma^2)\Delta t} - d^2}{u+d}.$$

利用 $ud = 1$, 我们可以有

$$e^{r\Delta t}d^2 + (1 + e^{(2r+\sigma^2)\Delta t})d - e^{r\Delta t} = 0.$$

所以可以容易解出来 u 和 d. 事实上, 很多书上称可用下式估计 u 和 d :

$$u \approx e^{\sigma\sqrt{\Delta t}}, \quad d \approx e^{-\sigma\sqrt{\Delta t}}.$$

常用的方法还有: 可以让概率 $p = 0.5$ 为一个常数. 在这个假设下, 方程 (10.5) 成为:

$$\begin{cases} u + d = 2e^{r\Delta t}, \\ u^2 + d^2 = 2e^{(2r+\sigma^2)\Delta t}. \end{cases}$$

显然, 这里的变元 u 和 d 满足以下的二次方程:

$$X^2 - 2e^{r\Delta t}X + (2e^{2r\Delta t} - e^{(2r+\sigma^2)\Delta t}) = 0.$$

这棵树与上面的树的不同之处在于, 这棵树的水平线倾斜向上, 而前一棵树的水平线由于 $ud = 1$ 的要求平行向前伸展.

从图 10.2 中解出 u 和 d 并不那么重要. 这里 u 的角色是给出了一个和 σ 的一一对应. 在大多数应用中, 如果我们建立了树, 就能通过已知的期权价格反求出 u, 就像利用 Black-Scholes 公式, 可以反求出波动率. 一旦我们建

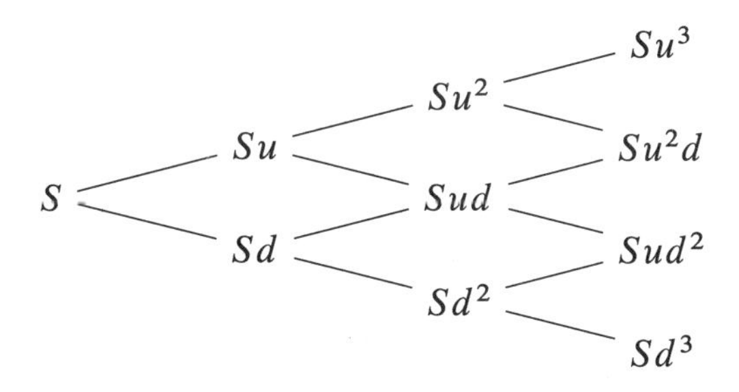

图 10.2 多个时间段二叉树

立了一棵树，我们能用它来计算很多期权．首先，建立一组离散的等距的时间点

$$0 = t_0 < t_1 < \cdots < t_n = T,$$

其中，$\Delta t = t_i - t_{i-1}$．我们把树中一个状态视为一个结点，用 (i, j) 来表示，其中，i 表示从时间零点开始到现在的时间步数，j 表示从时间零点开始资产价格的上升次数．因此，结点 (i, j) 的期权价格为 $S_{i,j} = Su^j d^{i-j}$，其中，$j = 0, 1, \cdots, i$，期权价格将为 $C_{i,j}$．注意到，在每个时间第 i 棵树将只有 $i + 1$ 个结点．我们首先对到期时间为 T 的期权估价，因为其收益已经给定．例如对执行价格为 K 的看涨期权，

$$C_{n,j} = \max(S_{n,j} - K, 0), \quad j = 0, 1, \cdots, n.$$

然后我们沿着树折现反求回去，

$$C_{i,j} = e^{-r\Delta t}\big(pC_{i+1,j+1} + (1-p)C_{i+1,j}\big), \tag{10.6}$$

直到 $C_{0,0}$．这样可以看到 $C_{0,0}$ 将会由 $C_{N,j}$ 的线性组合组成，而这些线性组合的系数不依赖 $C_{N,j}$ 的值．换句话说，如果我们可以计算出这些系数，那对于任何欧式未定权益，我们用这些系数去加权平均收益函数 $C_{N,j}$ 就可以得到未定权益的初始价格 $C_{0,0}$．这个过程要比每一次都沿着树折现反求 $C_{0,0}$ 快得多．为了求出这些系数，我们引进下面的算法，这个办法也是要建立另外一棵树，这棵树的大小和资产价格的树的大小一样，被称为 Arrow-Debreu 树，见图 10.3．从 $D_{0,0}$ 开始，下一组节点是 $D_{1,0}$ 和 $D_{1,1}$．在时间 i 上的节点

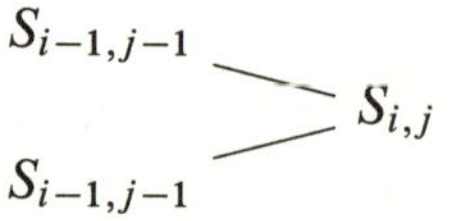

$S_{i-1,j-1}$

$S_{i,j}$

$S_{i-1,j-1}$

图 10.3 Arrow-Debreu 树的归纳原理

是 $D_{i,j}$，其中，$j=0,1,\cdots,i$. 最后的节点是

$$D_{N,0}, D_{N,1}, \cdots, D_{N,N}.$$

每个节点 $D_{i,j}$ 表示在时间零点上的欧式未定权益的价值：这个欧式未定权益在时间 i 上到期，并且其收益函数在 $S_{i,j}$ 上是 1，在 $S_{i,k}$ 上是 0，如果 $k \neq j$. 根据这个定义，Arrow-Debreu 树可以很容易地被计算出来. 首先 $D_{0,0}=1$，然后让 $D_{1,0}=(1-p)e^{-r\Delta t}$ 并且 $D_{1,1}=pe^{-r\Delta t}$. 归纳地，我们有

$$D_{i,j}=D_{i-1,j}(1-p)e^{-r\Delta t}+D_{i-1,j-1}pe^{-r\Delta t}, \quad 0<j<i$$

和

$$D_{i,i}=D_{i-1,i-1}pe^{-r\Delta t}, \quad D_{i,0}=D_{i-1,0}(1-p)e^{-r\Delta t}.$$

以下是一个实际的例子，我们假设：$r=5\%, S_0=100, \Delta t=0.1, \sigma=25\%, u=1.0823, d=0.9240, p=0.5119$，见图 10.4.

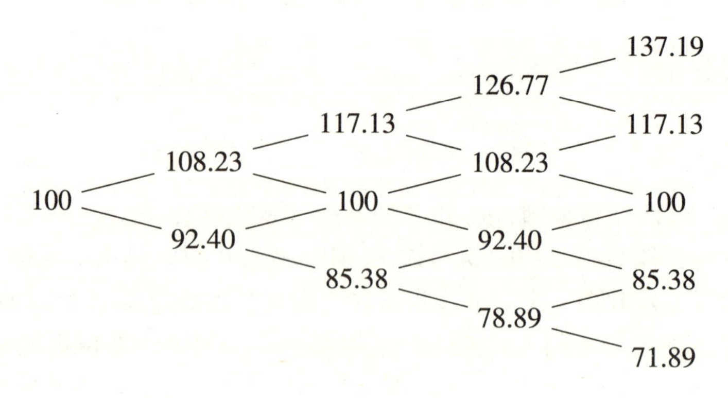

图 10.4 股票的二叉树

这样 Arrow-Debreu 树就会被建立起来，如图 10.5. 一旦我们有了 Arrow-Debreu 树，就可以很简单地计算欧式的未定权益. 如果在 (N, j) 节点上的收益函数是

$$C_{N,j}, \quad j = 0, \cdots, N,$$

我们就可以直接用下面的公式来计算零点的未定权益的价格:

$$C_{0,0} = \sum_{k=0}^{N} D_{N,k} C_{N,k}.$$

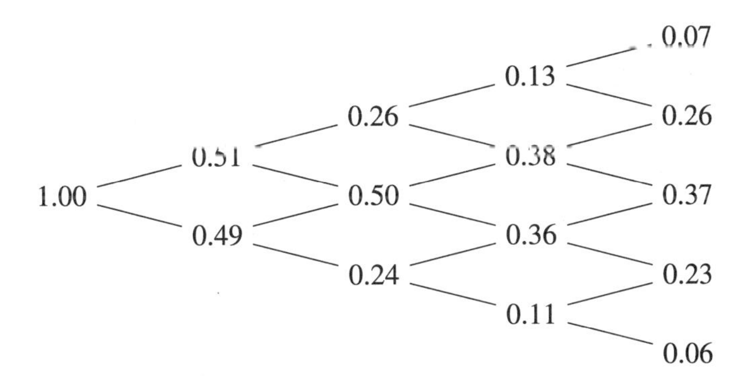

图 10.5　股票的 Arrow-Debreu 树

这些工作基本上解决了欧式未定权益的定价问题. 但是正如我们前面讲到的，二叉树常被用来计算美式期权的价格. 美式期权的特点是可以提前执行. 在到期时间 T，由于没有提前执行的机会了，美式期权的价值就是收益函数，同相应的欧式期权的收益函数相同，所以 $C_{N,k}$ 的值仍然容易计算出来. 除此之外，在每一个到期时间以前的结点我们把执行时期权的价值与不执行期权的价值作简单比较，同时令那个结点的期权价值为二者中较大者. 例如，对美式看跌期权有

$$C_{i,j} = \max\left(e^{r\Delta t}(pC_{i,j+1} + (1-p)C_{i+1,j}), \quad K - S_{i,j}\right). \tag{10.7}$$

二叉树方法亦被用来解决很多其他有意思的问题，如下就是一个很有名的华尔街面试问题：两个足球队进行比赛，直到其中一队赢了 4 场成为最后

的冠军(因此它们至多赛 7 场). 你和另一个球迷将对每一场比赛打赌, 赌注为 x 美元. 如果你赢了, 就得到 x, 否则就得付 x. 每场比赛的赌注 x 都是可调整的, 而且完全由你决定. 然而, 你的目标是通过一系列赌局, 使得最后如果A 队赢了你将获得 100, 否则你将输掉 100. 问题是第一场你将设赌注为多少呢? 此问题留给读者自行解答.

10.2 有限差分方法

由于二叉树的每一步把连续的分布函数离散成两个值的二项分布, 精确度会受到影响. 为了提高精确度, 一种方法是建立多叉树, 另外一种方法是直接来数值地解 Black-Scholes 微分方程.

有限差分方法是数值地解偏微分方程的强大工具. 我们不具体讨论它的详细细节, 因为那将超出本书的范围. 读者可参考严格讨论偏微分方程数值解的有关书籍. 我们仅简单讨论一些基础知识. 有限差分方法的思想是把方程中的偏微分算子用对应点上(或附近)函数的泰勒 (Taylor) 展开级数代替. 例如, 偏微分算子 $\partial u/\partial\tau$ 可被定义为差分的极限:

$$\frac{\partial u}{\partial \tau}(x,\tau)=\lim_{\delta\tau\to 0}\frac{u(x,\tau+\delta\tau)-u(x,\tau)}{\delta\tau}.$$

如果不用极限 $\delta\tau\to 0$, 我们用下式来估计此偏微分:

$$\frac{\partial u}{\partial \tau}(x,\tau)\approx\frac{u(x,\tau+\delta\tau)-u(x,\tau)}{\delta\tau}+O(\delta\tau).$$

有限差分的这个独特的近似称为一个*前向差分*(Forward Difference). 我们也有

$$\frac{\partial u}{\partial \tau}(x,\tau)=\lim_{\delta\tau\to 0}\frac{u(x,\tau)-u(x,\tau-\delta\tau)}{\delta\tau},$$

或有近似:

$$\frac{\partial u}{\partial \tau}(x,\tau)\approx\frac{u(x,\tau)-u(x,\tau-\delta\tau)}{\delta\tau}+O(\delta\tau).$$

我们称这个有限差分估计为*后向差分*(Backward Difference). 我们也定义*中心差分*(Central Difference)为

$$\frac{\partial u}{\partial \tau}(x,\tau)=\lim_{\delta\tau\to 0}\frac{u(x,\tau+\delta\tau)-u(x,\tau-\delta\tau)}{2\delta\tau}.$$

这就产生了估计

$$\frac{\partial u}{\partial \tau}(x,\tau) \approx \frac{u(x,\tau+\delta\tau)-u(x,\tau-\delta\tau)}{2\delta\tau} + O\big((\delta\tau)^2\big).$$

注意到中心差分的误差项是 $\delta\tau$ 的平方.

在本书中主要考虑下面这种一般的偏微分方程:

$$\frac{\partial V}{\partial t} + a(S,t)\frac{\partial^2 V}{\partial S^2} + b(S,t)\frac{\partial V}{\partial S} + c(S,t) = 0. \tag{10.8}$$

有限差分方法同二叉树很相似, 它们对于连续分布的离散化的方法不同, 二叉树是三角形状, 而有限差分呈矩形. 假定时间离散区间和价格离散区间是常量 Δt 和 ΔS, 我们定义在网格格点处 V 的值:

$$V_i^k = V(i\Delta S, T-k\Delta t), \tag{10.9}$$

$$a_i^k = a(i\Delta S, T-k\Delta t), \tag{10.10}$$

$$b_i^k = b(i\Delta S, T-k\Delta t), \tag{10.11}$$

$$c_i^k = c(i\Delta S, T-k\Delta t). \tag{10.12}$$

前向差分估计为

$$\frac{V_{i+1}^k - V_i^k}{\Delta S}.$$

后向差分估计为

$$\frac{V_i^k - V_{i-1}^k}{\Delta S}.$$

中心差分估计为

$$\frac{V_{i+1}^k - V_{i-1}^k}{2\Delta S}.$$

对 t 的偏微分的估计为

$$\frac{\partial V}{\partial t}(S,t) \approx \frac{V_i^k - V_i^{k+1}}{\Delta t}.$$

对 S 的二阶导估计为

$$\frac{\partial^2 V}{\partial S^2}(S,t) \approx \frac{V_{i+1}^k - 2V_i^k + V_{i-1}^k}{\Delta S^2}.$$

实际应用中有 3 种有限差分方式:

(1) 显式有限差分方法. 我们用下面的差分格式来估计偏微分方程 (10.8):

$$\begin{aligned}&\frac{V_i^k - V_i^{k+1}}{\Delta t} + a_i^k \left(\frac{V_{i+1}^k - 2V_i^k + V_{i-1}^k}{\Delta S^2}\right)\\&+b_i^k \left(\frac{V_{i+1}^k - V_{i-1}^k}{2\Delta S}\right) + c_i^k V_i^k = 0.\end{aligned} \tag{10.13}$$

其解为严格前向的:

$$V_i^{k+1} = A_i^k V_{i-1}^k + (1 + B_i^k) V_i^k + C_i^k V_{i+1}^k, \tag{10.14}$$

其中,

$$\begin{aligned}A_i^k &= \frac{\Delta t}{\Delta S^2} a_i^k - \frac{1}{2} \frac{\Delta t}{\Delta S} b_i^k,\\B_i^k &= -2 \frac{\Delta t}{\Delta S^2} a_i^k + \Delta t c_i^k.\end{aligned}$$

一旦有了边界条件, 我们就能用这些方程迭代地解出每个网格上点的值.

(2) 隐式有限差分方法. 我们用下面的差分格式来估计偏微分方程 (10.8):

$$\begin{aligned}&\frac{V_i^k - V_i^{k+1}}{\Delta t} + a_i^{k+1} \left(\frac{V_{i+1}^{k+1} - 2V_i^{k+1} + V_{i-1}^{k+1}}{\Delta S^2}\right)\\&+b_i^{k+1} \left(\frac{V_{i+1}^{k+1} - V_{i-1}^{k+1}}{2\Delta S}\right) + c_i^{k+1} V_i^{k+1} = 0.\end{aligned} \tag{10.15}$$

其解可写为

$$A_i^{k+1} V_{i-1}^{k+1} + (1 + B_i^{k+1}) V_i^{k+1} + C_i^{k+1} V_i^{k+1} = V_i^k, \tag{10.16}$$

其中,

$$\begin{aligned}A_i^{k+1} &= -\frac{\Delta t}{\Delta S^2} a_i^{k+1} - \frac{1}{2} \frac{\Delta t}{\Delta S} b_i^{k+1},\\B_i^{k+1} &= 2 \frac{\Delta t}{\Delta S^2} a_i^{k+1} - \Delta t c_i^{k+1},\\C_i^{k+1} &= -\frac{\Delta t}{\Delta S^2} a_i^{k+1} + \frac{1}{2} \frac{\Delta t}{\Delta S} b_i^{k+1}.\end{aligned}$$

解这个方程组需要线性代数的一些处理.

(3) Crank–Nicolson 方法. Crank–Nicolson 的差分格式为

$$
\begin{aligned}
&\frac{V_i^k - V_i^{k+1}}{\Delta t} + \frac{a_i^{k+1}}{2}\left(\frac{V_{i+1}^{k+1} - 2V_i^{k+1} + V_{i-1}^{k+1}}{\Delta S^2}\right)\\
&+\frac{a_i^k}{2}\left(\frac{V_{i+1}^k - 2V_i^k + V_{i-1}^k}{\Delta S^2}\right) + \frac{b_i^{k+1}}{2}\left(\frac{V_{i+1}^{k+1} - V_{i-1}^{k+1}}{2\Delta S}\right)\\
&+\frac{b_i^k}{2}\left(\frac{V_{i+1}^k - V_{i-1}^k}{2\Delta S}\right) + \frac{1}{2}c_i^{k+1}V_i^{k+1} + \frac{1}{2}c_i^k V_i^k = 0.
\end{aligned}
\tag{10.17}
$$

解为

$$
\begin{aligned}
&- A_i^{k+1}V_{i-1}^{k+1} + (1 - B_i^{k+1})V_i^{k+1} - C_i^{k+1}V_{i+1}^{k+1}\\
&\qquad = A_i^k V_{i-1}^k + (1 + B_i^k)V_i^k + C_i^k V_{i+1}^k,
\end{aligned}
\tag{10.18}
$$

其中,

$$
\begin{aligned}
A_i^k &= \frac{1}{2}\frac{\Delta t}{\Delta S^2}a_i^k - \frac{1}{4}\frac{\Delta t}{\Delta S}b_i^k,\\
B_i^k &= -\frac{\Delta t}{\Delta S^2}a_i^k + \frac{1}{2}\Delta t c_i^k,\\
C_i^k &= \frac{1}{2}\frac{\Delta t}{\Delta S^2}a_i^k + \frac{1}{4}\frac{\Delta t}{\Delta S}b_i^k.
\end{aligned}
$$

这也需要对矩阵的一些处理才能得到解.

无论是隐式有限差分方法还是 Crank–Nicolson 方法, 都需要求解下面的矩阵的逆:

$$
M = \begin{pmatrix}
1 - B_1 & -C_1 & 0 & \cdots & 0\\
-A_2 & 1 - B_2 & -C_2 & \cdots & 0\\
0 & -A_3 & \ddots & \ddots & \\
\vdots & & \ddots & \ddots & -C_{n-2}\\
0 & 0 & & -A_{n-1} & 1 - B_{n-1}
\end{pmatrix}.
$$

数值求解 M 的逆的方法通常被称为 LU 分解. 就是说我们可以找到两个矩

阵 L 和 U, 使得矩阵 M 就是 L 和 U 的乘积. 矩阵 L 可以写成

$$L=\begin{pmatrix}1 & 0 & 0 & \cdots & 0\\ l_2 & 1 & \ddots & & \vdots\\ 0 & \ddots & \ddots & \ddots & 0\\ \vdots & & \ddots & \ddots & 0\\ 0 & \cdots & 0 & l_{n-1} & 1\end{pmatrix},$$

矩阵 U 可以写成

$$U=\begin{pmatrix}d_1 & u_1 & 0 & \cdots & 0\\ 0 & d_2 & u_2 & \ddots & \vdots\\ 0 & \ddots & \ddots & \ddots & 0\\ \vdots & & \ddots & \ddots & u_{n-2}\\ 0 & \cdots & 0 & 0 & d_{n-1}\end{pmatrix}.$$

这样我们令

$$\begin{pmatrix}1-B_1 & -C_1 & 0 & \cdots & 0\\ -A_2 & 1-B_2 & -C_2 & \cdots & 0\\ 0 & -A_3 & \ddots & \ddots & \\ \vdots & & \ddots & \ddots & -C_{n-2}\\ 0 & 0 & & -A_{n-1} & 1-B_{n-1}\end{pmatrix}$$

$$=\begin{pmatrix}1 & 0 & 0 & \cdots & 0\\ l_2 & 1 & \ddots & & \vdots\\ 0 & \ddots & \ddots & \ddots & 0\\ \vdots & & \ddots & \ddots & 0\\ 0 & \cdots & 0 & l_{n-1} & 1\end{pmatrix}\begin{pmatrix}d_1 & u_1 & 0 & \cdots & 0\\ 0 & d_2 & u_2 & \ddots & \vdots\\ 0 & \ddots & \ddots & \ddots & 0\\ \vdots & & \ddots & \ddots & u_{n-2}\\ 0 & \cdots & 0 & 0 & d_{n-1}\end{pmatrix},$$

就可以循环解出来 l_i, d_i 和 u_i. 具体来讲, 我们有

$$d_1=1-B_1,$$

$$l_i d_{i-1}=-A_i,\quad u_{i-1}=-C_{i-1},\quad d_i=1-B_i-l_i u_{i-1},\quad 2\leqslant i\leqslant n-1.$$

由于

$$M = LU,$$

我们应该有

$$M^{-1} = U^{-1}L^{-1}.$$

但是由于矩阵 L 和 U 具有简单的形式, 它们的逆都很容易求得. 事实上, 如果我们要求解方程

$$Mx = y,$$

我们可以首先求

$$Lz = y, \tag{10.19}$$

然后求解

$$Ux = z. \tag{10.20}$$

其中, x, y 和 z 都是长度为 $n-1$ 的向量. 方程 (10.19) 的解为

$$z_1 = y_1, \quad z_i = y_i - l_i z_{i-1}, \quad 2 \leqslant i \leqslant n-1.$$

方程 (10.20) 的解为

$$x_{n-1} = \frac{z_{n-1}}{d_{n-1}}, \quad x_i = \frac{z_i - u_i x_{i+1}}{d_i}, \quad 1 \leqslant i \leqslant n-2.$$

10.3 Monte Carlo 模拟

正如我们在前面章节所认识到的, 期权价格是在适当鞅测度下未定权益的期望. 与路径无关的股票期权我们可以用 9.1 一节中介绍的方法全部解决. 然而, 对某些期权来说, 特别是新型期权, 其收益是路径相关的, 因此其期望的计算将会非常困难. 在另外的一些新型期权中, 变量同时包括几个基础资产, 即使建立微分方程, 需要的变元也很多, 数值方法都不好解.

一个强大有效的办法就是对实际的路径进行模拟. 对无法提前执行的与路径相关未定权益, 这种方法很有用. 然而, 对可以提前执行类型的衍生品, Monte Carlo 方法必须要经过加工才能使用. 我们在这一节介绍 Monte Carlo 模拟的最基本知识.

Monte Carlo 方法的第一步就是产生随机数，所以我们简单讨论随机数的生成. 所有的方法都起始于区间 $(0,1)$ 上均匀分布随机数的生成. 我们假定它已经给定. 关于这一点建议读者自行查阅相关书籍，因为我们想集中精力于这里的金融计算. 在 Excel 中，$(0,1)$ 区间上均匀分布随机数可以很容易生成，只要键入函数 `rand()` 就可以了.

假设我们想产生离散随机变量 X，其概率密度函数为

$$P(X=x_i)=p_i,\quad i=0,1,\cdots,\quad \sum_i p_i=1,$$

为此，我们生成随机数 U，在 $(0,1)$ 区间上均匀分布，同时令

$$X=\begin{cases} x_0, & \text{若}\quad U<p_0,\\ x_1, & \text{若}\quad p_0\leqslant U<p_0+p_1,\\ \cdots & \\ x_j, & \text{若}\quad \sum\limits_{i=1}^{j-1}p_i\leqslant U<\sum\limits_{i=1}^{j}p_i,\\ \cdots & \end{cases}$$

因为对 $0<a<b<1$，$P(a\leqslant U<b)=b-a$，我们有

$$P(X=x_j)=P\left(\sum_{i=1}^{j-1}p_i\leqslant U<\sum_{i=1}^{j}p_i\right)=p_j.$$

因此，X 具有所需的性质.

现在如果我们希望生成一个连续的随机变量，可以借助下列定理:

定理 10.1 令 U 为 $(0,1)$ 上均匀分布随机变量. 对任何连续递增的具有值域为 $(0,1)$ 的函数 F，定义随机变量 X 为

$$X=F^{-1}(U),$$

那么 X 的分布函数为 F.

证明: 令 F_X 表示 $X=F^{-1}(U)$ 的分布函数，那么

$$\begin{aligned} F_X(x)&=P(X\leqslant x)\\ &=P(F^{-1}(U)\leqslant x). \end{aligned}\tag{10.21}$$

既然 F 是 x 的单调递增函数, 因此不等式 $a \leqslant b$ 就等价于不等式

$$F(a) \leqslant F(b).$$

因而, 由等式 (10.21), 我们有

$$\begin{aligned} F_X(x) &= P(F(F^{-1}(U)) \leqslant F(x)) \\ &= P(U \leqslant F(x)) \\ &= F(x). \end{aligned}$$

这就表明 X 的分布函数为 F. 证毕

为了产生正态分布随机数, 根据以上定理, 我们需要计算正态分布的反函数. 然而, Excel 已经为此专门建立起了函数 `normsinv(x)`. 由以上的定理, 我们可以利用函数

```
normsinv(rand())
```

来生成标准正态分布随机变量. 另一个著名的方法是 Box-Müller 变换. 令 X 和 Y 为独立的单位正态分布随机变量, 令 R 和 θ 表示向量 (X, Y) 的极坐标, 即

$$R^2 = X^2 + Y^2, \quad \tan\theta = \frac{Y}{X}.$$

因为 X 和 Y 是独立的, 它们的联合密度就是各自密度的乘积, 即

$$\begin{aligned} f(x, y) &= \frac{1}{\sqrt{2\pi}} e^{-\frac{x^2}{2}} \frac{1}{\sqrt{2\pi}} e^{-\frac{y^2}{2}} \\ &= \frac{1}{2\pi} e^{-(x^2+y^2)/2}. \end{aligned}$$

我们用 $f(d, \theta)$ 来记 R^2 和 θ 的联合密度. 对变量作逆变换

$$x = \sqrt{d}\cos\theta, \quad y = \sqrt{d}\sin\theta.$$

由于此变换的雅可比行列式值 (Jacobian) 为 $1/2$, 所以 R^2 和 θ 的联合密度为

$$f(d, \theta) = \frac{1}{4\pi} e^{-d/2}, \quad 0 < d < \infty, 0 < \theta < 2\pi.$$

然而，由于这个分布函数等于均值为 2 的指数分布密度与 $(0, 2\pi)$ 上的均匀分布密度的乘积，所以知道 R^2 和 θ 独立，且 R^2 服从均值为 2 的指数分布，θ 服从 $(0, 2\pi)$ 上的均匀分布. 通过这个观察，为了生成一对独立的标准正态分布的随机变量 X 和 Y，我们可以先产生均值为 2 的指数分布和 $(0, 2\pi)$ 上的均匀分布，定义成极坐标，再变换回直角坐标. 如下所示:

(1) 首先产生 $(0, 1)$ 区间上均匀分布的随机数 U_1 和 U_2.

(2) 令 $R^2 = -2\log U_1$ 和 $\theta = 2\pi U_2$.

(3) 令

$$\begin{aligned} X &= R\cos\theta = \sqrt{-2\log U_1}\cos(2\pi U_2), \\ X &= R\sin\theta = \sqrt{-2\log U_1}\,\sin(2\pi U_2). \end{aligned}$$

这对 X, Y 就应该满足正态分布，且被称为 Box-Müller 变换，它可以很容易在 Excel VBA 上实现.

独立的正态分布随机变量可以用以上的方法依次生成. 相关的正态分布随机变量也很容易生成. 假设我们的任务是生成一个相关随机变量组成的向量

$$(X_1, X_2, \cdots, X_n),$$

其期望都是 0，协方差矩阵为

$$\Sigma = \begin{pmatrix} c_{11} & c_{12} & \cdots & c_{1n} \\ c_{21} & c_{22} & \cdots & c_{2n} \\ \vdots & \vdots & \ddots & \vdots \\ c_{n1} & c_{n2} & \cdots & c_{nn} \end{pmatrix}.$$

我们应用下面的定理:

定理 10.2 令 $Z_1, Z_2, \cdots, Z_n$ 是一系列独立的服从标准正态分布的随机变量. 若 $X_1, X_2, \cdots, X_n$ 由下列变换给出:

$$\begin{aligned} X_1 &= a_{11}Z_1 + a_{12}Z_2 + \cdots + a_{1n}Z_n, \\ X_2 &= a_{21}Z_1 + a_{22}Z_2 + \cdots + a_{2n}Z_n, \\ &\cdots \\ X_n &= a_{n1}Z_1 + a_{n2}Z_2 + \cdots + a_{nn}Z_n, \end{aligned}$$

其中, 所有 a_{ij} 均为常数, 那么 $X_1, X_2, \cdots, X_n$ 是期望为零的随机变量, 且协方差矩阵为

$$\Sigma = A \cdot A^{\mathrm{T}},$$

其中, 矩阵 A 为

$$A = \begin{pmatrix} a_{11} & a_{12} & \cdots & a_{1n} \\ a_{21} & a_{22} & \cdots & a_{2n} \\ \vdots & \vdots & \ddots & \vdots \\ a_{n1} & a_{n2} & \cdots & a_{nn} \end{pmatrix}.$$

证明: 这是任何概率论课程中都会讲到的定理. 但为了证明的完整, 我们还是先复习一下相关内容.

$$\begin{aligned} \mathrm{Cov}(X_i, X_j) &= \sum_{k,l} \mathrm{Cov}(a_{ik} Z_k, a_{jl} Z_l) \\ &= \sum_{k,l} a_{ik} a_{jl} \mathrm{Cov}(Z_k, Z_l) \\ &= \sum_{k=1}^{n} a_{ik} a_{jk}. \end{aligned}$$

剩下的工作就是用矩阵表示出来. 证毕

反过来, 如果给定协方差矩阵 Σ, 我们就应该能找到矩阵 A, 使得

$$A \cdot A^{\mathrm{T}} = \Sigma.$$

如果这样, 生成相关的正态分布随机变量就同独立的情形一样简单. 由线性代数知, 对于对称的半正定的矩阵 Σ, 这种分解 $\Sigma = A \cdot A^{\mathrm{T}}$ 总是可能的. 实际中, 在线性代数理论中, 我们有正定矩阵 B 使得

$$B \Sigma B^{\mathrm{T}} = \begin{pmatrix} \lambda_1 & 0 & \cdots & 0 \\ 0 & \lambda_2 & \cdots & 0 \\ \vdots & \vdots & \ddots & \vdots \\ 0 & 0 & \cdots & \lambda_n \end{pmatrix}.$$

这里 $\lambda_i \geqslant 0$. 因此令

$$A = B^{-1} \cdot \begin{pmatrix} \sqrt{\lambda_1} & 0 & \cdots & 0 \\ 0 & \sqrt{\lambda_2} & \cdots & 0 \\ \vdots & \vdots & \ddots & \vdots \\ 0 & 0 & \cdots & \sqrt{\lambda_n} \end{pmatrix},$$

我们将得到矩阵 A. 我们在理论上解决了问题, 然而, 在实际数值计算中, 寻找矩阵 A 并不容易. 对完全正定矩阵 Σ, 我们有下列的 Cholesky 分解.

定理 10.3 对完全正定矩阵 Σ, 我们有上三角矩阵 A, 使得 $A \cdot A^T = \Sigma$. 这个矩阵 A 的元素称为 Cholesky 因子.

证明: 检验等式

$$\begin{pmatrix} A_{11} & & & \\ A_{21} & A_{22} & & \\ \vdots & \vdots & \ddots & \\ A_{n1} & A_{n2} & \dots & A_{nn} \end{pmatrix} \begin{pmatrix} A_{11} & A_{21} & \dots & A_{n1} \\ & A_{21} & \dots & A_{n2} \\ & & \ddots & \vdots \\ & & & A_{nn} \end{pmatrix} = \Sigma,$$

我们有下列方程:

$$\begin{aligned} A_{11}^2 &= \Sigma_{11}, \\ A_{21}A_{11} &= \Sigma_{21}, \\ &\vdots \\ A_{n1}A_{11} &= \Sigma_{n1}, \\ A_{21}^2 + A_{22}^2 &= \Sigma_{22}, \\ &\vdots \\ A_{n1}^2 + \cdots + A_{nn}^2 &= \Sigma_{nn}. \end{aligned}$$

因为每一个方程中只出现矩阵 A 中的一个新元素, 那么就可能顺序地解出每一个元素. 更简洁地, 基于基本等式

$$\Sigma_{ij} = \sum_{k=1}^{j} A_{ik} A_{jk}, \quad j \leqslant i,$$

我们有

$$A_{ij} = \left(\Sigma_{ij} - \sum_{k=1}^{j-1} A_{ik} A_{jk} \right) / A_{jj},\ j < i$$

和

$$A_{ii} = \sqrt{\Sigma_{ii} - \sum_{k=1}^{i-1} A_{ik}^2}.$$

这种表达使得我们可能简单地递归得到 Cholesky 因子. 证毕

Monte Carlo 方法很容易被应用于数值积分计算. 如果 $f(x)$ 是个连续函数, 为了计算积分

$$\int_a^b f(x)\,dx,$$

我们可以不断地生成在 (a,b) 区间均匀分布的随机变量 x, 计算 $f(x)$ 的值, 然后求平均即可. 如果我们要计算积分

$$\int_a^b f(x)g(x)\,dx,$$

其中, $g(x)\,dx$ 是某个概率的测度. 为了计算此积分, 我们应该不断地生成满足以 $g(x)$ 为分布的随机变量 x, 计算 $f(x)$ 的值, 再求平均即可.

应用 Monte Carlo 方法于衍生品定价问题时, 多数时间我们需要在特定区间上生成资产价格. 为了计算依赖股价的衍生品的价格, 我们需要在风险中性的概率测度下计算衍生品收益函数的期望值, 也就是积分

$$\int f(S)\,m(S)\,dS.$$

其中, $m(S)$ 是 S 在到期日的分布函数. 为了计算这个积分, 我们可以不断地生成满足以 $m(x)$ 为分布的随机变量 S, 然后计算衍生品收益函数 $f(S)$, 再计算平均即可. 但首先我们需要知道资产所遵循的随机过程. 例如, 如果股票满足的方程为

$$dS = rSdt + \sigma SdW.$$

我们可以解出时间 t 的股票价格

$$S_t = S_0 \exp\left((r - \frac{1}{2}\sigma^2)t + \sigma W_t\right).$$

模拟 S_t 就如同模拟 W_t. 然而, W_t 的分布是期望为 0、标准差为 $\sqrt{t}$ 的正态分布. 通过生成标准正态分布随机变量, 我们可以很容易模拟它: 产生满足标准正态分布的随机变量 x, 然后令

$$S_t = S_0 \exp\big((r - \frac{1}{2}\sigma^2)t + \sqrt{t}\,\sigma x\big).$$

这样, 我们就产生了对数正态分布的股票价值.

计算与路径相关的未定权益时, 我们要模拟整个路径, 或在某组离散点上的资产变化. 为了模拟整个路径, 我们把总时间分为长度相等的小段, $0 = t_0 < t_1 < \cdots < t_n = T$, 然后我们生成一系列的独立标准正态随机数 $x_1, x_2, \cdots, x_n$. 令

$$\begin{aligned}
W_0 &= 0,\\
W_1 &= W_0 + x_1\sqrt{t_1},\\
W_2 &= W_1 + x_2\sqrt{t_2 - t_1},\\
&\cdots\\
W_n &= W_{n-1} + x_n\sqrt{t_n - t_{n-1}},
\end{aligned}$$

结果令

$$\begin{cases}
S_0 &= S_0,\\
S_1 &= S_0 \exp\big((r - \frac{1}{2}\sigma^2)t_1 + \sigma W_1\big),\\
\cdots\\
S_n &= S_0 \exp\big((r - \frac{1}{2}\sigma^2)t_n + \sigma W_n\big).
\end{cases}$$

这样, 我们可以生成整条路径. 对每一条路径, 我们应计算出衍生品的收益, 然后利用生成的路径折现求出时间零点的收益, 最后对所有路径取平均. 当我们生成足够长的路径时, 由大数定理, 平均数将收敛于期望. 这个方法用到了以下性质: 对 $s < t$, $W_t - W_s$ 独立于 W_s.

上面的办法虽然直截了当, 但是计算上效率却不高. 如果我们看到

$$(W_1, W_2, \cdots, W_n)$$

是相关的标准正态分布随机变量, 且有

$$\mathrm{Cov}(W_s, W_t) = \min(s, t),$$

我们就可以直接运用 Cholesky 分解而一次性地产生 $W_1, W_2, \cdots, W_n$. 这样做的效率往往很高, 精确度也很好.

10.4 傅立叶变换

傅立叶变换的方法也日益被应用在期权定价中. 数值计算上, 多可以用快速傅立叶变换实现. 在理论研究中, 我们也可以应用傅立叶变换于解期权的微分方程或者用于推导概率密度函数与期权定价的关系. 在这一节中为了陈述简单, 我们自始至终假定利率为 0. 事实上所有结果完全可以推广到远期概率测度的情形, 只要适当乘以贴现因子即可. 我们先介绍一些必要的工具和方法.

先引进一些关于傅立叶变换的记号. 对一个给定函数 $f(x) \in L^1(\mathbb{R})$, 我们定义其傅立叶变换如下:

$$\hat{f}(y) = \int_{-\infty}^{+\infty} f(x)e^{-iyx}\, dx. \tag{10.22}$$

傅立叶逆变换定理表明, 如果 $\hat{f} \in L^1(\mathbb{R})$, 那么

$$f(x) = \frac{1}{2\pi}\int_{-\infty}^{+\infty} \hat{f}(y)e^{ixy}\, dy. \tag{10.23}$$

傅立叶逆变换是傅立叶变换、快速傅立叶变换在金融和其他领域中所有应用的基石. 在关于傅立叶变换的所有性质中, 下面的等式是很有用的. 对函数

$$f, g \in L^1(\mathbb{R}),$$

它们的卷积定义如下:

$$f * g(x) = \int_{-\infty}^{+\infty} f(x-y)g(y)\, dy. \tag{10.24}$$

容易验证, 这个新函数仍是一个可积函数. 它的傅立叶变换定义为

$$
\begin{aligned}
\widehat{f*g}(y) &= \int_{\mathbb{R}}\int_{\mathbb{R}} f(x-t)g(t)e^{-iyx}\,dtdx \\
&= \int_{\mathbb{R}}\int_{\mathbb{R}} f(x-t)g(t)e^{-iyx}\,dxdt \\
&= \int_{\mathbb{R}}\int_{\mathbb{R}} f(x)g(t)e^{-iy(x+t)}\,dxdt \\
&= \int_{\mathbb{R}} f(x)e^{-iyx}\,dx \int_{\mathbb{R}} g(t)e^{-iyt}\,dt \\
&= \hat{f}(y)\hat{g}(y).
\end{aligned}
\tag{10.25}
$$

这个等式的用处在于它建立了卷积与乘积之间的联系.

假定 $\log S$ 在期权到期时间 T 的分布是 $p(x)$, 其中 S 是现货价格. 看涨期权的执行价格是 $K=e^k$. 于是, 看涨期权的价格为

$$
c(k) = \int_{-\infty}^{+\infty} (e^x - e^k)^+ p\,(x)\,dx. \tag{10.26}
$$

为了使用 (10.25), 我们需要把看涨期权的价格写成一个卷积形式的积分. 这个天真的想法最终会走进一个死胡同:

$$
(e^x - e^k)^+ p(x) = (1-e^{k-x})^+ e^x p(x).
$$

我们可以试着定义

$$
\phi(x) = (1-e^x)^+, \quad \psi(x) = e^x p(x),
$$

使得看涨期权的表达式是一个卷积:

$$
c(k) = \int_{-\infty}^{+\infty} \phi(k-x)\psi(x)\,dx.
$$

然而, 函数 $\phi(x)$ 并不是一个可积函数. 我们引进阻尼因子 (Dampening Factor), 有:

$$
\begin{aligned}
(e^x - e^k)^+ p(x) &= (1-e^{k-x})^+ e^x p(x) \\
&= e^{-\alpha x}(1-e^{k-x})^+ e^{(1+\alpha)x} p(x) \\
&= e^{-\alpha k} e^{\alpha(k-x)}(1-e^{k-x})^+ e^{(1+\alpha)x} p(x) \\
&= e^{-\alpha k}(e^{\alpha(k-x)} - e^{(1+\alpha)(k-x)}) e^{(1+\alpha)x} p(x).
\end{aligned}
\tag{10.27}
$$

我们现在定义

$$\phi(x) = (e^{\alpha x} - e^{(1+\alpha)x})^+, \tag{10.28}$$

$$\psi(x) = e^{(1+\alpha)x} p(x). \tag{10.29}$$

这样看涨期权价格可以写为

$$c(k) = e^{-\alpha k} \int_{-\infty}^{+\infty} \phi(k-x)\psi(x)\,dx. \tag{10.30}$$

对某些快速递减的分布函数 $p(x)$ (比如正态分布), 新函数 $\phi(x)$ 和 $\psi(x)$ 都是可积函数, 这样我们就可以对它们作傅立叶变换了.

$$\begin{aligned}\widehat{\phi}(y) &= \int_{-\infty}^{+\infty} (e^{\alpha x} - e^{(1+\alpha)x})^+ e^{-iyx}\,dx \\ &= \int_{-\infty}^{0} (e^{(\alpha-iy)x} - e^{(1+\alpha-iy)x})\,dx \\ &= \frac{1}{\alpha-iy} - \frac{1}{1+\alpha-iy} \\ &= \frac{1}{(\alpha-iy)(1+\alpha-iy)};\end{aligned} \tag{10.31}$$

另一方面,

$$\begin{aligned}\widehat{\psi}(y) &= \int_{-\infty}^{+\infty} e^{(1+\alpha)x} p(x) e^{-iyx}\,dx \\ &= \int_{-\infty}^{+\infty} e^{(1+\alpha-iy)x} p(x)\,dx \\ &= \widehat{p}\,(y+(1+\alpha)i).\end{aligned} \tag{10.32}$$

现在由 (10.25) 有

$$\begin{aligned}\widehat{c}(y) &= e^{-\alpha k}\widehat{\phi}(y)\widehat{\psi}(y) \\ &= \frac{e^{-\alpha k}\widehat{p}\,(y+(1+\alpha)i)}{(\alpha-iy)(1+\alpha-iy)}.\end{aligned} \tag{10.33}$$

我们只需要再次调用傅立叶逆变换重新得到看涨期权价格就行了.

如果我们只假定股票价格 S 的分布函数是 $p(S)$, 看涨期权的价格可以写成

$$c(k) = \int_{0}^{+\infty} (x-k)^+ p(x)\,dx. \tag{10.34}$$

这自然就是一个卷积形式的积分. 然而, 我们却发现 $(x-k)^+$ 不是可积的. 我们需要再次引进阻尼因子, 对任意 $\alpha > 0$,

$$\begin{aligned} c(k) &= \int_0^{+\infty} e^{-\alpha x}(x-k)^+ e^{\alpha x} p(x)\, dx \\ &= e^{-\alpha k} \int_0^{+\infty} e^{-\alpha(x-k)}(x-k)^+ e^{\alpha x} p(x)\, dx. \end{aligned}$$

定义

$$\begin{aligned} \phi(x) &= e^{\alpha x}(-x)^+, \\ \psi(x) &= \begin{cases} e^{\alpha x} p(x), & x > 0, \\ 0, & x \leqslant 0, \end{cases} \end{aligned} \tag{10.35}$$

于是

$$c(k) = e^{-\alpha k} \int_{-\infty}^{+\infty} \phi(k-x)\psi(x)\, dx. \tag{10.36}$$

为了计算 $\hat{c}(x)$, 我们需要先算出 $\hat{\phi}$ 和 $\hat{\psi}$.

$$\begin{aligned} \widehat{\phi}(y) &= \int_{-\infty}^{+\infty} (-x)^+ e^{\alpha x} e^{-iyx}\, dx \\ &= \int_{-\infty}^{0} (-x) e^{x(\alpha - iy)}\, dx \\ &= -\int_{-\infty}^{0} \frac{x}{\alpha - iy} d\left(e^{x(\alpha-iy)}\right) \\ &= -\frac{x e^{x(\alpha-iy)}}{\alpha - iy}\bigg|_0^{\infty} + \int_{-\infty}^{0} \frac{e^{x(\alpha-iy)}}{\alpha - iy}\, dx \\ &= \int_{-\infty}^{0} \frac{e^{x(\alpha-iy)}}{\alpha - iy}\, dx \\ &= \frac{1}{(\alpha - iy)^2}, \end{aligned}$$

另一方面我们有

$$\begin{aligned} \widehat{\psi}(y) &= \int_{-\infty}^{+\infty} e^{\alpha x} e^{-iyx} \psi(x)\, dx \\ &= \int_0^{+\infty} e^{-i(y+i\alpha)x}\, dx \\ &= \widehat{p}\,(y + i\alpha). \end{aligned}$$

由等式 (10.25), 我们有

$$\widehat{c}(y) = e^{-\alpha k} \frac{\widehat{p}\,(y + i\alpha)}{(\alpha - iy)^2}. \tag{10.37}$$

注意到在这种情况下, 我们只需要 $\alpha > 0$. 所有的傅立叶变换都可以数值地用快速傅立叶变换来解决. 但是, 我们希望读者能参考一下关于这个理论的标准教材.

第十一章 随机波动率模型

我们已经看到，使用 Black-Scholes 模型是不可能把市场上的波动率微笑复制出来的. 虽然局部波动率模型在理论上可以复制出来所有的波动率微笑，但是局部波动率模型有个致命的缺陷，那就是它所刻画的波动率曲线随着市场股价变化的方向是和通常的市场走向相反的. 所以这个模型在实际应用中必须小心.

在局部波动率模型之中，波动率项是个随着股价和时间变换的特定函数. 这个函数依赖于股价从而也是间接随机的，但是毕竟完全依赖于股价和时间. 如果让波动率项也完全变得随机，这样单单一个布朗运动就不够，必须引入另外一个布朗运动来刻画波动率的随机变化. 这就是这一章所要讲述的随机波动率模型.

随机波动率模型有很多，我们介绍两个有代表性的，一个是 Heston 模型，一个是作者和 Peter Carr 教授合作的模型. 后者比起 Heston 模型，巧妙绕过了所谓波动率的波动率这个无法直接观察的量，而使用了市场上可以观察到的方差互换来给期权定价.

11.1 局部波动率模型的缺陷

我们回忆在推导局部波动率模型的时候，可以给出局部波动率的显式解. 但是这个解和期权的隐含波动率之间具有什么关系呢？这是本节所要讨论的问题. 局部波动率模型由下面的方程刻画：

$$dS = a(t,S)dt + \sigma(t,S)dW.$$

如果我们忽略利率，而且考虑风险中性概率测度，那么我们考虑

$$dS = \sigma(t, S)dW.$$

在这个方程下，一个期限是 T、行权价是 K 的的看涨期权隐含波动率为 $\varphi(K,T)$. 我们接下来推导 $\varphi(K,T)$ 和 $\sigma(S,t)$ 的关系. 为了便于简化推导，我们这里定义

$$\begin{aligned} w &= \varphi(K,T)^2(T-t), \\ v &= \sigma^2(S,t), \\ k &= \log(K/S). \end{aligned}$$

所以我们研究隐含的方差，而不是隐含波动率. 在后面我们会看到研究隐含方差比隐含波动率来得方便.

一个看涨期权和隐含方差之间的关系是

$$C_{BS}(K,t) = SN(d_1) - KN(d_2),$$

其中

$$\begin{aligned} d_1 &= \frac{-k + \frac{1}{2}w}{\sqrt{w}}, \\ d_2 &= \frac{-k - \frac{1}{2}w}{\sqrt{w}}. \end{aligned}$$

由此我们可以计算

$$\begin{aligned} \frac{\partial^2 C_{BS}}{\partial w^2} &= \left(-\frac{1}{8} - \frac{1}{2w} + \frac{y^2}{2w^2}\right)\frac{\partial C}{\partial w}, \\ \frac{\partial^2 C_{BS}}{\partial k \partial w} &= \left(\frac{1}{2} - \frac{k}{w}\right)\frac{\partial C}{\partial w}, \end{aligned}$$

同时有

$$\frac{\partial C_{BS}}{\partial k^2} - \frac{\partial C_{BS}}{\partial k} = 2\frac{\partial C_{BS}}{\partial k}.$$

所以期权在局部波动率下面的价格对 T 和 k 求导数就得到

$$\begin{aligned}\frac{\partial C}{\partial k} &= \frac{\partial C_{BS}}{\partial k} + \frac{\partial C_{BS}}{\partial w}\frac{\partial w}{\partial k},\\ \frac{\partial^2 C}{\partial k^2} &= \frac{\partial^2 C_{BS}}{\partial k^2} + 2\frac{\partial^2 C_{BS}}{\partial k \partial w}\frac{\partial w}{\partial k},\\ \frac{\partial C}{\partial T} &= \frac{\partial C_{BS}}{\partial w}\frac{\partial w}{\partial T}.\end{aligned}$$

根据这个道理，另外一方面，我们从局部波动率模型知道，

$$\frac{1}{2}v = \frac{1}{2}\sigma^2(S,t)\frac{\partial^2 C}{\partial k^2} = \frac{\partial C}{\partial T}.$$

整理得到

$$\begin{aligned}&\frac{\partial C_{BS}}{\partial w}\frac{\partial w}{\partial T}\\ &= \frac{v}{2}\left(-\frac{\partial C_{BS}}{\partial k} + \frac{\partial C_{BS}}{\partial k^2} - \frac{\partial C_{BS}}{\partial w}\frac{\partial w}{\partial k} + 2\frac{\partial^2 C_{BS}}{\partial k \partial w}\frac{\partial w}{\partial k}\right.\\ &\quad \left. + \frac{\partial^2 C_{BS}}{\partial w^2}\left(\frac{\partial w}{\partial k}\right)^2 + \frac{\partial C_{BS}}{\partial w}\frac{\partial^2 w}{\partial k^2}\right)\\ &= \frac{v}{2}\frac{\partial C_{BS}}{\partial w}\left(2 - \frac{\partial w}{\partial y} + \left(1 - 2\frac{k}{w}\right)\frac{\partial w}{\partial k}\right.\\ &\quad \left. + \left(-\frac{1}{8} - \frac{1}{2w} + \frac{k^2}{2w^2}\right)\left(\frac{\partial w}{\partial k}\right)^2 + \frac{\partial^2 w}{\partial k^2}\right),\end{aligned}$$

最后整理得到

$$\frac{\partial w}{\partial T} = v\left(1 - \frac{k}{w}\frac{\partial w}{\partial k} + \frac{1}{4}\left(-\frac{1}{4} - \frac{1}{w} + \frac{k^2}{w^2}\right)\left(\frac{\partial w}{\partial k}\right)^2 + \frac{1}{2}\frac{\partial^2 w}{\partial k^2}\right). \tag{11.1}$$

根据剩余方差的定义，剩余方差会越来越小，所以上面公式中左边为负，这样就会让右边一般来讲在无穷小变化下，

$$\frac{\partial w}{\partial k} > 0.$$

另外一方面，波动率微笑作为市场上常见的现象，一般随着行权价从高到低下降，有时候在右端尾部有上升的趋势．如图 11.1 中所示，我们看到当期权的期限固定以后，一般波动率的结构就会使得股价上升时，相对的行权

价下降, 从而同一个行权价的期权的隐含波动率相对升高. 同样的道理, 股价下降时, 相对的行权价升高, 从而同一个行权价的期权的隐含波动率相对降低. 这些是相对于整体隐含波动率曲线而言的. 因为股价升高时, 整体的波动率曲线也会下降, 而股价降低时, 整体波动率曲线则会升高. 这样就意味着

$$\frac{\partial w}{\partial k} < 0.$$

而这和上面的模型是不相容的. 这个和市场不相容的缺点使得人们探讨其他的波动率模型.

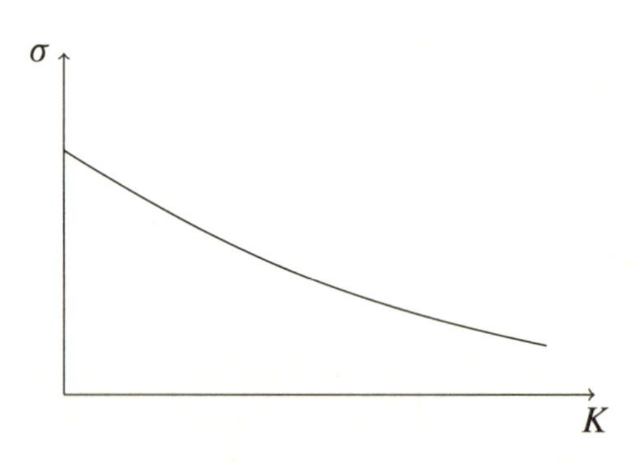

图 11.1 隐含波动率

11.2 随机波动率模型一般形式

我们首先观察图 11.2. 这个图显示了标准普尔 500 指数的历史波动率以及隐含波动率的变化. 可以看到这些历史数据揭示了一个事实, 那就是资产的波动率并非是个常数, 而是具有相当程度的随机性.

我们如果去刻画股价变化的同时还刻画这种随机波动率的过程, 就成为一个随机波动率模型. 一个比较普遍的随机波动率模型可以用下面的形式表示出来:

$$\begin{aligned} dS_t &= \mu S_t dt + \sqrt{v_t} S_t dW_t^1, \\ dv_t &= a(t, v_t)dt + b(t, v_t)dW_t^2. \end{aligned}$$

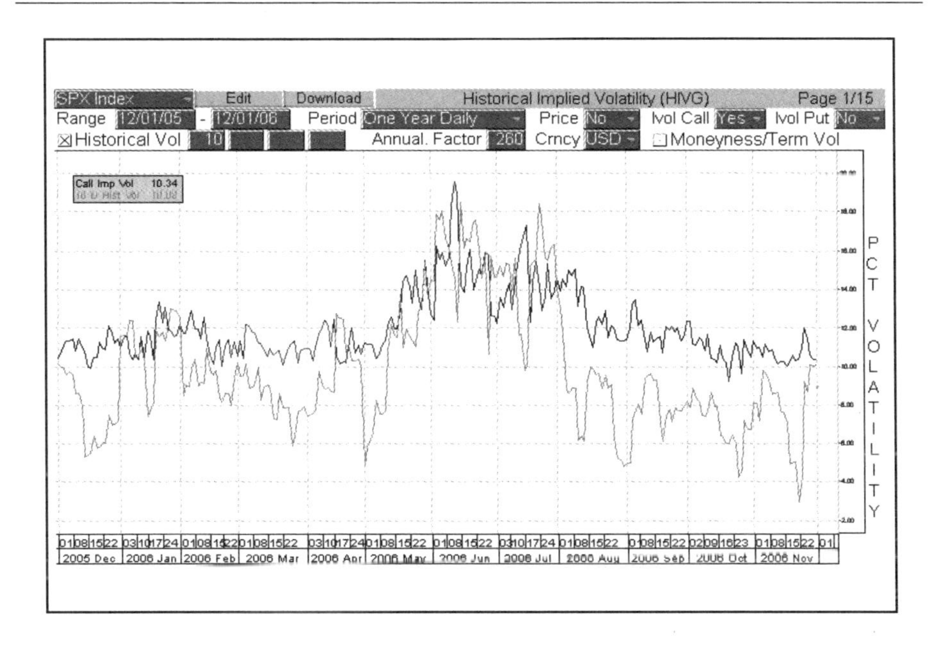

图 11.2 标准普尔 500 指数历史波动率以及隐含波动率

在这里，我们称 v_t 为瞬时方差，它的平方根 $\sigma_t = \sqrt{v_t}$ 称为瞬时波动率. 这里我们有两个布朗运动，它们之间有相关性的联系：

$$dW_t^1 dW_t^2 = \rho dt.$$

在这样的一个普遍性的随机波动率模型中，衍生品的价格不仅是时间、股价的函数，还要加上一个另外的变量，那就是瞬时方差，表示成为 $V(t, S, v)$. 那么这个函数应该满足什么样的方程呢?

考虑两个衍生品 V^1 和 V^2. 构造资产组合

$$P = V^1 - \Delta V^2 - \delta S, \tag{11.2}$$

其中，Δ 和 δ 是套期保值率. 应用自融资的条件，对资产组合求导，有

$$
\begin{aligned}
dP &= dV^1 - \Delta dV^2 - \delta dS \\
&= (\mathcal{L}V^1 - \Delta \mathcal{L}V^2)dt \\
&\quad + \left(\frac{\partial V^1}{\partial S} - \Delta \frac{\partial V^2}{\partial S}\right) dS - \delta dS + \left(\frac{\partial V^1}{\partial v} - \Delta \frac{\partial V^2}{\partial v}\right) dv,
\end{aligned}
$$

其中，

$$
\mathcal{L}V = \frac{\partial V}{\partial t} + \frac{1}{2} v S^2 \frac{\partial^2 V}{\partial S^2} + \frac{1}{2} b(t,v)^2 v \frac{\partial^2 V}{\partial v^2} + \rho b(t,v) v S \frac{\partial^2 V}{\partial S \partial v}. \tag{11.3}
$$

我们的目的是要除去这个资产组合的投资风险，即 dW^1 和 dW^2 项，这只要让下面的等式成立：

$$
\begin{aligned}
\Delta &= \frac{\partial V^1}{\partial v} \Big/ \frac{\partial V^2}{\partial v}, \\
\delta &= \frac{\partial V^1}{\partial S} - \Delta \frac{\partial V^2}{\partial S}.
\end{aligned}
$$

把所有的量代入，我们有

$$
dP = (\mathcal{L}V^1 - \Delta \mathcal{L}V^2)dt. \tag{11.4}
$$

无风险资产组合会带来无风险回报，于是

$$
\mathcal{L}V^1 - \Delta \mathcal{L}V^2 = rP. \tag{11.5}
$$

重新整理一下，我们有

$$
\frac{\mathcal{L}V^1 - rV^1 + rS\dfrac{\partial V^1}{\partial S}}{\dfrac{\partial V^1}{\partial v}} = \frac{\mathcal{L}V^2 - rV^2 + rS\dfrac{\partial V^2}{\partial S}}{\dfrac{\partial V^2}{\partial v}}. \tag{11.6}
$$

这就是说，对于所有的衍生品，都有一个独立于这些资产之外的参数 λ，使得对每个衍生品 V，我们有

$$
\frac{\mathcal{L}V^1 - rV^1 + rS\dfrac{\partial V^1}{\partial S}}{\dfrac{\partial V^1}{\partial v}} = \lambda.
$$

这样我们得到了最后的等式:

$$\mathcal{L}V - rV + rS\frac{\partial V}{\partial S} = \lambda\frac{\partial V}{\partial v}.$$

从而衍生品满足的偏微分方程为

$$\frac{\partial V}{\partial t} + \frac{1}{2}vS^2\frac{\partial^2 V}{\partial S^2} + \frac{1}{2}b(t,v)^2 v\frac{\partial^2 V}{\partial v^2} + \rho b(t,v)vS\frac{\partial^2 V}{\partial S\partial v} + rS\frac{\partial V}{\partial S} + \lambda\frac{\partial V}{\partial v} = rV. \tag{11.7}$$

参数 λ 是多少要依赖市场是否完备. 如果市场是完备的, 可以证明

$$\lambda = a(t,v). \tag{11.8}$$

事实上, 正像我们看到过的, 有一种资产是完全依赖瞬时方差的, 比如方差互换, 那么那种资产就可以用来作为 V. 同时注意到 V 是不依赖 S 的, 所以在风险中性的概率测度下, 应该有

$$\frac{\partial V}{\partial t} + \frac{1}{2}\sigma^2 v\frac{\partial^2 V}{\partial v^2} + a(t,v)\frac{\partial V}{\partial v} = rV.$$

与方程 (11.7) 比较, 我们看到关系 (11.8) 成立. 但是 (11.7) 这个方程的未知数增加了, 通常对这个方程来说, 像 Black-Scholes 那样的闭形式解并不存在.

11.3 Heston 模型

第一类模型的代表就是 Heston 在 1989 年发表的文章[2]. 在这篇文章中, Heston 提出了如下的一个随机波动率模型:

$$dS_t = \mu S_t dt + \sqrt{v_t}S_t dW_t^1,$$
$$dv_t = \kappa(\theta - v_t)dt + \sigma\sqrt{v_t}dW_t^2.$$

并允许这两个布朗运动过程是相关联的:

$$dW_t^1 dW_t^2 = \rho dt.$$

我们看到瞬时随机方差的过程应该是均值回归的, 同时瞬时方差的波动率和瞬时波动率成为正比.

通过上节的推导我们知道, 在 Heston 模型下, 衍生品所满足的方程应该成为

$$\frac{\partial V}{\partial t}+\frac{1}{2}vS^2\frac{\partial^2 V}{\partial S^2}+\frac{1}{2}\sigma^2 v\frac{\partial^2 V}{\partial v^2}+\rho\sigma vS\frac{\partial^2 V}{\partial S\partial v}+rS\frac{\partial V}{\partial S}+\kappa(\theta-v)\frac{\partial V}{\partial v}=rV. \quad (11.9)$$

方程 (11.9) 也很复杂. 然而, 在某些特定条件下, 傅立叶变换可以帮助我们求解. 我们这里假设 $r,\rho,\kappa,\theta,\sigma$ 都是常数, 可以令时刻 T 资产价格分布的特征函数为

$$p(t,v,S;\omega)=E(e^{i\omega\log S_T}\mid \mathscr{F}_t; v_t=v, S_t=S),$$

通过对 p 利用 Itô 引理,

$$\begin{aligned}dp=&\frac{\partial p}{\partial t}dt+\frac{1}{2}vS^2\frac{\partial^2 p}{\partial S^2}dt+\frac{1}{2}\sigma^2 v\frac{\partial^2 p}{\partial v^2}dt+\rho\sigma vS\frac{\partial^2 p}{\partial S\partial v}dt\\&+rS\frac{\partial p}{\partial S}dS+\kappa(\theta-v)\frac{\partial p}{\partial v}dt+\frac{\partial p}{\partial S}\sqrt{v}SdW^1+\frac{\partial p}{\partial v}\sigma\sqrt{v}dW^2.\end{aligned}$$

另一方面, 由定义, p 应是一个鞅, 所以我们应有

$$\frac{\partial p}{\partial t}+\frac{1}{2}vS^2\frac{\partial^2 p}{\partial S^2}+\frac{1}{2}\sigma^2 v\frac{\partial^2 p}{\partial v^2}+\rho\sigma vS\frac{\partial^2 p}{\partial S\partial v}+rS\frac{\partial p}{\partial S}+\kappa(\theta-v)\frac{\partial p}{\partial v}=0, \quad (11.10)$$

初始条件为

$$p(T,v,S;\omega)=e^{i\omega\log S}.$$

观察方程中的 S^2 项, 我们试探以下函数形式的解:

$$p(t,v,S;\omega)=e^{a(T-t)+b(T-t)v+c(T-t)\log S}. \quad (11.11)$$

其中, $a(t),b(t),c(t)$ 为只依赖时间 t 的函数. 为了能满足边界条件, 我们应有

$$a(0)=0,\quad b(0)=0,\quad c(0)=i\omega.$$

将 (11.11) 代入方程 (11.10), 我们有

$$\begin{aligned}a'(t)+b'(t)v+c'(t)\log S=&\frac{1}{2}vc^2(t)-\frac{1}{2}vc(t)\\&+\frac{1}{2}\sigma^2 vb^2(t)+\rho\sigma vc(t)b(t)+\kappa(\theta-v)b(t). \quad (11.12)\end{aligned}$$

整理得

$$
\begin{aligned}
a'(t) &= \kappa\theta b(t), \\
b'(t) &= \frac{1}{2}c^2(t) - \frac{1}{2}c(t) + \frac{1}{2}\sigma^2 b^2(t) - \kappa b(t) + \rho\sigma b(t)c(t), \\
c'(t) &= 0.
\end{aligned}
$$

给定初始条件 $a(0) = b(0) = 0, c(0) = i\omega$, 我们必有 $c(t) \equiv i\omega$. 函数 $a(t)$ 与 $b(t)$ 必须满足

$$
\begin{aligned}
a'(t) &= \kappa\theta b(t), \\
b'(t) &= -\frac{1}{2}\omega^2 - \frac{1}{2}i\omega + (i\omega\sigma\rho - \kappa)b(t) + \frac{1}{2}\sigma^2 b^2(t).
\end{aligned} \tag{11.13}
$$

为了解这个方程, 我们从 $b(t)$ 开始着手. 令

$$
d = i\sigma\omega\rho - \kappa, \quad \delta = \sqrt{d^2 + (\omega^2 + i\omega)\sigma^2}.
$$

我们可以把方程 (11.13) 写为

$$
\frac{db}{b^2 + 2\frac{1}{\sigma^2}db - \frac{1}{\sigma^4}(\delta^2 - d^2)} = \frac{\sigma^2}{2}dt.
$$

使用一点代数,

$$
\frac{db}{b + \dfrac{d-\delta}{\sigma^2}} - \frac{db}{b + \dfrac{d+\delta}{\sigma^2}} = \delta dt.
$$

对等式两边积分:

$$
\left|\frac{b + \dfrac{d-\delta}{\sigma^2}}{b + \dfrac{d+\delta}{\sigma^2}}\right| = \left|\frac{d-\delta}{d+\delta}\right| e^{\delta t}.
$$

解出 b 之前, 我们须做一些讨论, 去掉上式中的绝对值. 事实上, 当 d 和 δ 是实数时, 我们应有 $\delta > d$, $\delta + d > 0$. 另一方面, $b(0) = 0$, 于是我们有

$$
\frac{-b - \frac{d-\delta}{\sigma^2}}{b + \frac{d+\delta}{\sigma^2}} = \frac{-d+\delta}{d+\delta}e^{\delta t}. \tag{11.14}
$$

现在我们可以把解表示为

$$
b(t) = \frac{-\omega^2\left(1 - e^{-\delta t}\right)}{(\delta - d) + (\delta + d)e^{-\delta t}}. \tag{11.15}
$$

最后我们来解 $a(t)$. 由等式 (11.13),

$$a(t) = \kappa\theta b(t).$$

由 $b(t)$ 的解, 我们作积分

$$\begin{aligned}
a(t) &= \int \frac{\kappa\theta\omega^2(1-e^{-\delta t})}{(\delta+d)e^{-\delta t}+(\delta-d)}\,dt \\
&= -\frac{1}{\delta}\int \frac{\kappa\theta\omega^2(1-e^{-\delta t})}{(\delta+d)e^{-\delta t}+(\delta-d)e^{-\delta t}}\,de^{-\delta t} \\
&= -\frac{1}{\delta}\int \frac{\frac{2\delta}{\delta-d}\kappa\theta\omega^2}{(\delta+d)e^{-\delta t}+(\delta-d)} - \frac{\kappa\theta\omega^2}{e^{-\delta t}}\,de^{-\delta t} \\
&= -\frac{2\kappa\theta\omega^2}{(\delta-d)(\delta+d)}\log[(\delta+d)e^{-\delta t}+\delta-d] + \frac{\kappa\theta\omega^2}{\delta(\delta-d)}\delta t + C,
\end{aligned}$$

利用 $a(0)=0$ 求出常数 C 的值. 最后可得解为

$$a\,(t) = \frac{-\kappa\theta}{\sigma^2}\left[2\log\left(\frac{(\delta+d)e^{-\delta t}+\delta-d}{2\delta}\right)+(\delta+d)\,t\right]. \tag{11.16}$$

所以, 特征函数是

$$E\left(e^{i\omega S_t}\middle|S_t=y, v_t=v\right) = p(t,y,v;\omega) = e^{a(t)+b(t)v+i\omega y},$$

其中, $a(t)$ 由 (11.16) 给出, $b(t)$ 由 (11.15) 给出.

我们都知道, 特征函数是分布密度函数通过傅立叶变换得到的, 所以知道了特征函数, 通过傅立叶逆变换就可以求出密度函数. 有了密度函数, 不依赖路径的欧式衍生品的价格通过积分就得到了.

Heston 模型可以给一般的股票期权定价. 它也被用来给汇率期权和固定收益类的期权定价. 在 Heston 模型下, 股票期权的隐含波动率会显示某些不对称性. 这种不对称性可以由参数 ρ, κ 及 θ 确定. 通过调整这些参数, 我们可以把这种不对称性变成市场的波动率偏态或波动率微笑. 读者可以在这个基础上数值实现 Heston 模型.

11.4 Sun-Carr 模型

上面推导的 Heston 模型有个重要的不足之处, 那就是无法完全对冲随机波动率的风险. 我们可以对冲标的风险, 波动率风险可以计算合理的价格,但是无法对冲. 为此, 我们提出一个可以完全对冲波动率风险的模型. 我们认为, 在市场上有了方差互换这个新产品以后, 波动率风险对冲就成为了可能.

我们首次从下面的随机波动率过程开始:

$$dS_t = \sigma_t S_t dB_t. \tag{11.17}$$

当波动率 σ_t 仅仅是个常数的时候, 风险来自 B_t, 所以通过交易标的本身就可以对冲掉这个风险. 当 σ_t 是一个随机过程的时候, 我们认定 $\sigma_t = \sqrt{v_t}$, 其中 v_t 是瞬时方差, 而瞬时方差满足

$$dv_t = a(t, v)dt + b(t, v)dW_t.$$

那么风险就来自两个方面: B_t 和 W_t. 从风险角度上考虑, 我们需要看看能否用第二种产品来对冲风险. 但是直接对冲瞬时方差是几乎不可能的. 从另外一方面来讲, 现在假定市场上有方差互换. 方差互换在未来时间 T 到期的, 在目前时间 t 的价格记为 w_t. 方差互换的价格我们可以理解为依赖时间 t 和 v. 那么我们有下面的引理.

引理 11.1 考虑方差互换 $w(t, v)$ 作为一个随机过程依赖于时间和瞬时方差, 我们应该有下面的过程:

$$dw = -vdt + w_v b(t, v)\sqrt{v}\, dW_t. \tag{11.18}$$

证明: 首先, 方差互换中

$$w_t = E\Big(\int_t^T v_s^2 ds \big| \mathcal{F}_s\Big),$$

所以我们看到

$$w_t + \int_0^t v_s ds = E\Big(\int_0^T v_s^2 ds \big| \mathcal{F}_s\Big),$$

从而说明

$$w_t + \int_0^t v_s ds$$

应该是个鞅过程, 所以其漂移项为零. 我们应用 Itô 引理:

$$dw = (w_t + w_{vv}\frac{1}{2}b^2 v + w_v a)\, dt + w_v b(t, v)\sqrt{v}\, dW_t. \tag{11.19}$$

根据上面所述, 应该有

$$w_t + w_{vv}\frac{1}{2}b^2v + w_v a = -v.$$

把这个式子代回到 (11.19),

$$dw = -vdt + w_v b(t,v)\sqrt{v}\,dW_t.$$

证毕

现在考虑我们手中握有一个方差互换, 目前的时刻是 t, 到期的时刻是 T. 在初始时刻, 方差互换的价值为 $w(t,v)$, 在以后的一个时刻 $t+\Delta$, 其价值为

$$\int_t^{t+\Delta} v_s ds + w(t+\Delta, v). \tag{11.20}$$

这样, 瞬时的收益为

$$v_t dt + dw. \tag{11.21}$$

考虑任何一个欧式权益, 其价格为 $P(t,S,w)$, 我们看到这价格依赖现货价格 S、方差互换价值 w 和时间 t. 我们希望探索 $P(t,S,w)$ 应该满足的方程. 假设我们持有了 δ_1 的股票和 δ_2 多的方差互换, 那么在时刻 T 的损益成为

$$P\&L = P(T) - P(0) - \int_0^T \delta_1 dS - \int_0^T \delta_2 dw.$$

另外一方面, 我们使用 Itô 引理到 $P(t,S,w)$ 函数:

$$\begin{aligned} P(T) - P(0) = \int_0^T \bigg(& \frac{\partial P}{\partial S}dS + \frac{\partial P}{\partial w}dw + \frac{1}{2}\frac{\partial^2 P}{\partial S^2}vS^2dt \\ & + \frac{1}{2}\frac{\partial^2 P}{\partial w^2}w_v^2b^2vdt + \rho\frac{\partial^2 P}{\partial S\partial w}w_v bvSdt \bigg), \end{aligned}$$

这里 ρ 是布朗运动 B_t 和 W_t 的相关系数. 为了对冲两个风险来源, 我们需要

$$\delta_1 = P_S, \quad \delta_2 = P_w.$$

现在

$$P\&L = \int_0^T \left(\frac{1}{2}\frac{\partial^2 P}{\partial S^2}vS^2 + \frac{1}{2}\frac{\partial^2 P}{\partial w^2}w_v^2b^2v + \rho\frac{\partial^2 P}{\partial S\partial w}w_v bvS - v\frac{\partial P}{\partial w} \right) dt, \tag{11.22}$$

那么一个完整的全对冲就应该有

$$\frac{1}{2}\frac{\partial^2 P}{\partial S^2}S^2 v+\frac{1}{2}\frac{\partial^2 P}{\partial w^2}w_v^2 b^2(t,v)v+\rho\frac{\partial^2 P}{\partial S\partial w}w_v b(t,v)vS-v\frac{\partial P}{\partial w}=0. \quad (11.23)$$

现在我们可以陈述下面定理.

定理 11.2 如果市场上方差互换存在的话，一个衍生品的价格 $P(t,S,w)$ 应该满足

$$\frac{1}{2}\frac{\partial^2 P}{\partial S^2}S^2 v+\frac{1}{2}\frac{\partial^2 P}{\partial w^2}w_v^2 b^2(t,v)v+\rho\frac{\partial P}{\partial S\partial w}w_v bvS-v\frac{\partial^2 P}{\partial w}=0. \quad (11.24)$$

上面这个方程提供给我们一个任何的欧式未定权益都应该遵守的偏微分方程. 我们研究一个特殊的情况，那就是在方程 (11.24)中如果函数 $w_v b(t,v)$ 就是 w 的一个函数的话，比如

$$w_v b(t,v)=g(w), \quad (11.25)$$

那么我们就可以把方程 (11.24)简化为

$$\frac{1}{2}\frac{\partial^2 P}{\partial S^2}S^2+\frac{1}{2}\frac{\partial^2 P}{\partial w^2}g^2(w)+\rho\frac{\partial^2 P}{\partial S\partial w}g(w)S-\frac{\partial P}{\partial w}=0. \quad (11.26)$$

这个方程是一个二阶的椭圆型偏微分方程，更主要的是这个方程本身仅仅含有变量 S 和 w. 这个方程的极端情况是当 $b(t,v)=0$ 而且 $\rho=0$ 的时候，$g\equiv 0$，所以方程进一步简化成为

$$\frac{1}{2}\frac{\partial^2 P}{\partial S^2}S^2-\frac{\partial P}{\partial w}=0. \quad (11.27)$$

而这就是传统的 Black-Scholes 方程，它的解就是

$$P(t,w)=SN(d_1)-KN(d_2), \quad (11.28)$$

其中

$$d_1=\frac{\log(S/K)+\frac{1}{2}w}{\sqrt{w}},$$

$$d_2=\frac{\log(S/K)-\frac{1}{2}w}{\sqrt{w}}.$$

而 N 就是标准正态分布中的累计分布函数. 我们看到方程 (11.24) 是传统的 Black-Scholes 方程的一个自然推广. 我们推广了的椭圆型偏微分方程完全可以解释出来市场的波动率的偏态的特征. 关于这个方程更为详尽的讨论请参考作者在 2007 发表的文章 [8].

第十二章 衍生品定价的应用

我们这一章介绍衍生品的一些应用. 衍生品的功能之一是可以帮助设计结构化产品, 比如券商发行的标的为证券的收益凭证和银行发行的结构性存款都是代表. 虽然这些都是投资产品, 需要名义本金的投入, 但是背后的设计机制往往都是衍生品的嵌入. 而且, 为了对冲这些产品带来的风险, 也更需要衍生品的对冲原理. 我们这一章就介绍一些代表性的产品. 衍生品定价的另外一个应用就是著名的 Merton 债券定价模型. 接下来我们分别介绍它们.

12.1 本金保底

本金保底是一种很受欢迎的衍生品, 在很多金融和保险产品中都能见到. 通常, 投资者希望在股票或指数上做投资时, 金融机构或者保险公司会向投资者提供一个本金保底合约 (Principal Protection), 使投资者的回报在一定水平得到保证, 从而保护投资的收益. 这种投资产品表面上看很吸引人, 实际上是如何操作的呢? 我们现在就来分析一下.

记该证券符号为 S, 起始价格为 S_0. 投资人希望时刻 T 的收益为

$$\max(S_T, S_0) = S_0 + \max(S_T - S_0, 0).$$

从这个收益函数的分解来看, 严格意义的本金保底产品相当于一个面值为 S_0 的无风险债券加上一个以 S_0 为执行价的看涨期权. 所以严格意义的本金保底产品的价格应该是

$$S_0 B(0,T) + C(S_0, T; S_0).$$

根据我们在第四章讲到的看涨期权的性质，我们知道

$$C(S_0, T; S_0) > S_0\big(1 - B(0, T)\big),$$

所以本金保底产品的价格应该严格大于本金本身：

$$S_0 B(0, T) + C(S_0, T; S_0) > S_0.$$

这就是说，作为投资者，希望投资 S_0 这么多的钱而享受 $\max(S_T, S_0)$ 的收益是天真的. 投资银行或者保险公司不可能免费提供这种服务. 那么一般银行或者保险公司提供的本金保底的计划是什么样的呢? 我们下面就列举 3 种常见的本金保底的产品.

(1) 这种产品要向顾客收取一次性的费用. 也就是说，投资人交给金融机构或者保险公司不仅仅是 S_0 这么多的钱，而应该是

$$S_0 B(0, T) + C(S_0, T; S_0) > S_0$$

多的钱. 比如一个本金保底的产品的本金是 100 元. 如果这个产品只需要投资 100 元，那么投资者既享受了股票升值带来的所有好处，又不会有任何的亏损，就如同享受了 x 元作为看涨期权的费用. 但是这样一来，投资者的真正投资额为 $100 + x$ 元，但是本金保底保护的却是 100 元，投资者可能想不通. 所以投资银行或保险公司想出来了下面的方法.

(2) 为了不向顾客多收取本金，我们可以考虑另一个收益函数

$$S_0 + p \max(S_T - S_0, 0).$$

这里 p 是一个常数，$0 < p < 1$. 我们看到，当 $S_T < S_0$ 时，收益函数为 S_0 本身，所以本金得到保证. 当 $S_T \geqslant S_0$ 时，收益函数成为

$$S_T > S_0 + p(S_T - S_0) > S_0,$$

所以投资者的确享受了股票升值带来的好处，虽然这个好处不如直接投资股票的升值大. 这个 p 如何确定呢? 从理论上讲，我们只要有

$$S_0 B(0, T) + pC(S_0, T; S_0) = S_0$$

即可. 也就是说,

$$p = \frac{S_0\big(1 - B(0,T)\big)}{C(S_0, T; S_0)}.$$

这个 p 又被称作投资参与百分比. 从上面的公式可以看到, 一般来说无息债券的价格越低, 投资参与百分比越高. 在什么样的情况下无息债券的价格相对低呢? 一是利率较高; 二是到期日较远. 所以前几年在日本市场, 由于利率几乎为 0, 本金保底几乎不可能.

12.2 公司债券的 Merton 定价模型

现在, 我们介绍关于公司债券的 Merton 定价模型. 考虑一个公司, 其资本结构 (Capital Structure) 包含两个部分:

$$\text{总资产} = \text{债务} + \text{净资产}. \tag{12.1}$$

为了简单起见, 我们可以假定公司只发行了一种无息债务, 债券在时刻 T 到期. 债券的收益就是其面值总量大小, 记为 F. 债券在今天交易的值要小于面值 F. 至于交易的值比面值 F 小多少, 由两个因素影响: 一是无风险利率, 一般受美联储影响; 二是这个公司的信用评级和债务偿还能力, 它与公司的经营状况密切相关. 假定债券今天价格是 P, 那么, 我们用

$$r = \log(F/P)/T,$$

或者等价地用

$$P = e^{-rT} F$$

来计算债券的收益率. 显然, 这样定义的收益率就是我们以前定义过的无息债券的连续复合利率. 收益率越高, 债券今天价格越低. 另一方面, 债券的风险越大, 债券今天价格会越低, 收益率也就越高. 市场认为, 任何公司债券的风险都比美国国债的风险大, 所以, 有相同到期日的公司债券的收益率永远比美国国债的收益率大. 多余的收益率是为了抵消由于公司破产而不得不承受的亏损. 从这个意义上说, 任何公司债券的收益率都由两部分组成:

一部分是无风险收益率 r_d，另一部分就是公司的信用部分 r_e，这样我们就有分解：

$$r = r_d + r_e. \tag{12.2}$$

对任何公司，r_d 都一样，但是 r_e 是不一样的. 可以说，信用越好，r_e 越小，所以公司债券的价格越高，这样公司发行债券的成本也就越小. 对于一个公司，如何衡量其信用部分 r_e 不仅是一个有意思的理论问题，在实际交易中的应用价值也很高. Merton 的定价模型就是其中被广泛应用的一个. 在这个模型中，我们将用上市公司的股价与公司的资本结构来定量地研究公司的信用程度.

我们考虑公司在什么情况下破产. 如果总资产在时刻 T 超过 F，公司只须还清债务，股东将得到剩余部分. 但是，如果在时刻 T 的总资产少于 F，理论上公司宣布破产，债券持有人将拿走所有剩余的部分，并承受亏空.

为了解释清楚，现在我们使用下面的记号：

$$\begin{aligned}
V_t &= \text{时刻 } t \text{ 的总资产价值}, \\
E_t &= \text{时刻 } t \text{ 的净资产价值}, \\
P_t &= \text{时刻 } t \text{ 的债券价值(无息)}, \\
F &= \text{债券的面值}.
\end{aligned}$$

债券持有人在到期时间 T 的收益是：如果 $V_T \geqslant F$，债券持有人获得 F；如果 $V_T < F$，债券持有人只能获得 V_T. 公司股东的时间 T 的收益是：如果 $V_T \geqslant F$，股东将得到 $V_T - F$；如果 $V_T < F$，股东将得到 0. 总之，债券持有人在 T 时刻只能获得

$$\min\big(F, V(T)\big) = F - \max\big(F - V(T), 0\big),$$

股东在 T 时刻能获得

$$\max(V_T - F, 0).$$

我们如何解释这个公式呢？作为公司股东来讲，时刻 T 的收益是一个执行价为 F 的看涨期权值. 作为公司债券的投资者来讲，时刻 T 的收益是一个面值为 F 的无风险债券，减去一个执行价格为 F 的看跌期权. 面值为 F 的无风

险债券当然可以用无风险利率去贴现. 看跌期权的价值可以用 Black-Scholes 公式算出. 所以, 债券的价格应该是

$$P = e^{-r_d T} F - P(F, T; V),$$

其中, $P(F, T; V)$ 是执行价为 F、到期日为 T、资产现值为 V 的看跌期权价值. 我们首先要有个关于总资产 V_t 的随机过程. 假定在风险中性概率测度下有

$$dV_t = r_d V_t dt + \sigma V_t dW_t.$$

在这个假定下, V_t 的看跌期权值由以下给出: 利用 Black-Scholes 公式,

$$P(F, T; V) = e^{-r_d T} F \mathrm{N}(-d_2) - V_0 \mathrm{N}(-d_1),$$

其中, d_1 和 d_2 定义为

$$d_1 = \frac{\log(V_0/F) + r_d(T-t) + \frac{1}{2}\sigma^2(T-t)}{\sigma\sqrt{T-t}},$$
$$d_2 = \frac{\log(V_0/F) + r_d(T-t) - \frac{1}{2}\sigma^2(T-t)}{\sigma\sqrt{T-t}}.$$

一般来说, 执行价为 F 的看跌期权值要小于 $e^{-r_d T} F$, 所以我们假设

$$P(F, T; V) = e^{-r_d T} e^{-dT} F.$$

如果是这样的话, 我们将有

$$P = e^{-r_d T} F - P(F, T; V) = e^{-r_d T} F - e^{-r_d T} e^{-dT} F = e^{-r_d T} F e^{-cT}, \quad (12.3)$$

其中,

$$1 - e^{-dT} = e^{-cT}.$$

观察等式 (12.3), 我们得出

$$P = e^{-rT} F = e^{-(r_d + c)T} F.$$

这样, 公司发行的无息债券的收益率有表达式

$$r = r_d + c,$$

其中，r_d 是无风险收益率. 根据我们的定义，

$$r_e = c.$$

可以看到，当公司债券的面值 F 相对总资产 V_0 比较大时，看跌期权值就比较大，所以 r_e 比较大，债券的交易值较低. 直观上看，当公司债券的面值 F 相对总资产 V_0 比较大时，公司的债务比例大，所以公司的破产可能性比较大，当然人们对其发行的债券的收益率要求高，从而降低了价格. 另一个影响公司债券价值的因素是资产的波动率. 如果波动率高，那么看跌期权值就比较大，这同样导致 r_e 比较大，所以债券的交易值会相对低. 从这个角度讲，为了避免公司的信用受到损失，公司应尽量地减少杠杆贷款，也应尽量降低资产的波动率.

在实际操作中，人们认为时刻 t 的总资产无法算出，资产的波动率也无法从市场观察到，但是上市公司的股票是可交易的，所以一个上市公司的市值总额及其股票的波动率都是可以观察或计算到的. 在上面我们讲过，股东的收益相当于一个执行价为 F 的看涨期权. 我们需要能同时解下面两个方程：

$$\begin{cases} E_t & = V_t \mathrm{N}(d_1) - e^{-r_d T} F \mathrm{N}(d_2), \\ \sigma_E(t) & = \sigma_V \mathrm{N}(d_1) V_t / E_t. \end{cases} \tag{12.4}$$

在这两个方程里，σ_V 和 V_t 未知，而 σ_E 和 E_t 已知. 一旦我们解出了 σ_V 和 V_t，就可用债务持有方程算出持有债券的价格. 实际操作中还会有一些其他细致的考虑，我们在此不多叙述，留待以后在专门讨论信用衍生品的书中讲述.

12.3　贷款价值比

我们现在把首次离开时间的概念应用到贷款价值比 (Loan to Value) 的实际问题中. 在金融上，从银行贷款获得流动性(有时是非流动性)资产的组合是很常见的. 对于借款方来讲，通过从银行贷款可以起到杠杆的作用，以固定的价格获得更多的资产，增加了回报的幅度. 对于银行来讲，将来收取贷款的本金和利息时是优先于借款方的. 只要在到期日全部资产的组合的价值超过了本金和利息，银行就不会有任何的亏损. 所以银行关心贷款的数量相

对于整个资产组合价值的比例. 于是, 测算贷款价值比就成了一项重要的任务. 我们先从下面的简单例子来描述这个概念: 甲方出资 x 美元并从乙方借 $L\cdot x$ 美元购买了一个资产组合, 其在零时刻的初始价值为 $x+Lx$ (很多情况下, 根据风险的大小, L 在 1 到 4 之间). 乙方会按利率 r 来计算本金和利息(假定连续复利). 在未来任意时刻 t 的贷款价值比定义如下: 贷款总量与应付利息的和相对全部资产组合价值的比例. 交易刚开始时, 贷款价值比是

$$\frac{L}{1+L}.$$

如果资产组合价值的增长率高于利率 r, 贷款价值比将会降低. 如果资产组合价值的增长率低于利率 r, 组合价值开始下降, 贷款价值比将上升. 任何时候, 只要贷款价值比高于100%, 资产组合价值将低于贷款的本金及利息和. 如果这样, 甲方将无法偿还贷款, 从而将宣告破产并将资产组合作为流动资产来抵押从乙方借的贷款. 事实上, 在现实生活中乙方是不会坐等到贷款价值比达到 100% 的, 因为到那时候做什么都太迟了. 大多数情况下, 乙方会设定一个最大贷款价值比, 一旦贷款价值比达到最大贷款价值比, 乙方就会采取一定的措施.

为了衡量贷款的风险大小, 在乙方作贷款项目审查时一个有意义的问题就是计算资产组合贷款价值比达到最大贷款价值比的概率. 为了简化这个计算, 我们假定组合资产价值满足如下过程:

$$dE_t=\mu E_t dt+\sigma E_t dW_t.$$

请注意, 我们并没有使用风险中性测度, 因为我们并没有准备对冲, 我们使用的是实际的概率测度. 在零时刻, 贷款量为 $E_0\cdot L$, 资产组合的价值是 $E_0\cdot(1+L)$, 所以组合的贷款价值比为

$$\frac{E_0\cdot L}{E_0\cdot(1+L)}=\frac{L}{1+L}.$$

在时刻 t, 资产组合价值将是 $E_t\cdot(1+L)$, 贷款本金与应付利息的和将是 E_0Le^{rt}, 这样, 时刻 t 的贷款价值比将是

$$\frac{L\cdot E_0\cdot e^{rt}}{E_t\cdot(1+L)}.$$

记最大贷款价值比为 α. 我们现在求在某时刻 t 使得

$$\frac{L\cdot E_0\cdot e^{rt}}{(1+L)\cdot E_t}>\alpha \tag{12.5}$$

发生的概率. 我们在不等式两边取对数:

$$\log E_t<\log\left(\frac{L}{(1+L)\alpha}\right)+rt+\log E_0.$$

移项后有

$$\log(\frac{E_t}{e^{rt}E_0})<\log\left(\frac{L}{(1+L)\alpha}\right).$$

由 Itô 引理, $\log(E_t/E_0)$ 有如下等式:

$$d(\log E_t/E_0)=(\mu-\frac{1}{2}\sigma^2)dt+\sigma dW_t,$$

于是,

$$\begin{aligned}d\log\left(\frac{E_t}{e^{rt}E_0}\right)&=(\mu-r-\frac{1}{2}\sigma^2)dt+\sigma dW_t\\&=\sigma\left(\frac{\mu-r-\frac{1}{2}\sigma^2}{\sigma}dt+dW_t\right).\end{aligned}$$

解方程

$$\log\left(\frac{E_t}{e^{rt}E_0}\right)=\sigma\left(\frac{\mu-r-\frac{1}{2}\sigma^2}{\sigma}t+W_t\right), \tag{12.6}$$

这样不等式

$$\log\left(\frac{E_t}{e^{rt}E_0}\right)<\log\left(\frac{L}{(1+L)\alpha}\right) \tag{12.7}$$

完全等价于

$$\frac{\mu-r-\frac{1}{2}\sigma^2}{\sigma}t+W_t<\frac{1}{\sigma}\log\left(\frac{L}{(1+L)\alpha}\right). \tag{12.8}$$

现在利用前面第五章的等式 (5.57) 可以计算概率:

$$P\left(\frac{L\cdot E_0\cdot e^{rt}}{(1+L)\cdot E_t}>\alpha\right)=\mathrm{N}(\frac{m-\theta T}{\sqrt{T}})+e^{2\theta m}\mathrm{N}(\frac{m+\theta T}{\sqrt{T}}), \tag{12.9}$$

其中,

$$m=\frac{1}{\sigma}\log\left(\frac{L}{(1+L)\alpha}\right),\qquad \theta=\frac{\mu-r-1/2\sigma^2}{\sigma}.$$

所以首次离开时间的概率的计算得到了应用.

12.4 方差互换和波动率指数

我们前面提到过方差互换的概念. 作为一个 OTC 的衍生品, 双方对于股价在未来一段时间内的二次变差作互换. *方差互换* (Variance Swap) 是这样一个合约: 在一个确定的时间内, 合约双方同意基于一个特定的基础证券在一段时期内的市值方差来交换现金. 在交易日, 双方就执行价和交换的数量都达成一致.

比如, 交易双方同意以标准普尔 500 指数为基础证券, 每名义本金执行价格为 $K\%$, 签订 6 个月的方差互换合约. 所谓的方差数是这样计算的: 令股票指数的每日收盘价分别为

$$S_0, S_1, \cdots, S_{180}.$$

根据合约, 收益定义为 $r_i = S_i/S_{i-1} - 1$ 或者 $r_i = \log S_i/S_{i-1}$. 这样, 我们可以计算收益的方差 v:

$$v = \frac{(r_1 - \bar{r})^2 + (r_2 - \bar{r})^2 + \cdots + (r_{180} - \bar{r})^2}{180}. \tag{12.10}$$

多数时候, 我们要以年为单位计算方差 v. 当我们以年为单位计算时,只要将方差除以时间间隔, 在这里是 1/365.

$$v = \frac{(r_1 - \bar{r})^2 + (r_2 - \bar{r})^2 + \cdots + (r_n - \bar{r})^2}{n} \times 365. \tag{12.11}$$

在到期日, 买方付给卖方 $K\%$ 元而卖方付给买方 v. 方差互换的收益将是:

$$\text{方差互换的收益} = v - K\%.$$

我们现在来推导在一定条件下方差互换的对冲方法. 我们现在假定股价满足

$$dS_t = \sigma_t S_t dW_t.$$

在上面的假设下, σ_t 未必是一个常数, 而可能是一个随机过程. 在这个假设下, 股价就是一个鞅过程. 方差互换的浮动方收益就是

$$\int_0^T \sigma_t^2 dt.$$

在这个条件下，方差互换的固定端就是在风险中性概率下的期望

$$E\Big(\int_0^T \sigma_t^2 dt\Big).$$

为了求这个期望，我们计算

$$d(\log S_t) = \sigma_t dW_t - \frac{1}{2}\sigma_t^2 dt.$$

从而

$$\log S_T - \log S_0 = \int_0^T \sigma_t dW_t - \frac{1}{2}\int_0^T \sigma_t^2 dt.$$

两边求期望得到

$$E\big(\log S_T\big) = -\frac{1}{2}E\Big(\int_0^T \sigma_t^2 dt\Big).$$

但是我们知道

$$E\big(\log S_T\big) = -\int_0^{S_0} \frac{1}{K^2}P(K)dK - \int_{S_0}^{\infty} \frac{1}{K^2}C(K)dK,$$

从而我们最终得到了等式

$$E\Big(\int_0^T \sigma_t^2 dt\Big) = 2\int_0^{S_0} \frac{1}{K^2}P(K)dK + \int_{S_0}^{\infty} \frac{1}{K^2}C(K)dK.$$

从这个等式出发，可以看到未来收益的方差的复制分成两部分，一部分是每天动态对冲；一部分是用今天交易的期权的价值静态对冲. 从公式还可以定义一个波动率指数：

$$VIX = \sqrt{\int_0^{S_0} \frac{1}{K^2}P(K)dK + \int_{S_0}^{\infty} \frac{1}{K^2}C(K)dK}.$$

因为还有其他不同到期时间的期权，所以一般 VIX 的具体计算是用所有不同到期的期权计算的方差取加权平均. 权重可以就是到期时间.

上面的 VIX 波动率指数，并不是可交易资产. 所以，CME 后来推出来 VIX 指数期货，可以用来对该指数进行交易. 如果看多未来波动率可以做该期货的看多方，如果是看空未来波动率就可以做该期货的看空方. VIX 指数还有期权，作为对于该指数作为标的的衍生品的进一步完善.

我们看到 VIX 指数本身的标的是标准普尔 500 指数，而 VIX 期权的标的是 VIX 指数，继续追踪下去，也是标准普尔 500 指数. 所以如果有个模型能够同时拟合出来所有的标准普尔 500 指数期权和其上的 VIX 指数期权则是很重要当然也是很困难的问题. 这也是目前衍生品研究的前沿方向之一.

参考文献

[1] Jian Sun etc. Implied remaining variances and derivative pricing. *Journal of Fixed Income*, 26:78–95, 2016.

[2] Steven L. Heston. A simple new formula for options with stochastic volatility. *Washington University of St. Louis working paper*, 1999.

[3] J.M.Harrison,D.M.Kreps. Martingales and arbitrage in multiperiod securities markets. *Journal of Economics Theory*, 20:381–408, 1979.

[4] Robert Merton. Theory of rational option pricing. *Bell Journal of Economics and Management Science*, 4:141–183, 1973.

[5] John C. Cox, Jonathan E. Ingersoll, Stephen A. Ross. Option pricing: A simplified approach. *The Journal of Finance*, 7:229–263, 1979.

[6] Walter Schachermayer. *Introduction to the Mathematics of Financial Markets*. 2000.

[7] Steven E. Shreve. *Stochastic Calculus for Finance I, II*. Springer Verlag.

[8] Peter Carr, Jian Sun. A new approach for option pricing under stochastic volatility. *Review of Derivative Research*, 10:87–150, 2007.

[9] Peter Carr, Jian Sun. Implied remaining variances and derivative pricing. *Journal of Fixed Income*, 23:19–32, 2014.

[10] Peter G. Zhang. *Exotic Options*. World Scientific, 1997.

索　引

图书在版编目(CIP)数据

期权定价和交易/孙健著. —上海：复旦大学出版社，2019.8
ISBN 978-7-309-14458-1

Ⅰ.①期… Ⅱ.①孙… Ⅲ.①期权定价-高等学校-教材②期权交易-高等学校-教材
Ⅳ.①F830.9

中国版本图书馆 CIP 数据核字(2019)第 140329 号

期权定价和交易
孙　健　著
责任编辑/陆俊杰

复旦大学出版社有限公司出版发行
上海市国权路 579 号　邮编：200433
网址：fupnet@fudanpress.com　http://www.fudanpress.com
门市零售：86-21-65642857　团体订购：86-21-65118853
外埠邮购：86-21-65109143　出版部电话：86-21-65642845
崇明裕安印刷厂

开本 787×960　1/16　印张 16.25　字数 251 千
2019 年 8 月第 1 版第 1 次印刷

ISBN 978-7-309-14458-1/F·2598
定价：42.00 元